Breck fils (Samuel), à Philadelphie.

C

Cambefort, à Elizabeth-Town, Jersey.

Campbell (Robert), Libraire à Philadelphie.
Trois Exemplaires.

Carey (Mathieu), Libraire à Philadelphie.
Six Exemplaires.

Cazenove (Théophile), à Philadelphie.

Champion (Edme), à Paris.

Chevalier l'aîné, Colon de St-Domingue, à Philadelphie.

Coates (Samuel), Négociant à Philadelphie.

Collins (R. Docteur Nicolas), Ministre de l'église Suédoise, à Philadelphie. *Deux Exemplaires.*

Collot (Général Victor), à Philadelphie.
Deux Exemplaires.

Cordeil (Louis), Colon de St-Domingue, à Philadelphie.

Cougnac-Mion, Colon de St-Domingue, à Elizabeth-Town, Jersey.

Courbe, à New-York.

D

Dallas (A J.), Avocat, à Philadelphie.

Dartis, Colon de St-Domingue, à Philadelphie.

Décombaz, Libraire à Philadelphie.

Delafond, Colon de St-Domingue, à New-York.

Delahaye l'aîné, Négociant au Havre.

Delány (Sharp) Directeur de la Douane, à Philadelphie.

Dèmeunier (J.), en France.
Deslozières (By.) Colon de St-Domingue, à Philadelphie.
Devèze, Médecin à Philadelphie.
Dobignie, Colon de St-Domingue, à Philadelphie.
Duclos-Carpentier, à Philadelphie.
Duffield (D.B.)
Duponceau (P.S.), Avocat & Notaire à Philadelphie.
Dupont de Gault, Colon de St-Domingue, à Wilmington, Delaware.

E

Éliot, Colon de St-Domingue, à Philadelphie.
Estève, Colon de St-Domingue, à Wilmington, Delaware.

F

Favarange, Colon de St-Domingue.
François (un) *Cent Exemplaires.*
Freire (le Chevalier de) Ministre de Portugal auprès des États-Unis de l'Amérique.
Deux Exemplaires.

G

Galline, à Philadelphie.
Garesche (Jn.) à Philadelphie.
Garesche Durocher, Colon de St-Domingue, Wilmington, Delaware.
Gaterau, à Philadelphie.
Gautier la Gauttrie, Colon de St-Domingue, à Philadelphie.
Gauvain (Pierre), Négociant du Cap-Français, à Philadelphie.

DESCRIPTION

TOPOGRAPHIQUE et POLITIQUE

DE LA

PARTIE ESPAGNOLE

DE L'ISLE

SAINT-DOMINGUE;

Avec des Observations générales sur le Climat, la Population, les Productions, le Caractère & les Mœurs des Habitans de cette Colonie, & un Tableau raisonné des différentes parties de son Administration;

Accompagnée d'une nouvelle Carte de la totalité de l'Isle.

Par M. L. E. MOREAU DE SAINT-MÉRY, Membre de la Société Philosophique de Philadelphie.

TOME PREMIER.

PHILADELPHIE,

Imprimé & se trouve chez L'AUTEUR, Imprimeur-Libraire, au coin de Front & de Walnut streets, N° 84.

1796.

LISTE

DES SOUSCRIPTEURS,

Par ordre Alphabétique.

MESSIEURS,

A

ADAM, Vice-Président des États-Unis de l'Amérique.
ADET, Ministre Plénipotentiaire de la République Française près les États-Unis de l'Amérique.
AMÉRICAIN (un)　　　　*Deux cens Exemplaires.*

B

BACHE (Benjamin-Franklin), Imprimeur à Philadelphie.　　　　*Six Exemplaires.*
BAUMEZ, à Philadelphie.
BELIN DE VILLENEUVE, Colon de St-Domingue.
BIDDLE (Clément), Notaire à Philadelphie.
BINGHAM (William), Sénateur des États-Unis.
BLACON, à Asilum, Pensylvanie.
BONAMY, Colon de St-Domingue, à Albany.
BONNECHOSE, à New-York.
BOUCANIER (H. E.), à Philadelphie.
BOUSQUET (Augustin), Négociant à Philadelphie.
BRADFORD (Thomas), Imprimeur-Libraire.
BRANU, Négociant du Cap-Français, à Philadelphie.

Gervin (Jean) Négociant, à Ste-Lucie.
Gouin du Fief, à Philadelphie.
Goynard (Pierre), à New-York.
Grammont (Rossignol), Colon de St-Domingue, à Philadelphie.
Grandprey, Colon de St-Domingue, à Baltimore.
Guillemard (J), à Philadelphie.
Guymet, Négociant du Cap-Français, à Philadelphie.

J

James (Tho. C.), à Philadelphie.

K

King (Rufus), Sénateur des États-Unis.
Knox (Général), St-Georges, Maine.
Krasenstern, Officier de la Marine anglaise, à Halifax.

L

Labarre, Négociant, à New-York.
Laborie, Colon de St-Domingue.
La Colombe (Louis), à Philadelphie.
Ladébat, Colon de St-Domingue, à Elizabeth-Town, Jersey.
La Grange (J. E. G. M. de), à Philadelphie.
La Roche (Docteur), Colon de St-Domingue, à Philadelphie.
La Rochefoucault-Liancourt, à Philadelphie.
Deux Exemplaires.

La Rocque, à Philadelphie.
Latour du Pin, à Albany.

Lavaud, Colon de St-Domingue, à Philadelphie.
Létombe, Consul général de la République Françoise, dans les États-Unis.
Lincklaen (J.) Cazanovia, New-York.
Line (A), à Philadelphie.
Lisleadam, Colon de St-Domingue, à Philadelphie.
Logan (Docteur), Pensylvanie.
Loir, (Jean Baptiste), Colon de St-Domingue.
Lorent.

M.

Maillet, à New-Heaven.
Mazurié (Joseph), Négociant à Philadelphie.
Morse (R. Docteur Joseph), Charleston, Massachussets.
Mozard, Consul de la République française, à Boston.

N

Nairac, Négociant du Cap-Français, à Philadelphie.
Noailles (Général), à Philadelphie.

P

Palyart (J.) Consul-général de Portugal, dans les États-Unis.
Pickering (Thimothée), Ministre des États-Unis au département des affaires étrangères.
Proudfil (James), à Philadelphie.

R

Randolph (William), en Virginie.
Ricard (Général), en France.

Rice (H & P), Libraires à Philadelphie.
Rochambeau (Général Den.), en France.
Ross (Docteur André), Médecin, à Philadelphie.

S

Saxon (Jn.), Avocat, à Rhode-Island.
Schweizer (Jean), à Philadelphie.
Simson, Négociant, à Philadelphie.
Sonis, Colon de St-Domingue, à Philadelphie.
Sonntag (William Louis) Négt. à Philadelphie.
Stephens (Thomas), Imprimeur, à Philadelphie.
Deux Exemplaires.
Stevens (Docteur E.), Médecin, à Philadelphie.
Swannuick, Négociant, à Philadelphie.

T

Talleyrand-Périgord, à Philadelphie.
Tanguy de la Boissiere, Colon de St-Domingue.
Terrier de Laistre aîné, Colon de la Martinique, à Trenton, Jersey.
Thurninger, à Philadelphie.
Tod (W. H.), Avocat, à Philadelphie.
Tregent, à Philadelphie.

V

Van-Berchel, Ministre de Hollande, près les États-Unis de l'Amérique.
Vaughan (Jean), Négociant à Philadelphie.
Deux Exemplaires.
Volney, à Philadelphie.

Y

Yard (James), Négociant, à Philadelphie.

AVERTISSEMENT.

ON verra, par ce qui termine l'Abrégé hiſtorique, placé au commencement de cet Ouvrage, que j'avois cru néceſſaire d'écarter, avec le plus grand ſoin, de la Deſcription de Saint-Domingue, tout ce qui pouvait avoir rapport à la révolution, depuis 1789.

Cette Deſcription qui était preſque terminée à cette époque, du moins quant à la partie eſpagnole, & dont j'avais même lû des fragmens dans des ſéances publiques du Muſée de Paris, en 1788, ayant eu pour objet de montrer Saint-Domingue tel que je l'avais obſervé, il m'aurait ſemblé biſarre d'abandonner un modèle vrai & intéreſſant, pour en chercher un que chaque inſtant, pour ainſi dire, faiſait changer. J'aurais craint de reſſembler à un peintre, qui, chargé de faire le portrait d'un individu, célèbre par ſa beauté & par d'autres avantages, ſe déterminerait au moment où il viendrait de l'achever, à ne plus préſenter ſon original, qu'avec des traits défigurés par les effets cruels d'une maladie convulſive.

D'ailleurs, lorſqu'en mettant en France, durant l'année 1793, la dernière main à ce qui concerne la colonie eſpagnole de Saint-Domingue, je réfléchiſſais aux périls qui ne ceſſaient d'environner mon exiſtance depuis plus d'une année; aux événemens & aux arreſtations qui m'avaient menacé d'une mort cruelle & prochaine, mort dont je n'ai été préſervé, que par l'influence même des actes de ma vie publique qui m'avaient dévoué à la persécution ; je sentais le besoin de me resserrer dans des bornes plus étroites, afin de n'être pas immolé avant d'avoir pû terminer, du moins une partie de ce que je destinais à ma patrie. Ne songeant donc au présent, que pour me hâter de faire sortir du passé quelques leçons pour l'avenir, en les puisant dans la description de la plus belle Colonie, que l'industrie Européenne eût créé dans le Nouveau-Monde, je m'étais de plus en plus affermi dans la résolution de ne pas mêler les effets de la révolution, à mon plan primitif.

J'attendais en travaillant ainsi, pour mon pays, que les hommes de sang, sous lesquels il gémissait alors, disposassent de mon sort. Un courage, dont chaque jour multipliait les exemples, m'aurait même rendu indifférent sur tous les dangers, si la vue d'une épouse & de mes enfans sans appui, si celle d'autres parens chéris, ne m'avaient ramené à des idées lugubres, & que mon cœur ne trouvait que trop déchirantes. Je me surprenais même quelquefois, à gémir sur l'idée de la mort, peu cruelle en soi pour qui a su vivre sans la désirer ni la craindre, mais qui m'aurait ravi le seul fruit dont j'aurais voulu voir payer dix-huit années de recherches & de travaux, celui de les faire servir au bonheur des autres hommes. C'est dans cette situation qu'habitant alors un des ports de la France, où j'attendais la possibilité de retourner dans les colonies, je devins l'objet de nouvelles persécutions, de la part de quelques agens subalternes de la tyrannie, qui couvrait la

France entière d'échafauds. Ils m'ordonnèrent d'aller rendre compte à Paris, d'une conduite qu'ils savaient bien que Robespierre n'approuvait pas, dès l'époque même où nous étions tous les deux membres de l'Assemblée constituante, *& de m'y rendre avec ma famille.*

Cette dernière condition réveilla, dans mon ame, un sentiment dont la force ne peut être bien connue que d'un époux & d'un père ; j'allai trouver mes proscripteurs, parmi lesquels étaient des hommes qui commandaient la terreur, parce qu'eux mêmes obéissaient à la terreur. Je parlai avec la fermeté qu'un aussi grand intérêt inspire, la nature me rendit tellement éloquent que la majorité fut émue ; l'ordre d'aller porter ma tête aux bourreaux, fut converti en une permission de repasser à Saint-Domingue par la voye des Etats-Unis : & lorsqu'un émissaire de Robespierre, averti sans doute que je lui échappais, vint avec le mandat exprès de m'arrêter, en dépit de passe-ports accordés, *au nom de la Loi*, le vaisseau qui sauvait & les objets les plus chers à ma tendresse & moi-même, voguoit depuis à peine trente-six heures.

Arrivé dans cette terre alliée, & y apprenant que la partie de Saint-Domingue à laquelle mon état m'attachait, était au pouvoir des ennemis de la France, je pris la résolution de chercher à vivre dans les États-Unis, comme j'ai toujours fait, du produit de mon travail. Le sentiment délicieux qui me dit que je me dois tout entier au bonheur de ma famille, m'a rendu tout facile, & elle paye assez par son amour, des peines & des soins qu'elle partage.

AVERTISSEMENT.

Je n'avais emporté qu'une faible portion de mes écrits, & je n'osais même plus compter sur l'utilité de mes veilles. Mais avec l'horreur du sang, a reparu un système qui accorde protection à quiconque aime son pays & trouve du bonheur à le servir. Cette protection bienfaisante, & à laquelle j'avais des droits, j'en ai éprouvé un délicieux effet en recevant tous mes matériaux, tout ce que mes fatigues, une dépense considérable & un zèle infatigable, ont pu réunir pendant vingt années. Béni soit à jamais ce retour à un ordre de choses où l'amour de la patrie n'est plus un crime!

Un mouvement bien naturel m'ayant porté plus d'une fois à parcourir des parties de mon manuscrit, & n'appercevant que dans un long éloignement, la faible espérance de publier la description de Saint-Domingue, j'ai voulu essayer d'y faire des changemens, que des faits postérieurs à la révolution semblaient inspirer; mais en relisant quelques pages avec cette intention, je rencontrais bientôt une difficulté réelle, à lier ensemble ce que j'avais écrit & ce qu'il aurait fallu ajouter, & j'étais toujours ramené à ma première opinion.

Combien je me suis félicité de cette persévérance, lorsque la nouvelle de la cession de la partie la plus considérable de St-Domingue, par l'Espagne à la France, venue à Philadelphie, m'a fait croire que la publication de la description de la partie espagnole de cette île, serait intéressante !

La colonie espagnole de St-Domingue, à été la

première que l'Europe ait fondé en Amérique. Sous ce rapport elle doit offrir les premières traces du génie Européen, recevant des conseils de localités & d'événemens inconnus jusqu'alors. Elle doit montrer les preuves de la transplantion des idées de l'ancien monde, dans le nouveau, & de leur naturalisation plus ou moins parfaite dans ce sol étranger. Elle doit par son antériorité sur toutes les autres colonies européennes, formées sous la Zône torride, présenter dans son administration, des principes que les autres Nations ont dû adopter à leur tour, avec des modifications plus ou moins sensibles & produites par l'influence que chacune d'elles reçoit des mœurs qui lui sont propres. En un mot, la colonie espagnole de St-Domingue est le premier vestige européen empreint sur une vaste partie du globe, & avec tant de titres réunis, elle a droit d'attirer les regards de l'observateur philosophe.

Mais quand peut-il être plus important d'offrir ce tableau qu'au moment où l'original va disparaître ? En effet, la cession de la partie espagnole en ce qu'elle a déjà d'effectué, en ayant détruit l'administration & avec elle la plus grande partie des choses qui composaient le caractère de ce type colonial, en vain voudrait-on, dans ce qui en subsiste maintenant, trouver ce qu'elle a été ; il n'est plus possible désormais de la reconnaître. Il faudrait donc la chercher dans le souvenir de ceux qui l'ont connue ; & tâcher de revenir par ce qu'elle conserve encore dans son existence physique, à la connaissance de l'esprit qui l'animait & hasarder les conjectures, si elle n'avait pas été heureusement peinte dans son ensemble lorsqu'elle formait un tout, lorsque chacun des traits propres à la caractériser, pouvait être étudié & saisi; & cette peinture que j'ose appeller fidelle, c'est elle que je présente aujourd'hui.

Il faut donc lire cette description de la partie espagnole de St-Domingue, sans jamais oublier qu'elle a été écrite de la manière la plus séparée de tout ce que la révolution de la France a pû produire, parce qu'en général elle a été écrite avant cette époque & que cette idée a toujours présidé à ce qui a pû y être ajouté postérieurement, parce qu'il s'agissait toujours de choses antérieures à cette révolution.

J'ai même poussé si loin, à cet égard, le respect pour mes propres motifs, que je n'ai voulu faire aucun changement à la partie de mon travail qui a rapport à l'examen de la question, si la cession de la partie espagnole de St-Domingue pouvait être avantageuse ou non à la France. Mon opinion sur ce point, comme sur tout ce que trace ma plume, est produite par ma conviction intérieure. Mon sentiment n'est point une loi, & s'il était fait pour en avoir la force, quel guide plus sûr, pour moi du moins, pourrait-on exiger que je prisse, que ma conscience? C'est elle qui m'a défendu de plier mes pensées aux événemens. Et si nous étions encore dans ces tems désastreux où la vérité qui ne savait pas plaire était criminelle, il me serait plus facile de la taire que de la trahir. C'est à l'estime des hommes que je cherche des titres ; je sais me passer de leur approbation.

Les mêmes principes présideront à la publication de la *Description de la partie française de Saint-Domingue*, si des encouragemens où les circonstances me permettent de la livrer à l'impression. Ils présideront également, & même plus impérieusement encore, à l'*Histoire de Saint-Domingue*, de cette Isle infortunée, dont la splendeur passée étonnera les races futures. C'est en la traçant, cette histoire, que je me rappelle, presque à chaque ligne, que l'historien remplit une vraie magistrature, & qu'il doit jeter sa plume avec effroi, s'il a oublié, un seul instant, qu'un jour la postérité voulant porter un jugement sur un fait ou sur un individu, pourrait n'avoir d'autre témoignage à invoquer que le sien, & que si son jugement la trompe, il se rend coupable d'injustices irréparables ; à moins que reconnaissant la partialité de l'historien, la postérité le citant lui-même à son redoutable tribunal, ne le flétrisse en le plaçant au nombre des juges corrompus.

Je terminerai cet avertissement, que plus d'un motif rendait nécessaire, par ce vœu qui n'a jamais cessé d'animer mon cœur, depuis le moment, déjà bien loin de moi, où je me dévouai pour la première fois, à l'étude de toutes les matières coloniales; c'est que mes soins, mes sacrifices & mes veilles soient utiles, & sur-tout à la France.

AVERTISSEMENT.

Quelques foins que j'aye pu employer pour m'affurer de l'exactitude des détails hydrographiques contenus dans cette Defcription & dans la Carte qui en fait partie & qui a été dreffée fous mes yeux, je ne les offre cependant pas comme des vérités mathématiques, mais feulement comme ce que l'on connait de meilleur relativement à la Defcription de Saint-Domingue.

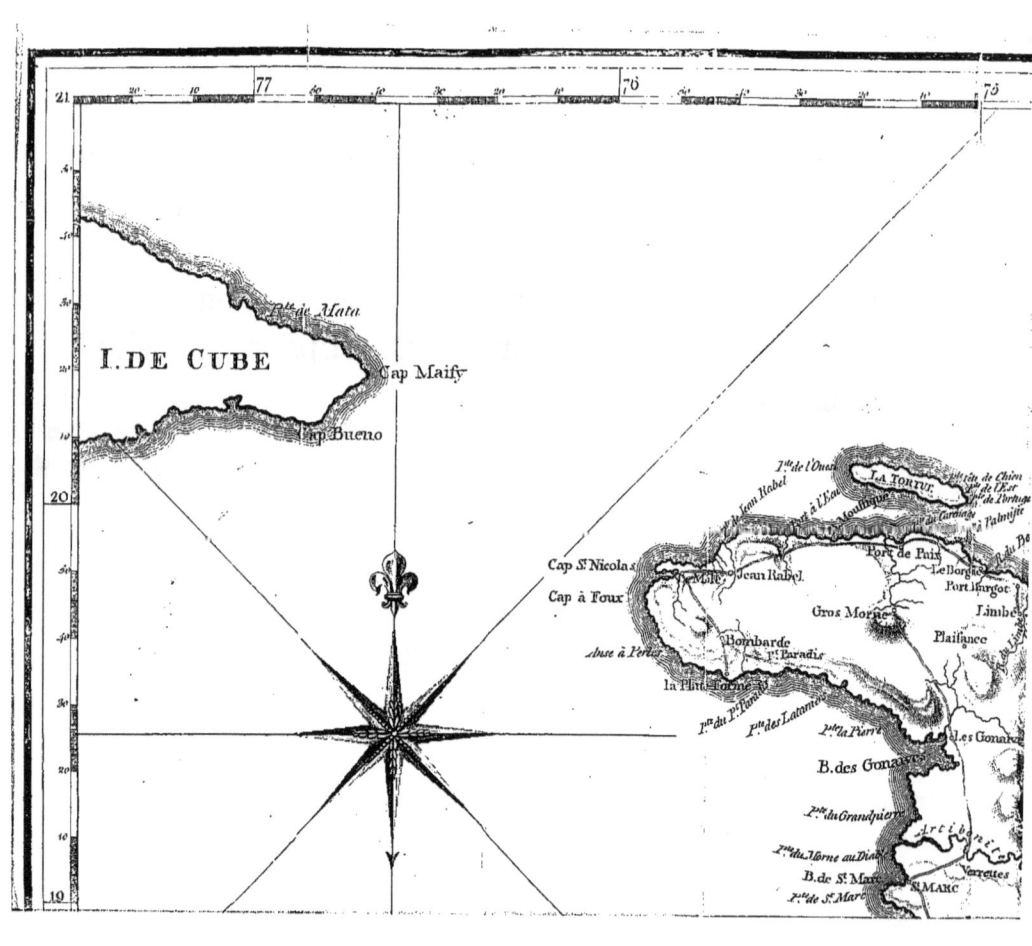

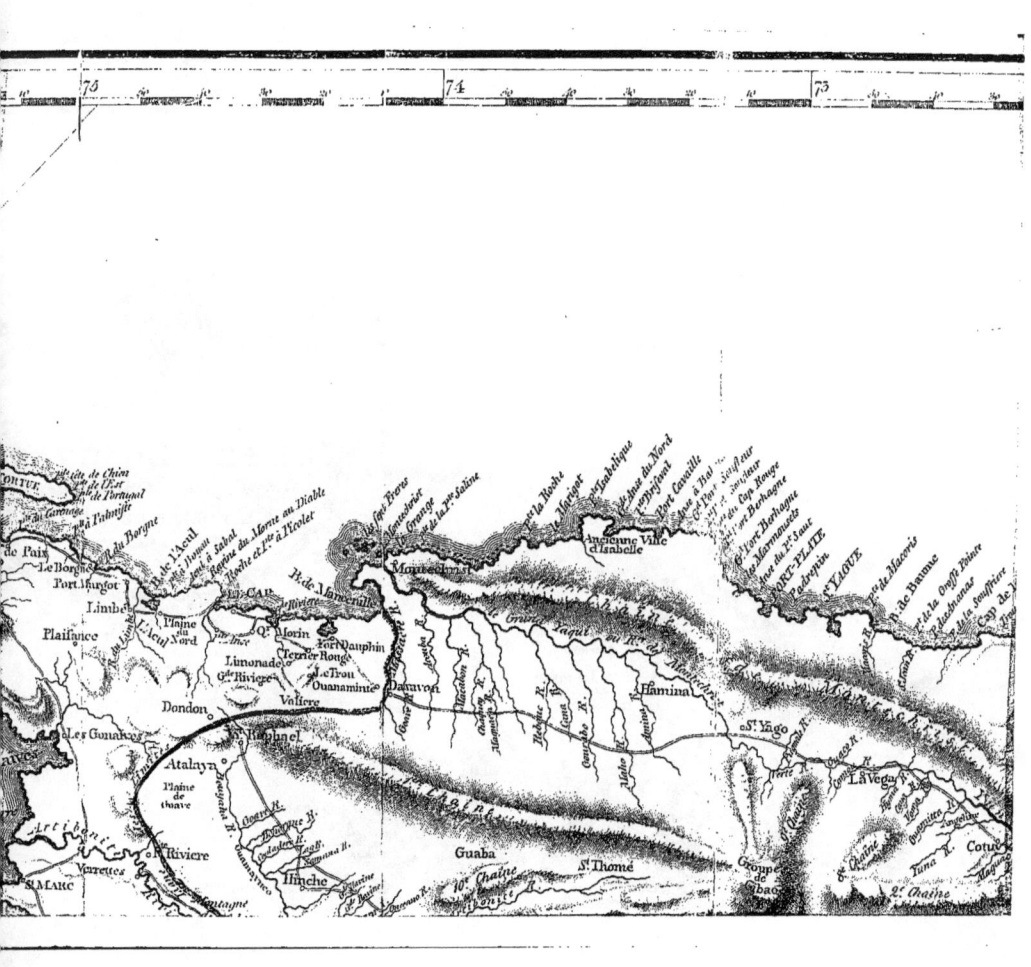

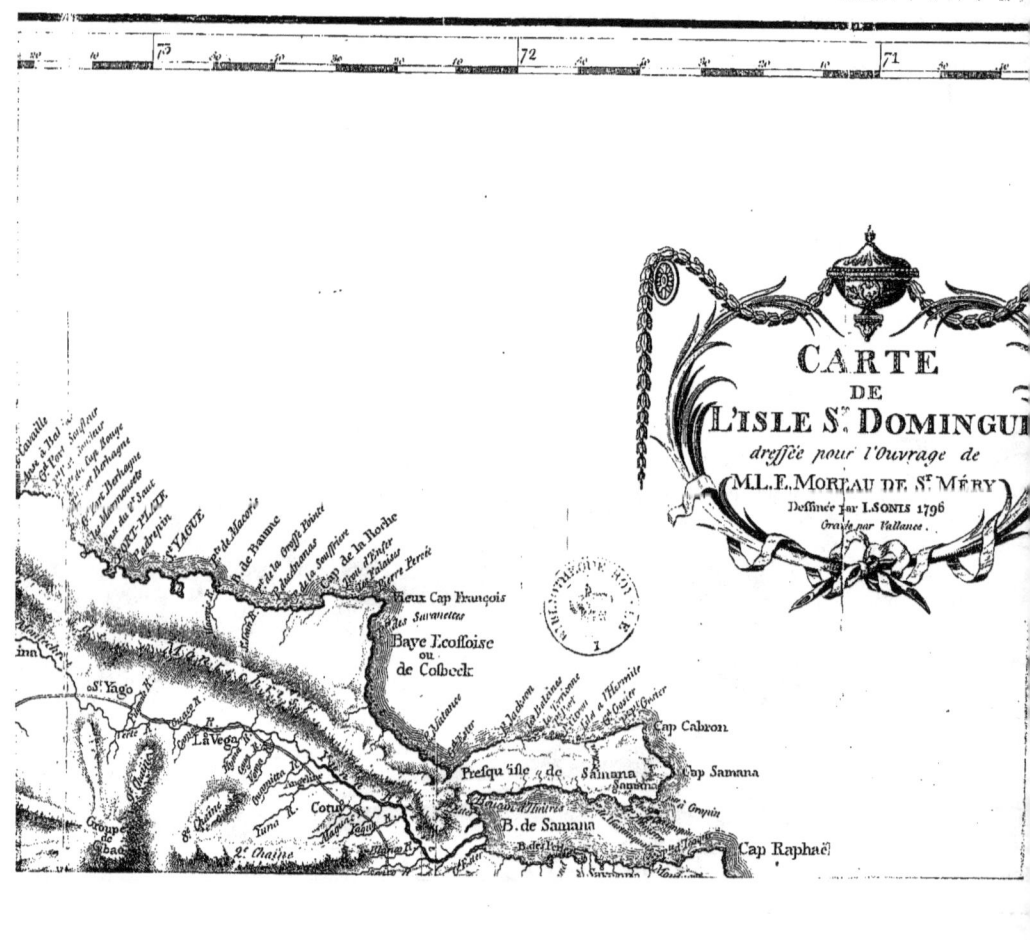

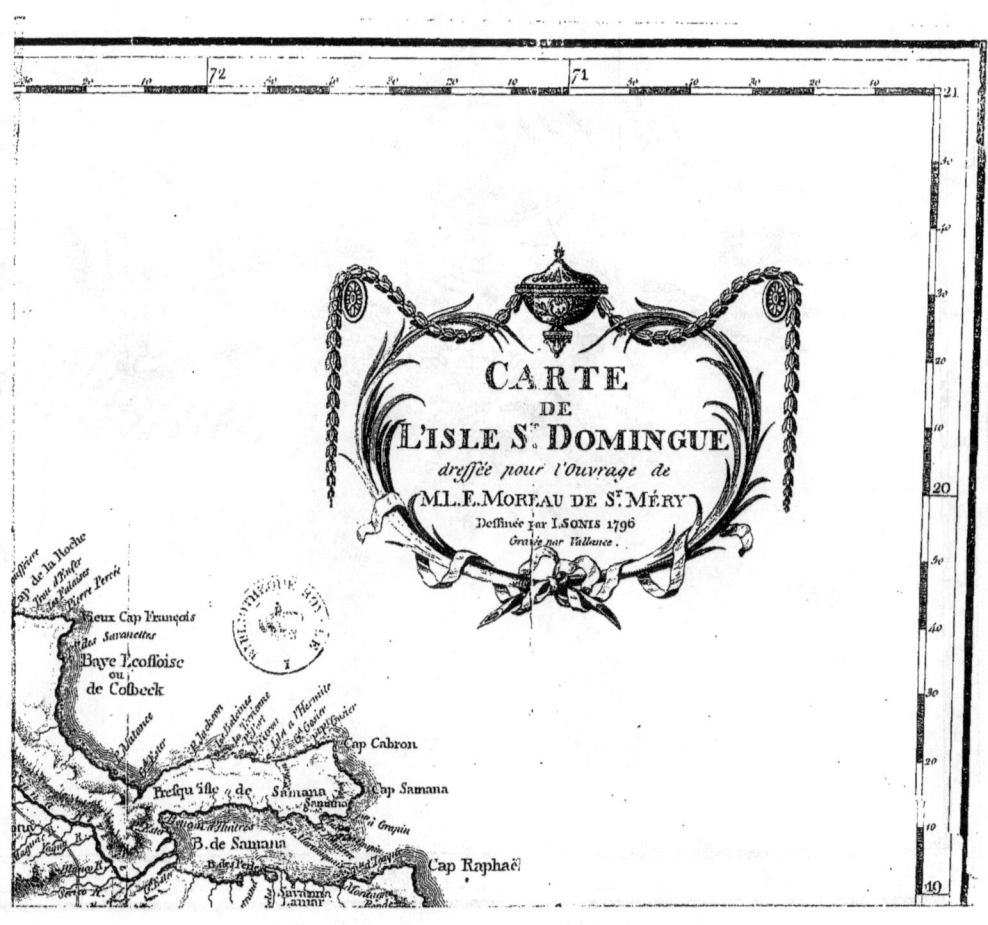

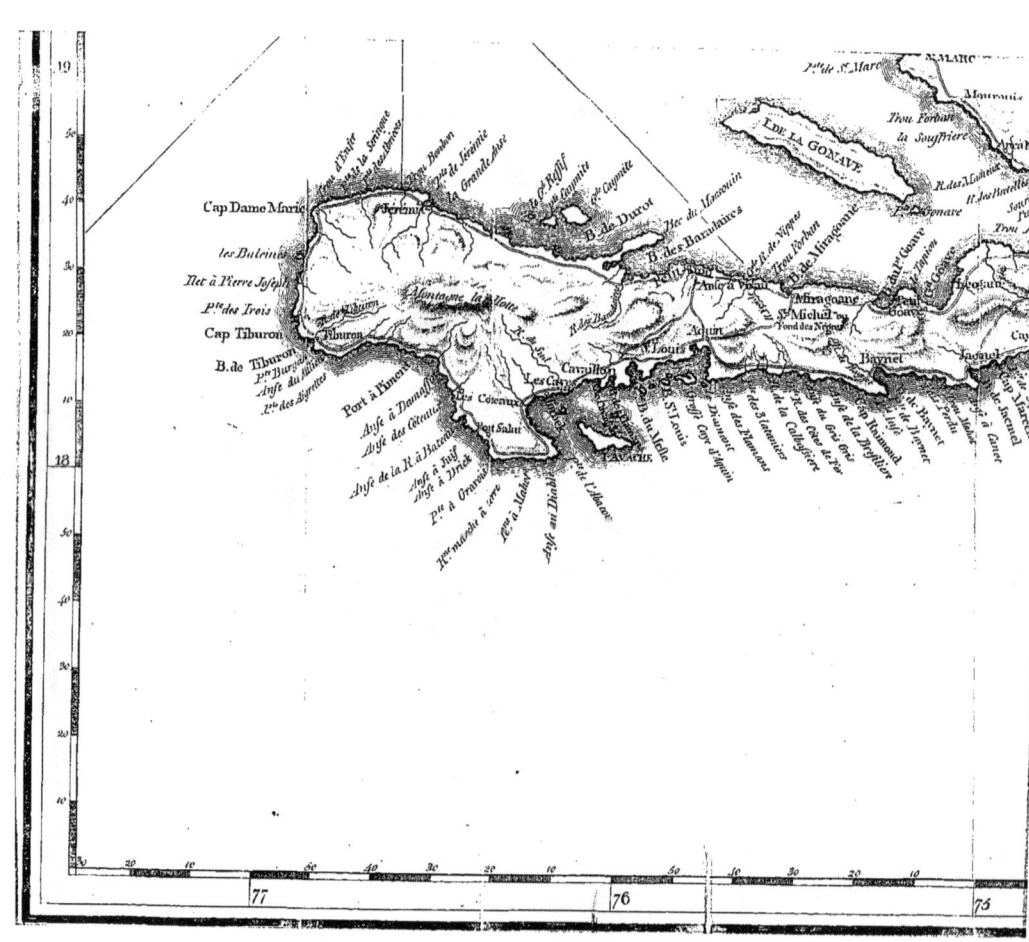

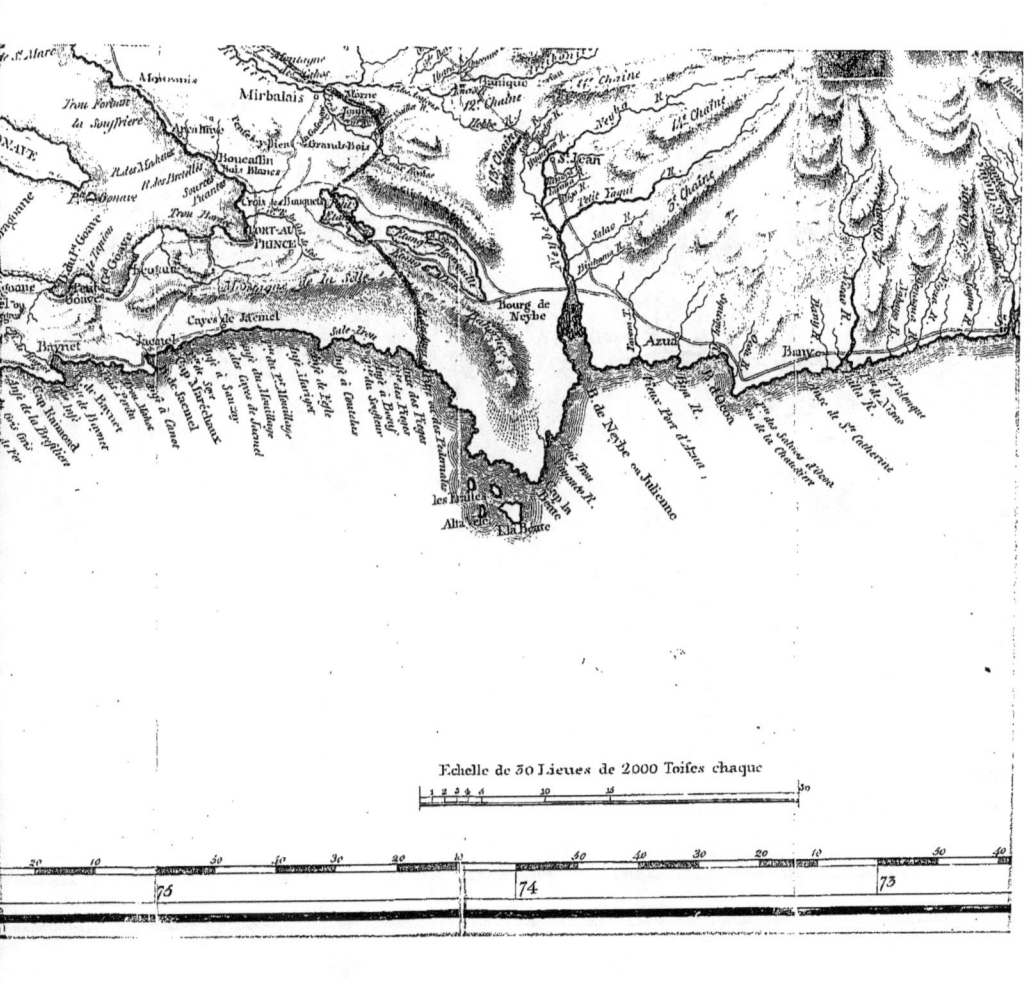

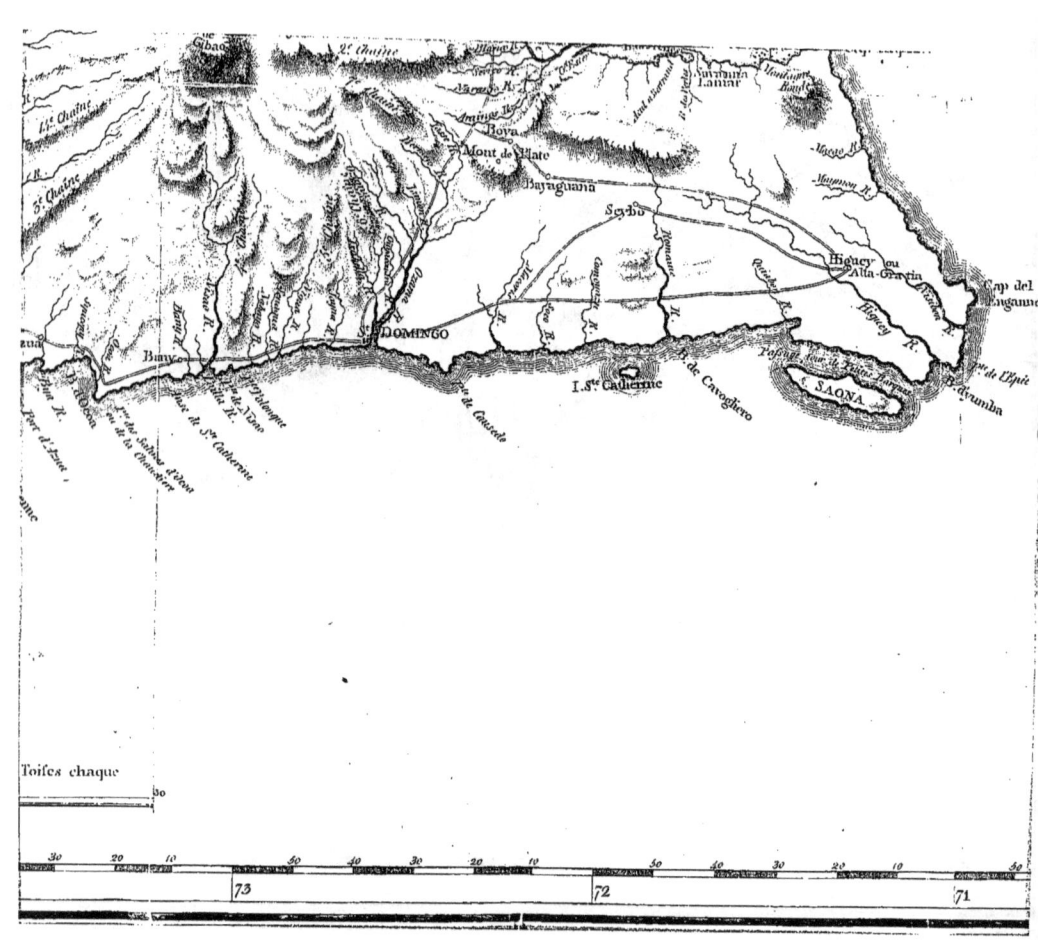

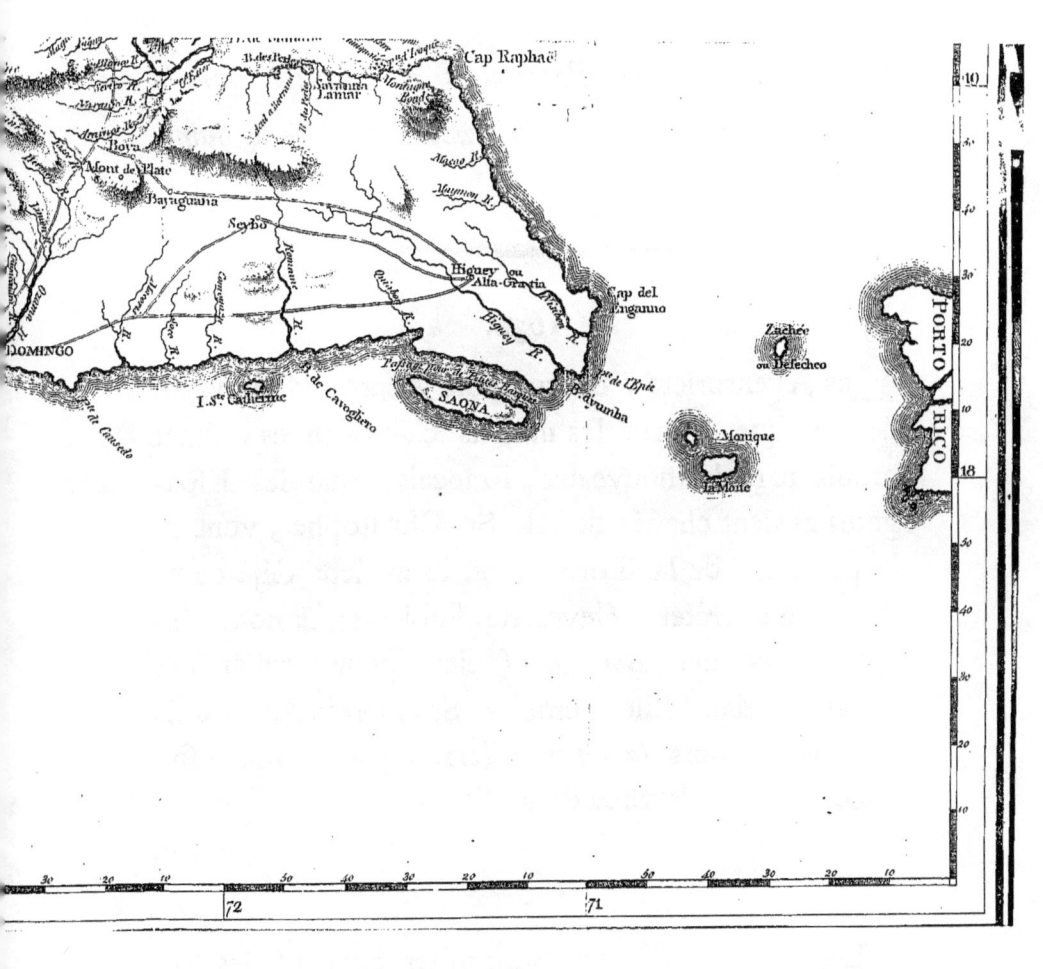

ABRÉGÉ HISTORIQUE.

De ce qui a eu lieu relativement aux limites, entre la Colonie Espagnole et la Colonie Française de Saint-Domingue.

1630.

Les Aventuriers, ce composé bisarre d'individus de presque toutes les nations Européennes, étant grossis par de nouveaux Français, que les Espagnols avaient chassés de l'île St.-Christophe, vont de la petite île de la Tortue, où ils avaient déjà commencé à s'arrêter, élever de foibles cases nommées *Ajoupas* & des *Boucans* (lieu pour griller des viandes), dans l'île même de St.-Domingue, qu'ils appelaient alors *la Grande-Terre*, par comparaison avec l'étendue bornée de la Tortue.

1632.

Les Flibustiers & les Boucaniers chassent les Espagnols de la Tortue.

1638.

Les Espagnols massacrent presque toute la Colonie Française.

1639.

Telle était l'audace des Aventuriers, qu'ils reprennent la Tortue.

1640.

On trouvait déjà les Français répandus dans plusieurs points de la côte nord de St.-Domingue, depuis la péninsule de Samana jusqu'au Port-de-Paix, & réunis dans de petits établissemens relatifs à la chasse qu'ils faisaient aux bœufs devenus sauvages.

1641.

Le Vasseur, officier de la garnison de l'île St.-Christophe, envoyé par le commandeur de Poincy, gouverneur-lieutenant-général des îles Françaises de l'Amérique, prend le commandement de la Tortue, où Willis, anglois, nommé chef par les Aventuriers de sa nation, avait fini par usurper une autorité despotique.

1663.

M. Deschamps de la Place, commandant pour le roi à la Tortue & à la côte de St.-Domingue, en l'absence de du Rausset son oncle, commence l'établissement du Port-de-Paix avant lequel les Boucaniers en avaient déjà un sur l'islet à *Boyau* ou *des Boucaniers*, placé au milieu de la baye de Bayaha, aujourd'hui Fort-Dauphin.

1664.

D'Ogeron, successeur de M. Deschamps de la Place, forme une habitation au Port-Margot, que, dans l'origine, le Vaffeur qui y aborda, avait nommé *le Réfuge*.

1670.

Les Français excités par d'Ogeron, commencent à s'établir dans la plaine du Cap.

1674.

D'Ogeron fortifie en hommes la peuplade de Samana, que les Espagnols avaient attaquée fans pouvoir la détruire.

1676.

A cette époque où Pouançay, Neveu de d'Ogeron, lui fuccéda, des Français avaient pouffé leurs établiffemens, le long de la mer, depuis le Port-de-Paix, jufqu'à la rivière du Rebouc, & poffédaient l'île de la Tortue & la péninfule de Samana.

1678.

Paix de Nimègue entre les Français & les Espagnols.

1680.

Don Francifque de Segura, Sandoval & Caftille, préfident de la partie Efpagnole, écrit le 10 Juillet & envoye à M. de Pouançay, le Licentié, Don Jean Baptifte Efcofo, pour lui notifier la paix, & lui propofer de fixer les limites entre les deux Nations. Cet envoyé trouve des Français jufqu'à la rivière du Rebouc, qu'il paffe même avec M. de Longchamp, établi fur le bord de cette rivière, dans un canot, appartenant à cet habitant. Ce dernier l'accompagna, ainfi que d'autres Français, jufques vers M. de Pouancey au Cap, où il arriva à la fin du même mois de Juillet.

L'interprête de cet entretien fut M. Demas Jonchée, capitaine du navire le St.-Bernard, qui avait vu le Licentié Efcofo à St.-Yague, & qui le conduifit, à fon retour du Cap, jufqu'à la baye de Mancenille.

On dreffa un acte qui affigna la rivière du Rebouc pour ligne de démarcation.

1684.

Le préfident Efpagnol qui écrivoit à M. de Cuffy gouverneur, pour lui annoncer le traité de Ratisbonne, conclu le 15 Août, s'étant plaint de ce que les Français empiétaient; MM. le Chevalier de St.-Laurent & Bégon, adminiftrateurs généraux des îles, qui fe trouvaient à cette époque à St.-Domingue, lui propofèrent, de reconnoître de nouveau que les limites partaient du Rebouc d'un côté & fe terminaient au Cap de la Béate de l'autre.

Don André de Roblès, préfident, rejetta la propofition & les Efpagnols fe mirent eux-mêmes à détruire les bœufs dont la chaffe attirait les Boucaniers qui en vendaient les cuirs.

1687.

Les Efpagnols tentent, à l'Oueft du Rebouc, des établiffemens que les Français, au nombre de 150 hommes à cheval, fous les ordres de M. Carron, habitant de Bayaha, vont brûler.

1688.

Au mois de Mai, 50 Espagnols enlèvent deux Français chaſſant dans l'immenſe canton de Bayaha. 250 habitans les pourſuivent, mais trop tard.

Le préſident Don André de Roblès, répond le 3 Octobre à la plainte de M. de Cuſſy, que Bayaha eſt une poſſeſſion Eſpagnole, mais qu'il a néanmoins fait mettre les deux Français en liberté.

Le préſident ſe plaint auſſi de ce que des Français s'établiſſent à Samana.

1689.

La guerre étant déclarée entre la France & l'Eſpagne, les Français vont planter leur pavillon ſur la rive Oueſt du Rebouc, & y placent des vigies.

1690.

Les Français, ſous les ordres de M. de Cuſſy, attaquent & prennent St.-Yague, & ne trouvent la première vigie eſpagnole, que ſur une hatte du gouverneur de St.-Yague à l'Eſt du Rebouc.

1691.

Les Eſpagnols dévaſtent, brûlent & pillent la partie du Cap & rentrent ſur leur territoire.

1695.

Les Eſpagnols réunis aux Anglais, ravagent juſqu'au Port-de-Paix.

1697.

Traité de paix de Riſwick, portant que les poſfessions des deux puissances, resteront telles qu'elles étaient lorsque la paix précédente avait été rompue.

1698.

Les Espagnols profitant de la paix, établissent dans l'Ouest du Rebouc, des parcs, sous prétexte d'y entreposer les animaux qu'ils venaient vendre dans la partie Française.

Don Pedro Morel, mestre-de-camp, envoyé au Cap, pour y ramener Madame de Grasse, conduite à Santo-Domingo après la prise du Port-de-Paix en 1695, est chargé par le président espagnol d'engager M. Ducasse, gouverneur, à reculer les vigies françaises de six ou sept lieues, jusqu'à Bayaha. M. Ducasse répond que le président n'a nulle plainte à faire sur les vigies puisqu'elles ne sont pas hors des limites.

Au mois de Septembre de cette année, le roi, par les lettres pattentes d'établissement de la compagnie de St.-Domingue, lui concède tout le commerce de l'île, depuis le Cap-Tiburon jusqu'à la rivière de Neybe *inclusivement*. La compagnie y donne elle-même des concessions dans la suite.

1699.

Le 6 Fevrier, sommation au nom du président par intérim, Don Severmo de Manzaneda, à M. Ducasse de faire retirer ses vigies ou gardes avancées jusqu'à Caracol. M. Ducasse lui envoye M. Duquesnot, procureur général de conseil souverain du Petit-Goave par le convaincre du ridicule de cette prétention.

M. Duquesnot arrête que jusqu'à la décision des

deux cours, les vigies feront de part & d'autre reculées à quatre lieues des rives du Rebouc.

M. de Galiffet, devenu gouverneur à cause du départ pour France de M. Ducaffe, donne toujours des permiffions de chaffe, feulement jufqu'au Rebouc; & il fait pofer une vigie *à la Porte*, point qui est aujourd'hui la limite du Dondon & de St.-Raphaël.

1700.

Les Espagnols empiètent. Lettre de M. de Galifet au préfident au mois de Juillet. Réponfe de celui-ci du 5 Septembre, où il nie la convention faite avec M. Duquefnot, foutient que les français n'ont jamais eu de vigie au-delà de la rivière de Jaquezy, & qu'en 1684, Don André de Roblès a refufé de confidérer *Guayubin* ou le Rebouc comme la limite.

M. de Galifet relève ces erreurs le 27 Octobre; il offre le témoignage de tous ceux qui ont été en vigie au Rebouc pendant la paix précédente et défie le préfident de prouver qu'alors on trouvât aucun Efpagnol établi à l'Oueft de cette rivière.

Il paraît cette année une carte gravée de l'île St.-Domingue, faite par N. de Fer, géographe du roi d'Efpagne, où les limites commencent à Port-de-Plate fur la côte du nord, traverfent l'île & viennent fe terminer à l'embouchure de Neybe.

1701.

Sept Octobre. Sommation nouvelle du préfident de faire reculer tous les français jufqu'à Caracol, fur les confins de Limonade ou au moins jufqu'à la rivière de Jacquezy, avec des proteftations.

Deux Novembre. Réponfe de M. de Galifet qui appuyé de la déclaration même que lui donne M. Duquefnot, fomme à fon tour le préfident de tenir la convention faite par l'entremife de ce procureur-général.

1705.

Avènement de Philippe V de la maifon de France, au trône d'Efpagne, ce qui appaife les querelles des limites.

1706.

Don Guillermo Morfil, nommé à la préfidence de Santo-Domingo, aborde au Cap d'où il fe rend à fon gouvernement. M. de Charitte, alors chef de la partie Françaife, lui donne un cortège nombreux et l'accompagne en perfonne, jufqu'à la rivière du Rebouc. Les milices Efpagnoles reçoivent le préfident fur l'autre rive.

1710.

Les Efpagnols dont on avait toléré quatre ou cinq hattes en deça du Rebouc, ayant manifefté des prétentions, le gouverneur du Cap avec une force fuffifante, fe tranfporte fur les lieux & leur notifie qu'il ne les y fouffre que par pure tolérance.

1712.

Les établiffemens français, même en deça du maffacre, font ravagés par les Efpagnols qui exercent plufieurs cruautés.

Ceux de la ville de St-Yague font une incurfion du même genre.

Le gouverneur & les habitans de St-Yague, dans une adreffe du 30 Juillet au roi d'Efpagne, accufent les français d'envahiffement & de violences.

1713.

Au mois de Mars, la cour d'Efpagne charge fon ambaffadeur près celle de France, de demander des ordres pour faire *démolir* toutes les habitations françaifes de Bayaha, & elle écrit le 14 Juillet au Préfident & à l'Audience royale de St-Domingo de les contraindre d'évacuer tout ce qu'ils ont ufurpé depuis l'avènement de Philippe V.

1714.

La France propofe à l'Efpagne de nommer des commiffaires pour les limites.

A la fin de l'année le Préfident & l'audience royale de Santo-Domingo, dépêchent Don Ramire, gouverneur d'Azua, à M. le comte de Blénac, gouverneur-général, alors à Léogane, & Don Pedro Morel, gouverneur de St.-Yague au gouverneur du Cap, pour les fommer de faire retirer tous les français qui fe trouvaient au-delà de la Rivière-Marion : c'eft-à-dire, jufqu'au point où eft aujourd'hui la ville du Fort-Dauphin.

Refus de M. de Blénac de fe rendre à cette injufte réclamation. Le général & l'intendant font faire par-devant MM. Beaupré & Durocher, notaires au Cap, une enquête où vingt-quatre témoins affermentes (dont l'un nommé Bigot avait 93 ans), atteſtent que les Français poſſèdent depuis 60 ans tout le terrain à l'Oueſt du Rebouc.

1715.

Le duc de St.-Aignan, ambaſſadeur de France en Eſpagne, eſt chargé par ſa cour de ſoutenir l'enquête de 1714, & de propoſer encore des commiſſaires. On répond qu'on attend des inſtructions de Santo-Domingo. Mais dès le 20 Mai 1715, cédule du roi d'Eſpagne qui enjoint au préſident de laiſſer aux français ce qu'ils avaient, lors qu'il était monté ſur le trône, & d'envoyer des inſtructions pour qu'on puiſſe nommer des commiſſaires.

1719.

A cauſe de la déclaration de guerre entre la France & l'Eſpagne, M. de Chateaumorand, gouverneur, & enſuite M. Sorel qui lui ſuccéda, à cette époque, propoſèrent au préſident eſpagnol, Don Fernand Conſtant Ramirez, qui l'accepta, de garder la neutralité à St.-Domingue, & de laiſſer la queſtion des limites indéciſe, ſans que les Eſpagnols puſſent paſſer la Rebouc, & que les Français n'iroient pas au-delà de Capotille.

Les Eſpagnols font poſer un corps-de-garde au point où la petite rivière de Montcuſſon ſe jette dans l'Artibonite. M. de Paty, commandant de l'Oueſt, le fait brûler.

1721.

On tue quatre français dans la partie du Sud, ſous prétexte d'envahiſſement de territoire ; mais le Préfident espagnol demande, au mois de Février, que cet événement malheureux ne détruise pas l'harmonie qui règne à St.-Domingue.

1724.

Ordre de la cour de France, le 10 Juillet, à M. le comte de Robin, son chargé d'affaires, en Espagne, de laisser l'article des limites de côté, parce qu'il convient de le traiter sur les lieux.

Minguet (dont le nom est justement célèbre à St.-Domingue), revenant de la conquête de Carthagène, avait obtenu de M. Ducasse, le 11 Septembre 1698, une vaste concession au Dondon. Les Espagnols après l'avoir long-tems vexé, avaient fini par se féliciter même, d'avoir en lui un précieux Esculape; mais des concessions faites récemment au Dondon, leur causèrent des allarmes. Le président s'en plaignit à MM. de la Rochalar & Montholon, général & intendant, qui lui répondirent que c'était le même local que celui originairement concédé à Minguet. Alors le gouverneur de Hinche & la Justice du même lieu, vinrent sommer les habitans de se retirer.

MM. de Chastenoye & Duclos, gouverneur & ordonnateur du Cap, se rendirent au Dondon, au mois d'Octobre, accompagnés d'un détachement de milices. Ils eurent une entrevue avec M. Miesse, gouverneur de Hinche, chez le signor Saint-Yague de Ribera, & l'on y convint que les habitans français resteroient, à l'exception de deux pour lesquels on arrêta de faire des recherches ultérieures.

1727.

Les Espagnols viennent mettre un corps-de-garde, jusques sur la rive Est de la rivière de Dajabon ou Massacre.

1728.

Quinze Espagnols, sous la conduite d'un officier du corps-de-garde placé en 1727, vont au canton du Trou-de-Jean-de-Nantes, dépendance d'Ouanaminthe, y détruisent deux établissemens français, enlèvent des esclaves & emmènent un des deux habitans garotté.

M. de Chastenoye se rendit du Cap au corps-de-garde, s'assura que c'était une entreprise de l'officier & s'en plaignit au Président. En revenant, il apprit que les habitans français allaient en armes pour se venger des Espagnols. Ils ne furent appaisés que par le désaveu du commandant Juan Gerardino de Gusman.

Au mois d'Août, ordre au marquis de Brancas, ambassadeur à Madrid, de renouveller la proposition des commissaires pour les limites.

1729.

M. de Nolivos, commandant pour le roi des quartiers de l'Ouest, faisait la visite annuelle des frontières du Cul-de-Sac, du Mirebalais & de l'Artibonite; parvenu à la petite rivière de Montcusson, il y trouva une cabane où était un nègre Isidre, qui, désirant une concession, prit pour l'obtenir un certificat de

M. Hardouineau, commandant du Mirebalais, le 28 Juillet.

Les Espagnols qui virent ce certificat en prirent de l'ombrage. Les commandans firent sonner le tocsin depuis Hinche jusqu'à Azua. On prit les armes, on marcha aux frontières de la Cahobe (des Acajoux) & des Vérettes, & l'on blessa même d'un coup de fusil *Étienne Trouvé*, habitant du Mirebalais.

Le 8 Août, le président de la Rocheferrer écrivit à M. de la Rochalar, gouverneur, pour nommer des commissaires de part & d'autre, afin d'éviter les plus grands malheurs.

M. de Nolivos, fut envoyé en conséquence & il conféra chez M. Hardouineau avec Don Gonzalo-Fernandez de Oviedo, Auditeur-général de guerre. Le plénipotentiaire Espagnol, dit qu'il répondrait par écrit, gagna son territoire & marqua que le terrain contesté, & dont M. Nolivos fait retirer un corps-de-garde, appartenait aux Espagnols.

1731.

Le 26 Mai, le président la Rocheferrer écrit à M. de la Rochalar & se plaint de ce que depuis quatre ou cinq ans, des français s'établissent dans le Fond-de-Capotille; il demande leur éloignement & menace d'employer la force. Le gouverneur-général répond que c'est beaucoup sacrifier à la paix que de s'arrêter dans l'Ouest du Massacre quand on a le droit d'aller jusqu'au bord du Rebouc. Mais M. Buttet, lieutenant de roi du Fort-Dauphin, ayant tenu des propos inconsidérés sur les limites & ayant déterminé deux habitans à aller s'établir au-delà de Capotille, les Espagnols dans la nuit du 1er. au 2 Septembre, viennent au nombre de quatre cens, détruisent les établissemens de trois habitans à Capotille & brûlent leurs cases.

Le 14, en plein jour, M. de Chastenoye gouverneur du Cap, vient avec un détachement de deux cens hommes, détruire sur le territoire Espagnol le même nombre d'établissemens, mais sans employer le feu. Après cette représaille les deux gouverneurs du Cap & de St.-Yague, convinrent que la rivière du Massacre, servirait de limite provisoire.

Le 25 Décembre, le ministre approuva toute la conduite du M. de Chastenoye & prescrivit de nouveau de s'arrêter au Massacre, jusqu'à ce que les limites fussent réglées par des commissaires des deux puissances.

1732.

M. de Chastenoye fait prévenir le président Espagnol qu'il ne veut pas souffrir, comme le faisaient ses prédecesseurs depuis quelques années, qu'à chaque mutation de Président, la Justice de St.-Yago vienne faire aux habitans de Maribarou, Bayaha, le Brulage, l'Acul-des-Pins, & le Trou-de-Jean-de-Nantes, sommation de se retirer.

1733.

Au mois d'Octobre, Don Alphonze Castro y Mezo, accuse les français auprès de la cour d'Espagne de ravager le territoire espagnol, d'y tuer des habitans, de vouloir s'emparer de l'Iffet du Maffacre & de continuer à fortifier le Fort-Dauphin.

1735.

Le 29 Avril, le miniftre d'Efpagne envoye cette plainte à l'ambaffadeur de France à Madrid. En reponfe la cour de France renouvelle la propofition de nommer des commiffaires.

Querelles pour la propriété de l'Iffet du Maffacre.

1736.

Les Efpagnols prétendent non-feulement fe placer, comme ils l'avaient fait en 1719, fur les limites du Mirebalais, mais même pofer un corps-de-garde, dans l'Oueft de la rivière de la Seybe, cent toifes plus près des Français.

M. de Fayet, gouverneur-général, marche avec des troupes & des milices, fait démolir le corps-de-garde & forme un camp fur cette frontière. Cependant il y arrête au mois de Mars, avec Don Nicolas de Guridi, que les Efpagnols garderont le terrain contefté, & qu'on y mettra un corps-de-garde de chaque côté, jufqu'à ce qu'il y ait un réglement entre les deux couronnes.

1737.

Le roi, par fes inftructions à M. de Larnage, défapprouve la condefcendance de M. de Fayet.

Les Efpagnols entrent fur le territoire Français dans la limite des Gonaïves : ordre du gouverneur-général, à M. Maupoint, commandant à St.-Marc de faire conftater le fait. Celui-ci, nomme M. Jean Baptifte Roffignol de la Chicote, capitaine de cavalerie à l'Artibonite qui, le 8 Mai, trouve au corail à Minguet, une hatte occupée par deux efpagnols, quoiqu'on conftate que deux lieues plus loin, il exiftait encore des veftiges de l'établiffement où Minguet, (déjà nommé à l'article de 1724) avait réfidé 21 ans. On mit une croix & un pavillon Français, au lieu où étaient ces veftiges.

La colonie efpagnole s'emeut; on affemble les milices de Hinche, de Banique & de St.-Jean, mais ce raffemblement n'a pourtant aucune fuite.

1741.

Incurfions des Efpagnols au Dondon, d'où ils chaffent plufieurs habitans; ils y établiffent un corps-de-garde au canton du Baffin-Cayman.

1747.

Autre incurfion à la Marre-à-la-Roche, paroiffe du Dondon, où l'on enlève cinq nègres & l'économe de M. Mauny de Jatigny.

1750.

Le 13 Octobre, quinze Efpagnols armés viennent ravager les établiffemens de M. Loyer à l'Oueft du Maffacre & menacent de brûler ceux de MM. Lambert-Camax & Perrault.

Le 29 Octobre, plainte à ce fujet, de M. de Conflans, gouverneur-général, au Préfident.

1752.

1752.

A la fin de l'année, les Espagnols chassent, de nouveau, M. Mauny de Jatigny des établissemens qu'il avait faits au Dondon sur le local de Minguet. Messieurs de Vaudreuil & de Laporte-Lalanne, administrateurs, rétablissent M. Mauny par une ordonnance du 1er. Octobre 1754 & ensuite en 1756, les deux chefs Français font, en personne, une prise de possession solennelle de ce local, attendu qu'on venait de retrouver la concession faite à Minguet en 1698.

1755.

Sommation faite le 21 Février, à quelques Français du canton, nommé la Ravine-à-Mulâtres, (actuellement de la paroisse de Vallière) d'abandonner leurs établissemens, s'ils ne veulent pas en être chassés. M. de Lange, major du Fort-Dauphin, s'y transporte, mais n'y trouve plus d'Espagnols.

M. de Vaudreuil fait mettre un corps-de-garde à ce point.

1757.

Quatre habitations de la Ravine-à-Mulâtres brulées par les Espagnols.

1761.

Difficultés sur un établissement formé au Dondon par M. de Villars; mais MM. Bart & d'Azelor, gouverneurs des deux colonies, le maintiennent jusqu'à la décision des deux cours.

Tom. I.

1763.

Le marquis de Grimaldy, ministre d'Espagne, écrit au marquis d'Ossun, ambassadeur de France, qu'on va choisir les commissaires pour les limites.

En conséquence M. d'Estaing, partant pour St.-Domingue, est chargé d'ordres du roi en blanc, avec pouvoir de les remplir du nom de ceux qu'il choisira.

1764.

M. d'Estaing remplit du nom de M. le comte d'Ornano, les pouvoirs relatifs aux limites. Mais l'Espagne n'ayant pas nommé de commissaires, M. d'Ornano revient au Cap, au mois de Juin.

M. d'Azelor essaye de mettre à la Marre-à-la-Roche, au Dondon, un corps-de-garde, que M. d'Estaing fait retirer.

1769.

A la fin de l'année, Don Nicolas de Montenegro, commandant en second de St.-Raphaël & des limites de cette partie, enlève M. de Ravel, habitant au Dondon avec quatre de ses nègres & ses effets. On reclama ce particulier qui était réellement sur le territoire Espagnol & qui demeura dans les prisons de Santo-Domingo, jusqu'au mois de Juin 1771, qu'un jugement du roi d'Espagne, en lui rendant sa liberté, le condamna encore en cent piastres gourdes d'amende.

1770.

Incursion à main armée de M. de Montenegro au Dondon.

M. de Vincent, lieutenant de roi au Cap, est envoyé à San-Domingo par M. de Nolivos & y conclut avec le Préfident, le 4 Juin, un traité dont l'article 5, le feul qui ait rapport aux limites, porte qu'en cas de conteftation fur les limites entre les deux nations, les commandans refpectifs des corps-de-gardes placés fur les frontières, s'avertiront mutuellement & fe porteront enfemble fur les lieux, pour y vérifier l'objet des conteftations & y remédier provifoirement à l'amiable jufqu'à ce que les gouverneurs-généraux fe foient concertés & ayant donné leurs ordres. M. d'Azelor ajouta à cet article que les commandans feraient la vifite de leurs frontières pour en bien reconnoître l'état.

1771.

A la fin du mois de Mars, M. de Montenegro veut qu'un mulâtre nommé Beligout, françois, réfugié dans la partie Efpagnole, foit rétabli fur une portion du terrain de M. Mauny.

Le 31 Mai, M. Montenegro vient, à le tête de cinquante hommes, au canton du Canary, paroiffe du Dondon, enlever l'économe de M. Mauny & une négreffe; il pille, arrâche des plantations & brûle des cafes. Une autre habitation à le même fort.

M. de Nolivos ordonne une repréfaille à M. de Vincent qui fe rend, avec une force armée, chez Don Gufman à l'Atalaye, y prend l'économe & quatre nègres, & va enfuite chez Offé Panche où l'on prend auffi quatre nègres & une négreffe, fans violence, fans piller, ni brûler.

M. de Nolivos propose l'échange des choses prises de part & d'autre. Il eut beaucoup de peine à l'obtenir.

Ce général va au mois d'Août, dîner chez Don Gaspard, commandant de Dahabon & des frontières, où se trouvent Don Fernand de Spinosa, commandant de St.-Ràphaël & de ses limites & MM. de Vincent & de Liancour, lieutenans de roi du Cap & du Fort-Dauphin ; on arrête dans cette conférence verbale de suivre exactement l'article 5 du traité du 4 Juin 1770.

Cependant M. de Nolivos souscrit avec ce même Don Fernand de Spinosa, au nom du Président Don Joseph Solano, le 3 Novembre, un traité où il abandonne aux Espagnols la jouissance provisoire des terrains contestés au Dondon, stipule que les Français les abandonneront & consent à l'établissement d'un corps-de-garde au Saut-du-Canot ; quoiqu'on s'y fut constamment refusé depuis le gouvernement de M. d'Estaing.

1772.

M. le Vicomte de la Ferronnays, prenant l'intérim de M. de Nolivos parti pour France, refuse d'exécuter la convention du 3 Novembre 1771, excepté par rapport au corps-de-garde du Saut-du-Canot. Il est arrêté entre M. de Solano & lui, le 10 Février, qu'on en suspendra l'exécution pendant dix mois, pour attendre des ordres des deux cours ; celle de France approuve M. de la Ferronnays.

Le 26 Novembre, le ministre mande à M. de Vallière, gouverneur-général, que la cour d'Espagne désire que l'affaire des limites se termine en Europe; en conséquence, on lui demande tous les renseignemens nécessaires.

1773.

Don Joseph de Solano, menace de ne plus permettre aux Français l'extraction des bestiaux que leur fournit la partie Espagnole, si l'on ne termine pas l'affaire des limites. Il force ainsi M. de Vallière à souscrire, le 25 Août, au Port-au-Prince où ce Président s'était rendu, une convention qui, en adoptant toutes les prétentions des Espagnols, fait commencer la limite nord à la rivière du Massacre & la termine au sud à la Rivière-des-Pédernales.

1774.

M. de Vallière ayant rendu compte de cet acte tyrannique & d'une espèce de protestation qu'il avait cru devoir faire, le ministre l'approuva le 14 Janvier, & l'ambassadeur de France en Espagne reçut l'ordre de presser cette dernière pour accélérer la conclusion définitive du traité des limites.

1775.

Le vingt-sept Février, sur la plainte de l'Espagne, ordre du ministre à M. de Vallière de faire retirer un corps-de-garde qu'il avait fait mettre dans un lieu où il en existait un avant le 25 Août 1773.

Le 14 Août 1774, arrivée de M. d'Ennery à St.-Domingue, comme successeur de M. de Vallière, avec ordre de maintenir les choses dans l'état où elles étaient, & de repousser la force par la force. Il conçoit le projet de terminer sur les lieux la querelle des limites.

1776.

Le 29 Février, traité signé à l'Atalaye entre MM. d'Ennery & de Solano, qui nomment pour le tracé des limites & pour faire poser les piramides qui doivent les désigner, M. le Vicomte de Choiseul & Don Joachim Garcia, lieutenant-colonel & commandant des milices reglées d'infanterie de la partie Espagnole.

Ces plénipotentiaires terminent leurs oppérations le 28 Août.

1777.

Le 3 Juin, le traité provisoire devient définitif par la ratification, souscrite au nom de leurs majestés très-chrétienne & catholique, à Aranjuez, par M. le marquis d'Ossun & M. de Florida Blanca.

Comme ce traité est devenu le titre commun de la propriété de chacune des deux Nations, & qu'il marque qu'elle doit être physiquement la division des deux colonies de St.-Domingue, j'ai cru indispensable de le rapporter ici dans son entier.

Traité arrêté, entre les ministres plénipotentiaires de leurs majestés très-chrétienne & catholique, concernant les limites des possessions Françaises & Espagnoles à Saint-Domingue.
Du 3 Juin 1777.

Les souverains de France & d'Espagne, toujours attentifs à procurer à leurs sujets respectifs, tous les avantages possibles, & ces deux monarques étant convaincus de la grande importance d'établir entre les vassaux des deux couronnes, la même union intime qui règne si heureusement entre leurs majestés, ont l'intention de concourir d'un commun accord, selon les cas & les circonstances, à lever les difficultés & les obstacles qui peuvent s'opposer à une fin aussi salutaire. Les fréquentes dissensions qu'il y a eu, depuis bien des années à St.-Domingue, entre les habitans Français & Espagnols de cette île, tant sur l'étendue des terrains, que sur d'autres jouissances particulières, malgré les diverses conventions faites provisoirement entre les commandans des possessions respectives des deux nations, avaient engagé les deux souverains à prendre cet important objet en considération, & à expédier des ordres & des instructions en conséquence à leurs gouverneurs dans la dite île, en leur enjoignant de s'appliquer, avec le plus grand soin, & le désir le plus sincère du succès, à établir la meilleure harmonie possible entre les colons respectifs; de reconnoître par eux-mèmes les terrains principaux, de faire lever des plans très-exacts, & de conclure enfin un arrangement de limites si clair & si positif qu'ils missent fin pour toujours aux difputes & qu'ils assurassent la plus étroite union entre lesdits habitans. En exécution des ordres des deux monarques, on fit toutes les diligences & les reconnaissances possibles, & enfin M. de Vallière, commandant & gouverneur de la partie Française de l'île, & Don Joseph Solano, commandant & capitaine-général de la partie Espagnole, signèrent une convention provisionnelle, le vingt-cinq Août, mil sept cens soixante-treize; mais les deux cours jugeant que cette convention ne remplissait pas entièrement leurs désirs mutuels, & que s'agissant de banir à jamais tout motif ou prétexte de discorde, il était nécessaire d'éclaircir encore d'avantage certains points; elles expédièrent de nouveaux ordres relativement à cet objet.

Les deux gouverneurs sérieusement animés du même désir, parvinrent à conclure & à signer une nouvelle convention ou description des limites, le vingt-neuf Février de l'année dernière, mil sept cens soixante-seize; & ils nommèrent en outre des commissaires & des ingénieurs pour lever conjointement un plan topographique de toute l'étendue de la frontière, depuis une extrêmité jusqu'à l'autre, du Nord au Sud, & placer de distance en distance, les bornes ou piliers nécessaires. Cette commission fut exécutée, comme il paraît par l'instrument signé des commissaires, le vingt-huit du mois d'Août suivant.

Les deux souverains s'étant fait rendre le compte le plus exact de tous ces préalables & désirant mettre la sçeau de leur approbation royale à un arrangement

définitif

définitif qui établisse pour toujours l'union entre leurs sujets respectifs ont déterminé qu'on redigeât, en Europe, un traité relatif aux limites des possessions Françaises & Espagnoles dans l'île St-Domingue, en prenant pour base la convention du vingt-cinq Août mil sept cens soixante-treize, l'arrangement conclu le vingt-neuf Février, mil sept cens soixante-seize, & sur-tout l'instrument signé par les commissaires respectifs le vingt-huit Août de la même année, mil sept cens soixante-seize.

A cet effet son excellence M. le marquis d'Ossun, grand d'Espagne de la première classe, maréchal des camps & armées de sa majesté très-chrétienne, chevalier de ses ordres, & son ambassadeur extraordinaire & plénipotentiaire en cette cour, nommé & autorisé par sa majesté très-chrétienne, & son excellence Dom Joseph Monino de Florida Blanca, chevalier de l'ordre de Charles III, conseiller d'état, & premier secrétaire d'état & du département des affaires étrangères, nommé & autorisé par sa majesté catholique, après en avoir conféré entr'eux & s'être mutuellement communiqué leurs pleins pouvoirs, sont convenus des articles suivans :

Article I.

Que les limites entre les deux Nations, resteront perpétuellement & invariablement fixées à l'embouchure de la rivière *Daxabon*, ou du *Massacre* du côté du Nord de ladite île, & à l'embouchure de la rivière *de Pedernales* ou *des Anses-à-Pitre* du côté du midi, dans les termes qui seront spécifiés dans l'article qui fuit immédiatement ; obfervant uniquement ici que fi à l'avenir, il furvenait quelque doute fur l'identité des rivières de *Pedernales* & des *Anfes-à-Pitre*, il eft d'hors & déjà décidé que c'eft la rivière, vulgairement appellée par les Efpagnols, rivière *de Pedernales*, que les plénipotentiaires ont voulu défigner pour fervir de limites.

Art. II.

Qu'attendu que la dernière opération que le Vicomte de Choifeul & Don Joachim Garcia ont faite en qualité de commiffaires, conjointement avec les ingénieurs refpectifs, & des habitans nès dans le pays, a été exécutée dans le plus grand détail, avec connaiffance de l'arrangement convenu entre les commandans français & efpagnols, le vingt-neuf Février, mil fept cens foixante-feize, & qu'ayant eû fous les yeux les différens terreins, ils ont été à portée d'éclaircir tous les doutes ou équivoques, qui pouvaient naître de l'expreffion littérale dudit arrangement ; vu auffi la circonftance qu'il a été planté des bornes d'un commun accord, fur toute la frontière, & qu'il a été levé d'autres plans plus corrects dans lefquels lefdites bornes font marquées une à une ; fur ces principes les plénipotentiaires fouffignés ftipulent que ledit inftrument fait & figné par lefdits commiffaires, le vingt-huit Août, mil fept cens foixante-feize, & dans lequel font clairement & diftinctement défignés tous les points, rivières, vallées & montagnes, par où paffe la ligne de démarcation, fera inféré dans le préfent article dont il fera partie comme il fuit :

DESCRIPTION des limites de l'île St-Domingue, convenües à la Attalaya le 29 Février 1776, par le traité définitif *sub sperati*, conclu entre leurs excellences MM. Dom Joseph Solano, chevalier de l'ordre de St-Jacques, brigadier de l'armée royale de sa majesté Catholique, gouverneur & capitaine-général de la partie Espagnole, Président de l'audience royale, inspecteur des troupes & milices, sur-intendant de la croisade, juge subdélègué de la rente des postes & plénipotentiaire de sa majesté Catholique ;

Et Victor-Thérese Charpentier, marquis d'Ennery, comte du St-Empire, maréchal des camps & armées de sa majesté très-chrétienne, grand-croix de l'ordre royal & militaire de St-Louis, inspecteur-général d'infanterie, troupes & milices des colonies françaises de l'Amérique sous le vent & plénipotentiaire de sa majesté très-chrétienne ;

Lesquels ayant signé le dit traité original, par ancienneté d'âge, ont remis en conséquence leurs instructions de la même date aux soussignés, Dom Joachim Garcia, lieutenant-colonel de l'armée de sa majesté Catholique, commandant les milices réglées d'infanterie de la colonie espagnole ; & Hyacinthe-Louis Vicomte de Choiseul, brigadier des armées de sa majesté très-chrétienne, nommés commissaires à l'effet d'exécuter les articles du traité, qui fixent invariablement les limites des possessions respectives des deux couronnes, construire des piramides, poser des bornes, par-tout où besoin serait, pour faire cesser désormais les discussions qui altéreraient la bonne harmonie entre les deux nations & lever, avec l'assistance d'un nombre fuffifant d'ingénieurs, le plan topographique & auquel les fouffignés renvoyent pour plus grand éclairciffement; obfervant qu'il n'a pû être figné, comme il eft dit dans le traité, par l'ingénieur en chef le fieur de Boisforêt, employé par ordre fupérieur à d'autre fonctions de fon état.

En exécution dudit traité la ligne de démarcation des limites commence, à la côte du Nord de cette île, à l'embouchure de la rivière *d'Ajabon* ou *Maffacre*, & fe termine, à la côte du Sud, à l'embouchure de la rivière *des Anfes-à-Pitre* ou *Pedernales*, fur les rives defquelles ont été conftruites les piramides indiquées par le plan; les deux premières portant le No. I. & les deux dernières le No. 221, avec les infcriptions gravées en pierre, *France : Efpâna*. Le plan explique clairement tous le refte fuivant fa véritable pofition, bien entendu que la route fuivie par les commiffaires défigne la droite ou la gauche de la ligne, & qu'à l'égard des rivières ou ruiffeaux, c'eft leur cours en partant de la fource.

En remontant le long de la rivière *d'Ajabon* ou *Maffacre*, fes eaux & fa pêche communes forment la ligne de frontière jufqu'à la piramide No. 2 de l'îlet divifé par les piramides 3, 4, 5 & 6, conformément au traité, & cette ligne n'eft point tangente au coude le plus avancé de la *Ravine-à-Caïman*, le marais étant impraticable.

Les deux piramides No. 7 défignent que les eaux réunies en un feul bras entre les deux iflets, la rivière devient commune & forme la ligne comme en bas.

Le second iſlet ſe trouve diviſé par les piramides qu'on y a élévées depuis le No. 8, juſqu'au No. 17 incluſivement, de la manière repréſentée ſur le plan, quoique, conformément au traité, il dût être diviſé par une ligne droite d'une extrêmité à l'autre, qui forme une fourche, où le bras droit de la rivière prend le nom de *Dom-Sebaſtien*, & l'autre ſe nomme *Bras gauche du Maſſacre*. Mais le plan particulier qui a ſervi de baſe à cet article, figurant l'îlet éliptique & diviſible en une ſeule ligne droite, était ſi peu fidèlle, qu'il a fallu avec plus de préciſion en lever un nouveau, tel qu'il eſt figuré ſur le plan général, & l'îlet a été diviſé en deux lignes qui ſe rencontrent, afin de ne point préjudicier, conformement à l'article 5 du traité, aux intérêts eſſentiels des vaſſaux de ſa majeſté Catholique, dont le terrein aurait été enlevé par la diviſion en une ſeule ligne droite.

Depuis la piramide No. 17, les eaux de la rivière du *Maſſacre* & du *Ruiſſeau-de-Capotille*, ſont la limite des poſſeſſions reſpectives juſqu'à la borne No. 22. Dans cet intervalle, on rencontre deux piramides, No. 18, placées ſur les rives du Maſſacre, que traverſe le chemin royal du bourg de *d'Ajabon* à celui *d'Ouanaminte*; deux à l'embouchure de *Capotille*, No. 19; deux à l'embouchure du Ruiſſeau de *la Mine*, No. 20, & deux bornes portant le même No. 21, au bas de l'embranchement ſur lequel ſe trouvent les établiſſemens du ſieur *Gaſton*, où ſe joignent deux petits ruiſſeaux qui forment celui *de Capotille*. La ligne remonte le long des eaux encaiſſées du ruiſſeau de la gauche, juſqu'au No. 22, où se terminent les plantations qu'elle environne en cherchant le No. 23, & le sommet de l'embranchement qu'elle prolonge jusqu'au No. 24 sur le *Piton-des-Ramiers*.

De ce point la ligne de frontière passe sur le sommet des *Montagnes* de *la Mine* & de *Marigallega*, en suivant l'ancien chemin des rondes Espagnoles, jusqu'à la borne No. 25, à la pointe que forme la petite savanne *du Sirop*, sur la plantation du feu sieur *Lassalle des Carrières*; elle continue le long des cafés entourés d'une haye de citroniers, appartenans audit habitant représenté par le sieur *Maingault* jusqu'au *Piton-des-Perches*, & descend en ligne directe par les Nos. 26, 27 & 28, dans la savanne du même nom, par la rive droite, de laquelle & par le No. 29, elle monte à la *Montagne-des-racines*, *Des grandes selles*, *Du Chocolat* & de *Coronado*, où est le No. 30; duquel en suivant la même montagne, par un chemin bien ouvert, on arrive au No. 31, posé sur la pente du *Piton-de-Bayaha*, où la ligne n'étant susceptible d'aucun doute par le sommet de la montagne & le chemin bien ouvert qui passe sur la crête du *Morne-à-Ténèbre*, par le No. 32, par le *Piton-des-essentes* jusqu'au No. 33 de *Filguéral*, laissant à droite les sources *de la Grande-Rivière*, qui coule dans la partie Française & à gauche la tête ou *ruisseau des Éperlins* qui verse ses eaux dans la partie Espagnole.

Depuis ledit No. 33, les limites nationales continuent par un chemin bien marqué, & traversant des gorges profondes, figurées sur le plan pour arriver à la *Montagne-Traversière*, sur le sommet de laquelle & par le No. 34, on va chercher les No. 35, qui coupe le *Ruisseau-des-Sables*; 36, 37 sur un chemin commun le long d'un *grand bois*, & 38 sur le ruisseau de *Ziguapo* ou *des Chapelets*, où par les embranchemens de la montagne du même nom, on arrive à sa hauteur au No. 39, où prend naissance l'embranchement ou *Montagne-des-Chandeliers* que suit la ligne, passant par les bornes Nos. 40, 41, 42, jusqu'à 43, placé au confluent que forme le *Ruisseau-des-Chandeliers* avec la *Grande-Rivière*, regardant à droite la vallée de la rivière & à gauche la profondeur inaccessible du ruisseau.

Depuis le No. 43, les eaux de la *Grande-Rivière*, sont la limite des deux nations jusqu'au *Corps-de-garde de Bahon*, où est la piramide No. 44, & l'embouchure du *ruisseau* de ce nom, mentionné dans le traité & que les commissaires ne pouvaient chercher depuis la *Montagne-des-Chapelets*, ni celle *des Chandeliers*, par leur route à l'Ouest pour le suivre comme ligne de frontière, parce qu'il prend naissance très-loin vers le Sud dans les *Montagnes-de-Barrero Cannas & Artamisa*, sans aucune jonction avec celle *des Chapelets & des Chandeliers*, d'ailleurs peuplées de hattes Espagnoles très-considérables qui aboutissent à la rivière où sont leurs plantations, des vivres, des fermes des rentes éclesiastiques: Considérant que l'on ne pouvait connoître ces particularités lors de la conclusion du traité, & que de tirer la ligne d'embranchemens en embranchemens, par-delà la rive gauche de la rivière jusqu'à l'embouchure du ruisseau de *Bahon*, ne serait d'aucune utilité à la nation Française par la petite quantité & la mauvaise qualité de la terre qui resterait entre la ligne & la rivière ; que d'ailleurs, ce serait intercepter l'eau aux animaux, ce qui préjudicierait aux vassaux de sa majesté catholique, sans aucun profit pour ceux de sa majesté très-chrétienne ; c'est pourquoi les commissaires soussignés sont convenus, & leurs généraux l'ont approuvé, qu'entre les deux susdits Nos. 33 & 44, les eaux de la *Grande-Rivière* seraient la limite nationale, & que pour faciliter la communication de ce trajet, le chemin serait commun, traversant la rivière d'un côté comme de l'autre, par-tout où les difficultés du terrain & celles de ladite rivière l'exigeront.

Du *Corps-de-garde de Bahon* la ligne de frontière monte par l'embranchement qui finit à la piramide, & de son sommet elle passe par les Nos. 45, 46, 47, 48 & 49, en contournant les plantations actuelles des français, *Couzé* & *Laurent* sur la droite, laissant à gauche les possessions de *Bernardo Familias*, jusqu'au *Corps-de-garde de la vallée*, où est posée la borne 50.

Dudit poste la ligne monte sur la *Montagne-Noire* par un chemin de ronde bien connu &, à moitié côte, a été gravé le No. 51 sur deux rochers, avec l'inscription *France* : *Espâna*. Au sommet on a placé le No. 52, à l'entrée des plantations actuelles du sieur Milscent, & les limites prolongent ses cafés, qui sont sur la crête en cherchant les Nos. 53, 54, 55, 56 & 57, le long des plantations actuelles du sieur *Jouanneaux*, passant par les Nos. 58, 59, à la

tête

tête d'un des rameaux du *Ravin-sec*, & par le Piton de ce nom au sommet de la montagne en rasant les plantations du sieur de la *Prunarède*.

Les Nos. 60 & 61, sont à la tête du *Ravin-sec*; les 62, 63 & 64, sur le même ravin autour des plantations actuelles du sieur *Larivière*, & depuis 65 jusqu'à 69 inclusivement, ce sont les limites des plantations actuelles du sieur *Laserre*, placé sur la gauche du sommet de cette montagne; au No. 69 la ligne suit un chemin commun qui va reprendre, en descendant, la crête de la montagne & contourner les plantations actuelles de *Potier*, *Laleu*, *Gerbier & Béon*, qui penchent sur la gauche avec les bornes, depuis le No. 70 jusqu'à 79 inclusivement, placées aux sources de la *Ravine-Mathurin*, sur les différentes gorges qui la forment.

Du Piton où se trouve établi le sieur Béon, la ligne passe par un chemin bien ouvert sur la crête jusqu'au No. 80, qui est à la tête de la *Gorge-Noire* entre les plantations actuelles du sieur *Colombier* & de *Mathias Nolasco*, de la Caze duquel la ligne prolonge la crête, soit en montant ou descendant quelques ravins, jusqu'à rencontrer les Nos. 81, 82 & 83, le long des cafés de *Duhar*, sur la hauteur appellée de *la Porte*, qui regarde les bois du même nom, & sur la crête de ladite hauteur dans un chemin bien ouvert, la ligne descend autour de la plantation du sieur *Dumar*, jusqu'à la piramide 84, construite à l'ancien corps-de-garde du *Bassin-à-Caïman*, sur la rive gauche de la rivière.

A la rive droite, vis-à-vis le No. 84 est la piramide

85, où les plénipotentiaires ont posé la première pierre au pied du Piton, où commence la *Montagne de Villa-Rubia*; la ligne monte à son sommet, où est la borne No. 86, & en descendant par un embranchement au No. 87, elle prend le sommet de la montagne sur les plantations de madame la *Barone de Piis*, qu'elle suit, les eaux versant toujours à droite dans la vallée du *Dondon*, & à gauche dans la partie Espagnole jusqu'à rencontrer les plantations actuelles de la dame de *Collière*, qui dépassent le sommet de la montagne, ainsi que celles du sieur *Chiron*, lesquelles conjointement ont été renfermées par les bornes Nos. 88, 89, 90, 91 & 92, où la ligne reprend & suit le sommet de la montagne regardant la susdite vallée jusqu'au No. 93, à la *Montagne-des-Chapelets*, & de son Piton, elle descend aux Nos. 94 & 95; en coupant le ravin qui joint les plantations du sieur *Soubira*, pour arriver au No. 96, sur celles du sieur *Moreau*, & de ce point descendre en ligne droite à la *Rivière-du-Canot*, sur la rive droite de laquelle est la piramide No. 97, à la pointe de l'embranchement opposé qui descend de *Marigallega*.

La ligne de frontière continue, montant droit par ledit embranchement au Piton de *Kercabras*, No. 98 & suit par son sommet regardant les plantations actuelles du sieur *Lécluze & Trépier* jusqu'aux Nos. 99 & 100, d'où elle retourne le long des plantations de MM. de *Montalibor, Touquet & Gérard* par les bornes 101, 102 & 103 jusqu'à 104, à un Piton de rochers sur les hauteurs de *l'établissement de Valero*, & en bas de la seconde habitation de *Touquet & Rodanès*.

De ce point la ligne fuit, le plus droit qu'il a été poſſible, par un chemin bien ouvert ſur un terrain très-âpre, en coupant le *Ruiſſeau-rouge* à la borne 105, le *Ruiſſeau-Maho* à la borne 106 & monte en côtoyant la montagne *des Cannas* ou *Lataniers* ſur le ſommet de laquelle eſt le No. 107, d'où elle deſcend à la *Ravine-à-Fourmi*, & à la piramide 108 ſur la rive gauche entre les établiſſemens abandonnés de l'Eſpagnol *Lora*, & ceux du français *Fauquet*, poſſeſſeur du terrain connu dans le traité, ſous le nom de *Beaufoſſé*, alors aſſocié de *Fauquet*.

Traverſant la *Ravine-à-Fourmi*, la ligne rencontre la piramide 109, à la rive droite ſur l'embranchement par lequel elle monte la montagne de *Marigalante*, paſſant par les Nos. 110 & 111, juſqu'au No. 112, d'où les eaux ſe diviſent dans la partie Eſpagnole & Françaiſe, & delà elle commence à deſcendre cherchant la montagne d'où les eaux ſe jettent dans la *Rivière-du-Bois-d'Inde*, par la borne 113 gravée ſur un rocher; 114 poſée ſur un embranchement; 115 ſur le *Ruiſſeau-de-Roche-Plate*; 116 ſur le *Ruiſſeau-des-Éperlins*; 117 ſur un ravin; 118 ſur la *Hauteur-pelée-del-Dorado*; 119 à la *Gorge-du-Coucher*; 120 au *Brûlage* de la *Montagne-Sale*; 121 & 122 dans la ſavane de ladite montagne, ſur les bords du chemin royal & remontant juſqu'au Piton, elle deſcend au No. 123 qui eſt à la ſource du *Ruiſſeau-à-Dentelles*, entre ladite montagne *Sale* & *la Montagne-noire-des-Gonaïves*, ſur laquelle monte la ligne par le No. 124 juſqu'à 125, où les ſouſſignés trouvant ſon ſommet impraticable ont été obligés de la contourner par le terrain Espagnol pour arriver au côté opposé, dans la direction de la ligne de frontière qui, comme tous les autres lieux inaccessibles, a été mesurée trigonométriquement depuis le No. 125 passant par 126 au Piton de la *Savanne-de-Paez*, & 127 au *Pont-de-Paez* indiqué par le traité.

Ici continue la ligne des limites cherchant le sommet de la *Coupe-à-l'Inde*, passant par la borne 128, au *Petit-Piton-de-Paez*; 129 à une source dans la vallée; 130 au milieu de ladite vallée, coupant le chemin royal, qu'on appelle de la *Coupe-à-l'Inde*, entre deux montagnes chassant sur la hauteur où elles se rejoignent, pour descendre au No. 131, qui est dans un fond de ladite montagne *Coupe-à-l'Inde*, dont la ligne suit la crête par les Nos. 132, sur un rocher; 133 au pied d'un amas de rochers inaccessibles, nommés *Hauteurs-des-Tortues*, jusqu'au No. 134, sur la hauteur & au bord du *Chemin-de-la-Découverte*; impraticable dans la majeure partie de sa crête, jusqu'aux sources de la *Rivière-du-Cabeuil*; mais malgré celà les Nos. 135, 136, ont été posés sur *la Vallée-des-Cedras*, & 137, sur la vallée *Polanque*; la montagne continuant toujours ses eaux versantes dans la partie Espagnole & Françaife par la borne 138, placée au-dessus des *Sources-du-Cabeuil*, sur *la Montagne*, que les Espagnols appellent *de-los-Gallarones*.

Suit la ligne au-dessus des *Sources-du-Cabeuil*, le long des bornes 139 & 140, sur le sommet où se joint *la Découverte* avec *la Montagne-Noire-des-Cahos*, à la borne 141, près des plantations de *Cebère & Gui*; elle continue par les Nos. 142, 143 & 144, gravés fur trois rochers; 145, 146, le long des plantations actuelles de *Poirier*; 147 & 148, chez *Raulin*, jufqu'à 149, d'où elle commence à baiffer, & rencontre la première plantation de *Fieffé*, dépaffant du côté Efpagnol le fommet de la *Montagne-des-Cahos*, & qui a été limitée par les bornes 150, 151, 152, 153, 154 & 155, en retournant prendre & fuivre la crête, jufqu'à fa feconde plantation qui joint celle de *Cazenave*, & les deux ont été renfermées dans les Nos. depuis 156 jufqu'à 160 inclufivement.

La ligne paffant par le No. 161, prolonge de Piton en Piton, la crête non douteufe de la montagne jufqu'à la borne 162, à l'entrée de la plantation actuelle *de Pérodin*, renfermée dans les Nos. 163, 164 & 165, d'où elle reprend la crête jufqu'au No. 166, le long de la plantation actuelle de *Cottereau*, dépaffant la crête à gauche, & renfermée dans les bornes depuis ledit No. 166, jufqu'à 171 inclufivement, par lequel & fur le fommet d'un embranchement, elle arrive aux Nos. 172 & 173, le long de la plantation *d'Ingrand*, où devient impraticable la plus grande hauteur de la *Montagne-Noire*, ou *Grand-Cahos*, dont le fommet indique les limites nationales, jufqu'à la porte ou *faut* de la *Rivière-Guaranas*, qui fe réunit avec la *Rivière-Blanche*, au-lieu que les Français nomment *le Trou-d'Enfer*, où a été pofée fur le chemin la borne 174.

D'ici la ligne de frontière, fuit par la crête de la montagne de *Jaïti*, verfant fes eaux dans la partie

Espagnole, & la partie Française; jusqu'au *Piton-de-l'Oranger*, duquel elle passe droit à la borne 175, gravée sur un Rocher, & par les Nos. 176 & 177, dans le *terrein-plat* de ladite *montagne*, appellée *le Reposoir*, prolongeant les possessions de *Hubé*, & poursuit par le Piton joignant jusqu'au No. 178; d'où elle va en descendant, par un chemin bien ouvert & marqué, au No. 179, dans la petite savane de *Jaïti*, pour arriver dans la grande savane, où était autrefois le corps-de-garde de ce nom, traverse la savane, chassant au Sud-Est le long des bornes 180, posée dans le milieu, & 181, à la pointe, pour aller à la même direction, chercher le poste de *Honduras*, coupant un ravin très-profond, & côtoyant par ses embranchemens, la montagne de la gauche, jusqu'à descendre au No. 182, posé dans la *Savane-des-Bêtes*, & 183 sur la rive droite de la *Rivière-Artibonite* qu'elle traverse à ce point pour joindre le No. 184, sur la rive gauche, 185, sur le *Ruisseau-d'Isidore*, & arriver à 186, *Corps-de-garde de Honduras*.

Pour monter au sommet de *la Montagne-à-Tonnerre*, on passe une seconde fois le *Ruisseau-d'Isidore*, au No. 187, la ligne remontant par les Nos. 188 & 189, vers la crête qui est une limite bien connue par la division de ses eaux, jusqu'aux Nos. 190, 191 & 192, pour arriver à la Roche de *Neybouc*, au bord du chemin royal, & sur les deux côtés de laquelle ont été gravées les inscriptions relatives, & le No. 193.

Depuis ladite Roche le pied de la *hauteur* appellée *Neybouc*, par où continue la ligne, étant inaccessible, les souſſignés ont été la chercher par la partie Eſpagnole, pour placer ſur le ſommet la borne 194, d'où la ligne, dans un chemin bien ouvert & marqué, paſſe par *la Hauteur-de-la-Mahotière*, & par la crête de la montagne pour deſcendre (par une gorge qu'elle coupe) à la *Ravine-Chaude*, qu'elle traverſe auſſi, près de ſa jonction avec la *Rivière-des-Indes*, ou *du Fer-à-cheval*, que les souſſignés ont paſſée pour la première fois, & ont poſé ſur la rive gauche la borne 195, contraints par le mauvais terrein de la rive droite de traverſer ſes eaux répandues, & ſes petits iſlets pour arriver au *Corps-de-garde-de-la-Vallée-Profonde*, & au No. 196, ſitué au bord des plantations actuelles de *Colombier*.

De ladite garde, les souſſignés traverſant la rivière, ont poſé le No. 197, ſur un rocher du premier embranchement & continuant à ouvrir la ligne en coupant les embranchemens & les gorges de la grande montagne le long des bornes 198 & 199, juſqu'à 200, *au Fond-des-Palmites*, à cauſe de l'impoſſibilité d'en ſuivre aucun, pour prendre au No. 201, la crête qu'ils ont prolongée le long des Nos. 202 & 203 juſqu'à 204, & traverſant une gorge par les Nos. 205, pour trouver la *Rivière-de-Gaſcogne*, ils ont placé la borne No. 206, ſur ſa rive gauche; 207, ſur un embranchement; 208, dans le plat pays, & toutes les trois le long des plantations de *Mouſſet*, établi entre la *Rivière-de-Gaſcogne*, & la *Ravine-des-pierres-Blanches*.

Depuis le No. 208, la ligne traverſe la ravine

par une direction au Sud prolongeant les établiſſemens de *Maucler & Guérin*, par les embranchemens qui conduiſent au No. 209, ſur la plus grande hauteur de la *Montagne-de-Neybe*, où l'on apperçoit les étangs ; elle ſuit le ſommet de cette montagne, juſqu'au No. 210, où les guides pratiques ont indiqué la *Bajada-grande*, ou *Grande-deſcente*, ajoutant qu'il était impoſſible de continuer la marche par le ſommet de la montagne, déſignée dans le traité comme la limite nationale, & deſcendant par la partie Eſpagnole, les ſouſſignés ont été au pied de la *Grande-Deſcente*, y poſer ſur le chemin royal la borne 211, depuis laquelle traverſant le *Lac* ou *Étang-Saumatre*, & dirigé *ſur la pointe de la Montagne qui entre le plus dans ledit étang, par la partie méridionale, près de l'embarcadère de la ſavane de la Ravine-blanche, ou Rivière-Ravine*, la ligne arrive au No. 212, gravé ſur un rocher à la ſuſdite pointe, d'où elle monte en cherchant le ſommet de la montagne, paſſe par la borne 213, ſur le chemin à la *Montagne-du-Brûlage*, traverſe la gorge *du Fond-Oranger*, & de ſon Piton, deſcend au No. 214, gravé ſur un rocher d'une autre gorge au bas de l'établiſſement de *Pierre-Bagnol*, & ſuivant ladite gorge arrive au No. 215, à la jonction d'une autre gorge au pied des plantations dudit habitant.

De ce point la ligne dirigée vers le Sud, coupe la montagne ſur laquelle eſt établi *Bagnol*, juſqu'au No. 216 gravé ſur un rocher où ſe joint *la Ravine-blanche*, (qui ne coule plus depuis le grand tremblement de terre), avec celle qui prend ſa ſource chez

Beaulieu

Beaulieu & Soleillet, pour sauver leurs plantations actuelles qui sont sur l'une & l'autre rive de la ravine courante, on la passe & le sommet de la montagne *Majagual* ou *des Mahots*, forme la ligne jusqu'à l'embranchement qui descend aux Nos. 217 & 218, dans deux ruisseaux secs, le long des plantations de *Soleillet*.

La ligne continue par le ruisseau de la droite dans un chemin bien ouvert, le long duquel, tous les grands arbres sont marqués (à défaut de pierres propres à faire des bornes dans les déserts), jusqu'à la tête de *Pedernales* ou *Rivière-des-Anses-à-Pitre*, la ligne faisant les divers contours tracés sur le plan par les embranchemens pour monter à la grande montagne passant par le Piton ou *Brûlage-à-Jean-Louis*, par la savane du *Boucan-Patate*, par la *Suvane de la découverte*, & son *Petit-étang*, à la vue de la *Montagne de la Flor* sur la gauche, par la *Gorge-obscure*, par la *Source-des-misères*, par le défrichement des nègres Marons du Maniel, par le *Ruisseau-difficile*, & par le *Ruisseau-profond*, pour arriver aux sources de la rivière nommée par les Espagnols *Pedernales*, & par les Français *Rivière-des-Anses-à-Pitre*, sur les rives de laquelle les soussignés ont placé deux bornes portant chacune le même No. 219, avec la double inscription.

Le lit de cette rivière est la limite des deux nations; on l'a suivie jusqu'à son embouchure à la côte du Sud, observant que le long de sa première partie les eaux disparoissent plusieurs fois. On a gravé l'inscription & le No. 220, sur un rocher au milieu du lit de la rivière, qui dans cet endroit ne coule point; & à son embouchure ont été élevées les deux piramides No. 221, sur les deux rives, avec les inscriptions respectives, à la vue des deux corps-de-garde.

Les soussignés, pour exécuter avec la plus grande précision, cette opération importante, ont toujours eû présent le traité du 29 Février 1776, & en exceptant la division du second islet, & la démarcation de la ligne entre les Nos. 43 & 44, à cause des raisons ci-devant exposées, ils ont littéralement suivi leurs instructions, accompagnés d'un nombre suffisant d'hommes connoissant les lieux le long de la ligne; d'ailleurs guidés par leur propre honneur, animés du désir de remplir les intentions de leurs souverains en faveur du bien & de la tranquillité des sujets respectifs, ayant de plus l'exemple d'harmonie, & de bonne-foi, que leur ont donné les plénipotentiaires; ils ont borné les plantations actuelles & fait retirer les habitans qui dépassaient la ligne de l'une ou de l'autre partie, ainsi qu'il a été reglé par les articles 4 & 5 du traité; 2, 6 & 7, des instructions, excepté le nommé *de Voisins*, dont il est fait mention, qui a volontairement abandonné sa position. Observant que dans toutes les parties il a été publié un ban portant peine de mort contre quiconque arracheroit, transporteroit, ou dérangeroit les bornes ou piramides de la ligne, & que tout particulier qui la dépasserait, serait puni, suivant l'exigence du cas.

Les commissaires s'étant trouvés parfaitement d'accord sur tout le contenu de la présente description, écrite en idiôme Espagnol & Français, l'ont signée. Au Cap, le 28 Août, 1776.

Signé; CHOISEUL. JOACHIM GARCIA.

Art. III.

Pour donner plus de solidité à cet arrangement, & prévenir tous les doutes qui pourraient s'élever dans la suite, les deux plénipotentiaires signeront le même plan topographique original, qui a été envoyé de l'île de St-Domingue, signé du Vicomte de Choiseul, & de Dom Joachim Garcia, commissaires, attendu que tous les endroits où ont été placées les piramides, comprises entre les Nos. 1 & 221, se trouvant aussi marqués dans ledit plan, avec les inscriptions respectives, *France: España*, il doit être considéré comme partie très-essentielle du présent traité, & être signé par les deux plénipotentiaires. On observe à ce sujet, que comme il doit y avoir deux exemplaires du traité, & qu'il n'existe ici qu'un seul plan, pour suppléer à ce défaut, par une formalité équivalente, leurs excellences M. le comte de Vergennes, ministre des affaires étrangères de sa majesté très-chrétienne, & M. le comte d'Aranda, ambassadeur du roi catholique, devront signer l'autre plan égal, qui se trouve à Versailles, lequel y a été pareillement envoyé de l'île St Domingue, ayant été signé par les mêmes commandans & commissaires & avec la même solennité que celui qui est ici.

Art. IV.

Pour prévenir toutes espèces de contestations sur

l'ufage des eaux de la rivière *d'Axabon* ou *du Maſ-ſacre*, & rendre d'avance inutiles toutes les tentatives ou entrepriſes que pourraient faire les ſujets de l'un ou de l'autre monarque, ſur la rive de leur frontière, au préjudice du libre cours des eaux de ladite rivière, il eſt ſtipulé, dès-à-préſent, que les commandans reſpectifs des deux nations, auront pleine & abſolue faculté d'inſpection par eux-mêmes, ou par des commiſſaires, ſur l'exécution du préſent article ; c'eſt-à-dire, que le commandant français, veillera à ce qu'il ne ſe commette point d'infraction ſur la rive de la juriſdiction eſpagnole, & que le gouverneur eſpagnol veillera à ce qu'il ne s'en commette point ſur la rive de la partie française ; & ſi l'on appercevait ſur ce point la moindre contravention, le commandant de la partie léſée, portera ſa plainte à celui de la partie offenſante, pour que celui-ci faſſe détruire, ſans aucun délai ni excuſe, l'ouvrage qui aurait été élevé, & faſſe remettre les choſes dans leur état primitif ; bien entendu que s'il s'y refuſe, ledit commandant de la nation léſée ſera autoriſé à ſe faire, ſur le champ, juſtice par lui-même.

Ce qui eſt énoncé dans le préſent article, n'empêchera pas que chacune des deux parties ne puiſſe élever, ſur la rive de ſon territoire, les digues néceſſaires pour ſe garantir des crues d'eau, ou inondations, pourvu que ces digues n'interrompent point le libre cours des eaux.

Art. V.

Quoique dans les conventions antérieures, il se soit élevé quelques doutes ou quelques difficultés relativement au pied sur lequel devaient rester divers colons, dont les possessions avaient empiété sur les limites de la nation voisine, ce point ayant été réglé individuellement par l'instrument signé par les commissaires respectifs, le 28 Août 1776, le présent article confirme ledit réglement ; en sorte que si par hazard les colons qui, conformément aux termes dudit instrument, devaient abandonner certaines possessions, ne se sont pas encore retirés, ils se retireront sans aucun délai.

Art. VI.

Pour que les bornes ou piramides par lesquelles les limites viennent d'être fixées, restent dans leur état actuel, & dans les mêmes points où elles ont été placées, le présent article approuve & confirme le ban publié de commun accord par les commandans des possessions françaises, & espagnoles dans ladite île, déclarant coupable de rébellion toutes personnes quelconque qui aurait la témérité, d'enlever, détruire ou déranger quelqu'unes desdites bornes ; que le criminel sera jugé par un conseil de guerre, & condamné à mort, & que si cherchant à se soustraire à l'une des deux jurisdictions, il allait se réfugier dans l'autre, il ne devra y trouver aucun secours, ni protection.

Art. VII.

Quoique les limites entre les deux nations foient clairement & diftinctement marquées fur toute l'étendue de leur frontière, il eft néanmoins ftipulé par le préfent article qu'il y aura conftamment, de part & d'autre, un infpecteur qui veillera à l'exécution de tous les points convenus & arrêtés par le préfent traité.

Art. VIII.

Sans préjudice de tout ce qui vient d'être établi au fujet des limites, les plénipotentiaires ayant égard au bien général, & pour rendre cet arrangement plus avantageux aux vaffaux des deux couronnes, confirment en outre le réglement fait par les commandans refpectifs, le 29 Février 1776, relativement à la faculté qu'auront les français de traverfer par les lieux indiqués dans l'inftrument fait par les commiffaires refpectifs & non par d'autres routes, les poffeffions efpagnoles dans tous les cas néceffaires, fans en excepter celui de la marche des troupes; les Efpagnols pouvant auffi traverfer par les chemins indiqués par le même inftrument, figné des commiffaires refpectifs, les poffeffions françaifes dans tous les cas qui fe préfenteront, (fans excepter celui du paffage ou de la marche des troupes). Obfervant néanmoins, quant à la marche des troupes qu'elle devra être précédée de l'avis que s'en donneront mutuellement les commandans refpectifs, & de l'accord qu'ils feront entr'eux; mais lorfqu'il s'agira de tranfport de marchandifes ou d'autres objets de commerce, chaque nation pourra faire les réglemens & prendre les précautions les plus conformes à ſes lois, pour éviter que cette conceſſion ne ſerve en aucune manière de prétexte pour la contrebande, le paſſage que les deux parties s'accordent reſpectivement, n'ayant pour objet que de faciliter aux vaſſaux ou colons de chaque puiſſance la communication indiſpenſable entre eux-mêmes.

On prévient en conſéquence qu'il ſera permis aux français de faire réparer, à leurs dépens, le chemin de communication entre *St-Raphaël* & la *Coupe-à-l'Inde*, quoique le terrain par où paſſe cette communication appartienne en propre à l'Eſpagne.

Art. IX.

Le préſent traité ſera approuvé & ratifié par leurs majeſtés très-chrétienne & catholique, dans le terme de deux mois, ou plutôt, s'il eſt poſſible, & il en ſera envoyé, ſans perdre de tems, des copies authentiques aux commandans reſpectifs de l'île St-Domingue, pour qu'ils le faſſent obſerver ponctuellement & invariablement.

En foi de quoi, nous ſouſſignés miniſtres plénipotentiaires de leurs majeſtés très-chrétienne & catholique, l'avons ſigné, & y avons fait appoſer le ſceau de nos armes. A Aranjuez, le trois Juin, mil ſept cens ſoixante dix-ſept.

Signé, Ossun & El Conde Florida Blanca.

Pour-copie, au Cap le premier Décembre, mil ſept cens ſoixante dix-ſept.

Signé, D'ARGOUT.

Paraphé *ne varietur*, & dépofé au défir de l'arrêt de ce jour. Fait au Cap, en conſeil, le 8 Décembre 1777.

Signé,   DE VAIVRE.

On ne peut s'empêcher à l'inſpection de la carte où la ligne de partage ſe trouve marquée, de faire cette obſervation, qu'il eſt bien étrange que l'étendue de la partie françaiſe, & celle de la partie eſpagnole, ayent ſuivi préciſement l'ordre inverſe de la puiſſance de chaque nation dans l'île. En effet, lorſque les Eſpagnols avaient encore une aſſez grande population, de vaſtes établiſſemens, & des reſtes remarquables de l'ancienne ſplendeur de l'île Eſpagnole, une poignée de Français s'étaient établis juſques ſur les bords du Rebouc au Nord, & juſques ſur ceux de Neybe au Sud, ſans compter la poſſeſſion de Samana; & quand la colonie françaiſe, a acquis une force conſidérable, lorſque ſon état rend encore plus frappante, la décadence de la colonie eſpagnole, ſes limites ſont la rivière du Maſſacre au Nord, & la rivière des Anſes-à-Pitre au Sud; ce qui forme une différence qu'on ne peut évaluer à moins de cinq cens lieues carrées de ſurface.

C'eſt en écrivant l'hiſtoire de St-Domingue, que j'entre, à cet égard, dans des détails que leur nature même exclut de cet abregé. Je me contenterai de dire ici que les plaintes les plus amères, ſe ſont élevées contre le traité, dont on va même juſqu'à aſſurer que l'exécution phyſique ſur le terrain, n'eſt pas

DESCRIPTION
TOPOGRAPHIQUE
ET POLITIQUE DE LA
PARTIE ESPAGNOLE
DE L'ISLE SAINT-DOMINGUE.

L'ISLE Saint-Domingue, située dans la partie de l'Océan occidental, appellée la Mer du Nord & à l'entrée du Golfe du Mexique, est l'une des quatre grandes Antilles, & la plus vaste après l'Isle de Cube. Saint-Domingue a l'avantage d'avoir été le berceau de la puissance Européenne dans le Nouveau-Monde, & à ce titre il pourrait en être considéré comme la métropole, dénomination que l'influence de cette quatrième partie du globe sur les autres, ne rendra jamais aussi pompeuse qu'elle mérite de l'être.

Christophe Colomb découvrit Saint-Domingue, & y aborda le 6 Décembre 1492. Les insulaires qui habitaient l'île alors, la nommaient *Hayti*, expression qui, dans leur langue, signifiait *terre haute, terre élevée, terre montagneuse*. Charlevoix nous apprend qu'ils la nommaient aussi *Quisqueya*, c'est-à-dire, *terre grande* ou la *mère des terres*. D'autres l'ont appellé *Bohio*, terre où il y a beaucoup de villages & d'habitations. Colomb lui donna le nom d'*Hispaniola*, petite Espagne, que la nation, au nom de laquelle il en prit possession, lui conserve encore, quoique celui de Saint-Domingue, tiré de Santo-Domingo, sa capitale espagnole, ainsi nommée par Colomb, disent quelques-uns, en honneur de son père, prévale le plus souvent & soit même le seul que les français employent.

Placé entre le 17e degré, 55 minutes & le 20e degré de latitude septentrionale; & entre le 71e & le 77e degré de longitude occidentale du méridien de Paris, Saint-Domingue, que l'on reproche à toutes les cartes de rendre moins grand qu'il ne l'est en réalité & à l'égard duquel presque toutes les cartes varient entr'elles, a, suivant les observations faites en 1784 & en 1785 par M. le comte de Chastenet-Puységur, environ 160 lieues dans sa plus grande longueur de l'Est à l'Ouest, sur une largeur du Nord au Sud, qui varie depuis 60 lieues jusqu'à 7. Saint-Domingue que nous avons considéré, abstraction faite des petites îles qui l'environnent, dans les calculs qui viennent de précéder, a, dans l'Est-Sud-Est, l'île de Porto-Rico, dont il est séparé par un canal d'environ 20 lieues; à l'Ouest-Sud-Ouest la Jamaïque, distante d'environ 45 lieues, & Cube au Nord-Ouest dans un éloignement de 22 lieues.

Les espagnols, après avoir exterminé les naturels de Saint-Domingue & souillé le nom Européen par la plus atroce cupidité, jouissaient depuis plus de cent vingt ans de cette importante Colonie, lorsque vers 1630, une poignée d'anglais, de français & d'autres Européens, vinrent les forcer à combattre. Malgré le nombre & les efforts des premiers conquérans de l'Amérique, pendant plus de cinquante années, malgré des succès qui semblaient même quelquefois avoir anéanti leurs ennemis pour jamais, il leur a été impossible de se souftraire à la nécessité de partager l'île Saint-Domingue avec les français. Car ceux-ci restés presque seuls des premiers Flibustiers & Boucaniers, ou usurpant insensiblement la prépondérance parmi eux, avaient converti, depuis 1640, en une colonie française, dirigée par le gouvernement général, établi d'abord à Saint-Chriftophe & ensuite à la Martinique, une réunion d'individus, nés sous la domination de presque toutes les puissances de l'Europe.

Mais le partage de l'île a toujours été extrêmement inégal entre les deux nations, puisque l'Espagne a toujours possédé la portion la plus considérable & la plus fertile.

Avant de me livrer aux idées & aux détails qui supposent la division réelle de Saint-Domingue entre les espagnols & les français, je dois faire connaître au lecteur les choses qui, étant indépendantes de ses habitans, forment l'ensemble physique de cette île.

Des Montagnes.

St.-Domingue a de longues chaînes de montagnes, dont la direction principale est, à-peu-près, de l'Est à l'Ouest, & qui, placées à une distance assez égale des deux côtés Nord & Sud, parcourent fa longueur dans cette même direction. Ces chaînes, qu'on peut réduire à deux principales, n'ont pas entr'elles un parallélifme conftant. De cette double arête partent des chaînes fecondaires qui, courant dans divers fens, laiffent des gorges plus ou moins profondes que coupent encore, dans des directions différentes, des mamelons contigus ou féparés, dont les dimenfions varient; de forte que les montagnes fecondaires & les mamelons femblent être autant de contre-forts donnés aux grandes chaînes par la nature.

C'eft entre celles-ci & la côte que fe trouvent des plaines dont l'étendue différe, foit qu'on les compare entr'elles, foit qu'on les envifage féparément. Les contre-forts qui, partant des chaînes principales, fe dirigent vers la mer, divifent encore ces plaines en portions inégales, les rétréciffent & les abritent, & vont même quelquefois jufqu'au rivage interrompre une furface plane & lui fervir, en quelque forte, de borne ou de rempart.

Les deux grandes chaînes de montagnes s'élèvent à mefure qu'elles s'éloignent de l'Eft; mais cette progreffion, fenfible pendant environ 40 lieues, s'arrête pour ne plus offrir qu'une élévation affez long-tems égale dans le prolongement de ces chaînes, qui femblent s'élargir jufqu'à ce que prenant le milieu de la bande de terre affez étroite de l'île qui s'étend néanmoins le plus dans l'Oueft, elles redeviennent moins larges, fans toutefois perdre de leur hauteur. Mais, vers cette extrémité occidentale, les montagnes font comme amoncelées les unes fur les autres.

Cette configuration & la hauteur même des montagnes, eſt cauſe que, malgré la vaſte étendue de pluſieurs plaines, lorſqu'on voit l'île à une certaine diſtance, elle paraît montueuſe dans ſa totalité & que ſon aſpect eſt bien éloigné de répondre à l'idée favorable qu'on doit en avoir. Mais l'Obſervateur qui contemple les chaînes de montagnes & toutes les branches qui en partent, comme d'un tronc principal, pour aller étendre leurs ramifications ſinueuſes ſur toute la ſurface de l'île, y voit, quant à celle-ci, la cauſe de ſa fertilité, l'immenſe réſervoir où s'accumulent les eaux que des rivières, ſans nombre, vont enſuite répandre par-tout; un moyen deſtiné, par la nature, à tempérer l'effet d'un ſoleil ardent, à arrêter la fougue des vents, à varier la température & même à multiplier les reſſources & les combinaiſons de l'induſtrie humaine; enfin, le ſol deſtiné à porter, juſqu'à la fin des ſiècles, les forêts bienfaiſantes qui, depuis la naiſſance du monde peut-être, reçoivent les eaux propices que les nuées recèlent dans leur ſein & qui, par leur ſituation ardue, ſont protégées contre la coignée de l'homme dont le génie n'eſt pas toujours conſervateur.

Ces montagnes renferment encore un nombre infini de mines de toutes les eſpèces, & il n'eſt perſonne qui ne connaiſſe la haute réputation des montagnes de Cibao, dans les entrailles deſquelles la cupidité eſpagnole a enſeveli des milliers d'Indiens condamnés à y chercher l'or qui a répandu tant de crimes ſur la terre.

Il ſerait preſque impoſſible de faire une deſcription qui pût être commune à toutes les montagnes de St.

Domingue, parce que leur nature & leur site varient & qu'une multitude de circonstances les font différer entre elles. C'est ainsi que tandis qu'il en est où tout annonce la fertilité, où presque tous les végétaux de l'île s'offrent aux regards, où tout appelle ou récompense le travail de l'homme, d'autres ne présentent que le hideux aspect de la stérilité & semblent interdire tout accès, non-seulement à l'avidité, mais même à l'espérance d'y créer de quoi satisfaire les besoins les plus grossiers. Quelquefois ces deux extrêmes se font remarquer dans des intervalles assez bornés, ou du moins des différences sensibles y forment-elles des contrastes dont on ne peut s'empêcher d'être frappé. Il faut donc renoncer à des généralités qui exigeraient des exceptions presque continuelles, & se borner à placer dans les détails de la description particulière des différens lieux, ceux qui pourront ajouter quelque chose à ce qui concerne les montagnes.

Il est des personnes qui, en examinant la carte de l'Amérique, ne se sont pas bornées à penser avec le Pline français, que les îles presque innombrables situées depuis l'embouchure de l'Orenoque jusqu'au canal de Bahama, (îles parmi lesquelles on peut citer quelques *Grenadins* qu'on ne voit pas toujours dans les très-hautes marées ou dans les grandes agitations de la mer), devaient être considérées comme les *sommités de vastes montagnes dont le pied & la racine sont couverts de l'élément liquide*; mais qui ont été jusqu'à supposer que ces îles étaient les cimes les plus élevées d'une chaîne de montagnes qui couronnait une terre dont la submersion a produit le Golphe du Mexique. Cette opinion ne pourrait néanmoins se soutenir qu'en ajoutant à la disparution de l'immense surface du golphe, celle d'une autre surface qui aurait uni le Continent, depuis l'Yucatan jusqu'à l'embouchure de l'Orénoque, aux îles de cet archipel, & encore celle d'une troisième surface au moyen de laquelle ces îles auraient été contiguës à la Presqu'île de la Floride & à une terre quelconque qui les aurait terminé au Nord. Car on ne peut imaginer que ces sommités de montagnes eussent elles-mêmes terminé précisément un continent ; & quand on considère de plus qu'aux deux points par lesquels on doit concevoir, dans ce système, que les deux extrémités de cette chaîne de montagnes touchaient à la Guyane & au Mexique, il n'y a point de chaînes de montagnes qui appuyent la possibilité de la scission, la raison acheve de rejeter une idée qui fait disparaître une surface de plusieurs centaines de milliers de lieues, sans que la cause d'un pareil bouleversement soit indiquée, & sans que l'époque en soit consignée dans les annales du monde.

Mais les montagnes de ces îles, & à plus forte raison ces îles elles-mêmes, & celle de Saint-Domingue en particulier, ont-elles été couvertes par les eaux ? Il n'est pas permis d'en douter, d'après les règles que nous a indiquées l'immortel Buffon : parallélisme dans les couches ; ordre étranger à la pesanteur spécifique des substances dont elles sont composées, telles sont les preuves de l'action d'un fluide dirigé par les grandes causes qui meuvent le globe, & c'est principalement dans les montagnes, parce que leurs flancs font quelquefois livrés à l'obfervation, qu'on en trouve la preuve.

Les montagnes des Antilles & les Antilles ellesmêmes, fi elles doivent être confidérées comme des fommités de montagnes, ont une direction contraire à celle que Buffon défigne comme la plus commune dans le nouveau Continent, puifqu'elles courent de l'Eft à l'Oueft, fur-tout depuis l'île Saint-Chriftophe jufqu'à celle de Cube; car depuis l'île de la Trinité jufqu'à celle de Nieve, elles font pour la plupart difpofées du Nord au Sud; mais, dans toutes les Antilles, les montagnes appuyent cette obfervation du même auteur, que ces fommités de la terre partagent les îles dans le fens de leur plus grande longueur, ainfi que les promontoires & les autres parties avancées.

J'ai déjà fait voir que cette difpofition était celle des principales chaînes de montagnes de Saint-Domingue. Leur compofition y varie comme leurs dimenfions; dans les unes, les fommets font de roc vif, de grès ou de granit & d'autres matières vitrifiables, & ces têtes nues & armées, offrent des efpèces de pics & un afpect où fe combinent à la fois la grandeur & la triftefle; dans les autres, les fommets font couverts d'une couche végétale, quelquefois mêlée de pierres plus ou moins dures, & plus ou moins calcinables. Dans toutes les montagnes, fuivant qu'elles font plus ou moins hâchées ou plus ou moins rapides, l'inclinaifon des couches offre auffi des différences, & c'eft fur-tout dans les maffes de rochers, en quelque forte juxta-pofées, que

que cette inclinaison est soumise à de plus grandes variations.

C'est ici que nous devons faire mention d'une remarque de M. Adam Lift (*); c'est que dans beaucoup de montagnes de St-Domingue, on trouve des couches de cellules de polypiers, souvent très-apparentes sur les bords de la mer ou sur les bords des montagnes rapides. Quelquefois ces cellules sont plus ou moins remplies ou de terre végétale ou de polypiers eux-mêmes, en état de décomposition; d'autres fois elles conservent leurs cavités.

Le même observateur a été également frappé de ces masses énormes de pierres légéres, calcinables & sonores, qu'on nomme, à St-Domingue, *Roches à ravets*, & qui forment quelquefois plusieurs couches d'une même montagne, où elles alternent, dans des rapports qui varient, avec des couches d'autres matières. Ces roches qui lui paroissent formées de débris de testacées & de crustacées, ont tantôt leurs lits ou couches très-étendues, tantôt détachées les unes des autres. M. Adam Lift pense que les parties des crustacées, après avoir été décomposées, auront servi de ciment aux parties des testacées, & que de la retraite de cette espèce d'enduit seront résultés les trous dont les roches à ravets sont perforées.

L'observation générale a prouvé jusqu'ici que les montagnes de St-Domingue ont pour base le granit

---

(*) Observateur estimable, colon de St-Domingue & membre de la société des sciences & arts du Cap-Français.

ou le quartz. Il se trouve cependant des mamelons ou platons de terre de rapport, comme M. Adam Lift l'a également vu, mais ces collines ou petites montagnes secondaires, doivent être considérées comme ayant pour véritable base, celle du sol qui les porte ; car elles ne sont elles-mêmes que le résultat de pluyes abondantes qui entraînant & la couche végétale formée à la superficie des montagnes supérieures & des portions pierreuses & sabloneuses, les ont ensuite abandonnées dans des points où la pente a manqué ; en sorte qu'elles y ont formé des monticules successifs où l'on peut reconnaître des couches de galets ou de portions pierreuses roulées & arrondies, & d'autres couches sabloneuses, vitrifiables ou calcaires. Ces monticules & les *épatemens* ou extrémités de montagnes, ont aussi des lits d'argile ou d'une marne plus ou moins solide, & qui, parce qu'elle est grasse au toucher, prend le nom de *terre à savon* dans plusieurs lieux de St-Domingue.

Tout parle donc, dans les montagnes de cette île, de leur séjour sous les eaux de la mer, & du travail postérieur des eaux pluviales. On peut ajouter à ces preuves, celles tirées de l'existence des coquillages marins dans les différentes couches des montagnes. On les trouve, soit au sommet de celles qui sont le plus élevées, soit à une grande profondeur dans celles qui le sont moins, & sans que leur nombre soit en rapport avec leur plus grand ou leur moindre éloignement de la mer.

Il est plusieurs montagnes de l'île qui, & par le mélange confus des matières dont elles sont compofées & par l'inclinaison singulière de leurs couches, annoncent qu'elles ont éprouvé de violentes agitations. Il est d'abord très-naturel d'imputer une partie de ces effets aux tremblemens de terre auxquels on sait que St-Domingue est assez sujet ; de grandes anfractuosités, des éboulemens considérables, des masses énormes déplacées ou même renversées, malgré la solidité de leurs bases, rappellent cette cause au souvenir de quiconque contemple ces effrayans résultats. Mais on ne peut s'empêcher d'en attribuer aussi une partie à des mouvemens volcaniques. A la vérité, l'on ne connait point de volcans ouverts dans l'île, car ce qu'on dit des éruptions lointaines & en quelque sorte inapperçues des montagnes de Cibao, attend des expériences confirmatives. Mais dans beaucoup d'endroits, (sur-tout entre le Môle & les Gonaïves), une lave épaisse devenue une terre végétative avec l'action du tems qui soumet tout, offre des preuves de volcans éteints. C'est-là notamment que sont des montagnes noirâtres & dépouillées ; où l'œil apperçoit encore les traces de l'élément insatiable qui a voulu les dévorer. C'est-là qu'un sol qui semble mobile & posé sur des cavités auquel il sert de voute, que des eaux thermales, des produits sulphureux & des scories, déposent de l'énergie d'un agent souterrain.

Les montagnes de St-Domingue n'ont pas une grande élévation au-dessus du niveau de la mer, & cette élévation peut même être évaluée à 400 toises perpendiculaires dans la plupart de celles de l'intérieur ; mais celles du Cibao, de la Selle & de la

Hotte, ont une hauteur double, & celles qui les environnent ou qui en forment le prolongement, se rapprochent d'autant plus de l'une ou de l'autre de ces mesures, qu'elles sont à une distance plus ou moins grande de ces points principaux.

Des Plaines.

Les plaines qui bordent toute cette carcasse montagneuse, ou qui remplissent l'intervalle qui est entre elle & le rivage, forment la grande portion de la surface de l'île. Ces plaines ont leur pente dirigée depuis les montagnes jusqu'à la mer, mais d'une manière plus ou moins sensible ; de sorte qu'il en est qui paroissent comme un amphithéâtre très-prolongé, tandis que d'autres semblent soumises à un niveau presque parfait.

La qualité du terrain varie, soit d'une plaine à l'autre, soit dans les différentes parties de la même plaine. Par-tout le sol participe de la nature des montagnes avoisinantes, & dont des prolongemens collatéraux viennent quelquefois, comme on l'a dit, jusque sur la côte où ils présentent, tantôt des extrémités qui s'inclinent vers la mer, ou dont les côtés s'abaissent par des pentes plus ou moins adoucies, tantôt des masses coniques ou des hauteurs coupées à pic, & tellement armées de pierres, qu'on leur donne le nom de *côtes de fer*.

Le terrain qui avoisine la mer, a aussi des lits de polypiers & des débris d'animaux crustacées & testacées. Presque par-tout on reconnaît que les plaines

n'ont été formées qu'aux dépens des montagnes &
de ce que les pluyes ont enlevé à la superficie de
celles-ci, composée elle-même de débris de végétaux. On y trouve aussi des parties sableuses & des
gravois dus aux dégradations des pierres des montagnes que les eaux ont également transportées.

Ce serait donc une entreprise interminable, que
de marquer toutes les espèces de sol des plaines de
Saint-Domingue, & la profondeur des différentes
couches qu'on peut y trouver. Dans une partie, c'est
une terre de rapport toute végétale; dans l'autre,
c'est un mélange de la même terre avec des galets
ou avec du sable; ici, c'est une marne décomposée;
là, une argile pure; tantôt une marne parfaite, improprement nommée *tuf*, & qui fait effervescence avec
les acides; tantôt un sable vitrifiable qui ne fait qu'affliger le cultivateur.

Il y a encore une portion assez considérable de
terrain qui prolonge, en quelque sorte, l'étendue des
plaines, mais sans en augmenter l'utilité d'une manière absolue. C'est toute cette partie qui, contiguë à
la mer & abreuvée ou couverte par elle à différentes
époques des marées (qui ne s'élèvent cependant à St-
Domingue qu'à *vingt pouces* tout au plus), n'offrent que des ressources éloignées pour la culture, si
toute fois l'industrie sait s'en emparer.

Cette portion aquatique est elle même très-variée,
à cause de la proximité d'une rivière qui porte un
limon fertile dans un lieu, sans que l'autre participe à
ce précieux avantage. Quelquefois le terrain est fangeux & n'a pour points solides que ceux où les racines

du flexible manglier se sont entrelacées & peuvent retenir les portions terreuses qui sont entraînées dans ces marécages, ou que produisent la décomposition des crustacées & celle des coquillages ; tandis que plus loin c'est déja un sol réel élevé au-dessus du niveau de la mer & où des palétuviers, des joncs marins & des taches salineuses en efflorescence, annoncent déjà un long travail de la nature. Enfin, l'on y trouve aussi des intervalles où la terre est prête à devenir végétative, où de beaux raisiniers du bord de la mer, sont la preuve d'un vrai désèchement ; en un mot, un sol que l'homme peut féconder, au moyen de fossés d'écoulement capables d'étancher de grands amas d'eau qui nuisent tout à la fois & aux travaux de l'agriculture & à la salubrité de l'air, parce que des milliards d'insectes & d'animalcules dont tous les terrains marécageux sont remplis, y entretiennent, par leur décomposition, un foyer de putridité.

Il est même aisé de reconnaître que les plaines ont acquis une partie de leur étendue par l'addition successive de portions que les dégradations des montagnes auront remblayé le long de la mer, puisqu'à des distances de plusieurs lieues du rivage, on trouve dans l'île, à de certaines profondeurs, des couches de sel marin, des bancs de coquillages & des débris de plantes marines.

Du Climat et de la Température.

De la conformation même de l'île, qui a une partie de sa surface en montagnes & une partie en plaines, résulte une grande variation dans son climat & dans sa température. Elle est spécialement produite par la situation de l'île dans la région des vents alisés ; attendu que le vent dominant de l'Est, auquel St-Domingue présente toute sa longueur, trouve dans les intervalles des chaînes de montagnes, autant de canaux d'air qui rafraichissent & tempèrent ces mêmes montagnes, avantage que ne partagent pas les plaines où des portions de montagnes arrêtent quelquefois le vent & changent sa direction. Au surplus, une foule de circonstances locales, telles que l'élévation du terrain, la quantité plus ou moins grande des eaux qui l'arrosent, & la rareté ou l'abondance des bois, ont une influence sensible sur les effets du climat.

Si une cause puissante ne balançait pas l'action d'un soleil toujours brûlant sous la Zone torride, & qui darde des rayons presque perpendiculaires, pendant environ trois mois de l'année sur St-Domingue, la température de cette île serait insupportable pour l'homme, ou du moins pour l'homme que la nature n'aurait pas formé exprès pour son climat. Mais cette cause est dans le vent dont nous venons de parler, & dont les effets salutaires affoiblissent ceux du soleil.

A l'influence conservatrice du vent, se réunit & celle de la presqu'égalité des jours & des nuits, & celle de pluyes abondantes qui rapportent sans cesse dans l'air une fluidité toujours désirable & qui baignant, avec profusion, la surface de l'île, produisent, à l'aide de l'évaporation causée par la chaleur elle-même, une sorte de refroidissement.

Ainsi par un ordre immuable & dont la contemplation ravit le philosophe, la nature a voulu que tout servît à maintenir une sorte d'équilibre dans le climat de St-Domingue, souvent accusé par l'intempérance, et que l'on voudrait toujours comparer à des climats plus fortunés, que l'homme abandonne cependant, parce que sa cupidité y est moins excitée & plus lentement satisfaite que sous le ciel embrasé de l'île que je décris.

Le vent d'Est qui souffle à St-Domingue, comme dans le reste des Antilles, règne pendant presque tout le jour & durant la plus grande partie de l'année. C'est, assez régulièrement, entre 9 & 10 heures du matin qu'il commence. Il augmente à mesure que le soleil s'élève sur l'horizon; & quoique celui-ci ait passé la ligne du méridien pour se diriger vers le couchant, le vent garde encore son énergie qui ne cesse que progressivement, deux ou trois heures avant la disparution de cet astre; encore est-il quelquefois très-sensible après cette époque. Ce vent est ce qu'à St-Domingue on nomme ordinairement la *brise du large*, par opposition à celle dont je vais parler.

On a donné le nom de *brise de terre* à un vent dont la douceur rafraîchit les nuits, & qui vient des montagnes de l'intérieur. Le plus souvent il se fait sentir 2 ou 3 heures après que le soleil a quitté l'horizon, & continue jusqu'à ce qu'il y reparoisse.

C'est un effet assez curieux à remarquer, que celui du contraste des deux brises. Celle du large venant de la circonférence vers le centre, on la voit avancer dans cette direction & agiter successivement les corps légers & les feuillages qui se trouvent les moins éloi-

loignés

gnés de la côte. Pour la brife de terre, c'eſt l'effet oppoſé, & plus la ſituation eſt intérieure, plutôt elle s'y manifeſte.

Il ne faut cependant pas croire que le règne alternatif des deux briſes ſoit tellement réglé, qu'il ne ſoit ſoumis à aucune variation. A certaines époques de l'année & ſur-tout à celles des équinoxes & des ſolſtices, la briſe du large devient extrêmement forte, quelquefois même impétueuſe, & durant pluſieurs jours elle ſouffle, ſans aucun intervalle, ou ne fait que de courtes pauſes, pendant leſquelles la briſe de terre n'eſt pas ſentie. Alors c'eſt communément lorſque le ſoleil ſe leve, que la violence de la briſe du large augmente, & l'on dirait qu'elle eſt excitée par ſa préſence.

D'autrefois c'eſt la briſe de terre qui empiète, & cela arrive, par exemple, dans la ſaiſon des orages. Comme ils viennent preſque tous de l'intérieur, dès qu'ils ont couvert le ciel, la briſe du large ceſſe, & l'empire reſte à celle de terre, qui promène alors, avec plus ou moins de rapidité, ces nuées épaiſſes & noirâtres, dont les flancs déchirés laiſſent échapper les éclairs, la foudre & des déluges. Quoique l'orage ſoit diſſipé, le vent de terre conſerve ſes droits pendant la nuit & il les étend même juſqu'au moment du lendemain matin où la briſe du large qu'il combat, le contraint à ſe replier dans les montagnes où il ſemble avoir ſon ſiége principal.

De l'effet combiné des deux briſes, réſulte une agitation preſque continuelle de l'air, qui influe néceſſairement ſur les qualités qui le conſtituent. Avec la brife du large il acquiert un reſſort qui donne à la poitrine celui dont elle a beſoin pour réſiſter à une grande chaleur & pour calmer un ſang que des tranſpirations abondantes tendent à appauvrir & à allumer. Mais c'eſt ſur-tout pour le retour de la briſe de terre que l'on ſoupire. C'eſt avec elle qu'on éprouve un relâche dont on avait beſoin. Elle porte à tout l'être phyſique une ſenſation calme qui a bientôt paſſé dans l'ame. Cette briſe appelle le ſommeil, le rend réparateur, & dans des lieux élevés, elle fortifie la fibre & prolonge même la vie.

On eſt dans une eſpèce de ſouffrance, lorſque la combinaiſon réciproque des deux briſes eſt intervertie, & cette ſouffrance augmente quand l'une des deux ne ſe montre pas. Il faut cependant obſerver que la briſe du large manque rarement dans le tems des chaleurs exceſſives, & que ſon abſence ſemble rendre plus hâtive celle de terre.

A St-Domingue, comme dans les autres Antilles, on ne remarque pas les quatre ſaiſons qui ſe partagent l'année dans les zônes tempérées. L'hyver & ſon affreux aſpect ne ſe montrent jamais ſous un ciel où la vitalité eſt toujours en mouvement. La nature y étale, ſans ceſſe, ſa pompe majeſtueuſe, elle étend une draperie verdoyante & perpétuelle ſur cette immenſe ſurface. Les êtres y périſſent cependant, & peut-être plus rapidement que dans d'autres climats ; mais ceux que chaque inſtant fait renaître, empêchent que l'œil n'apperçoive une deſtruction qui n'eſt qu'une nouvelle combinaiſon de la matière.

On ne peut y diftinguer que deux faifons, dont l'une eft celle des pluyes, appellée *l'hyver*, & l'autre celle du fec, qu'on nomme *l'été*; fans cependant qu'on doive imaginer que ces deux faifons ont les mêmes époques dans la totalité de l'île.

Les deux faifons font plus fenfibles dans les montagnes que dans les plaines, & en général les changemens de l'atmofphère font plus fréquens par rapport aux premières. C'eft-là que la température eft plus douce & qu'on n'éprouve prefque jamais ni les chaleurs étouffantes, ni ces brifes qui, lorfqu'elles font devenues violentes, font plus propres à deffécher l'air qu'à le rafraîchir & à le renouveller.

Auffi le féjour des montagnes a-t-il quelque chofe de plus riant que celui des plaines. La vie champêtre femble y avoir un caractère plus fimple & plus indépendant de toutes les gênes dont la politeffe a fait un code pour les villes & même pour les campagnes qui les avoifinent. Il eft rare que le thermometre s'y élève au-deffus de 18 ou de 20 degrés, tandis que dans la plaine, il fe tient prefque au niveau de ceux des villes, & marque conféquemment jufqu'à 30 degrés. Les nuits y font quelquefois affez fraîches pour que l'ufage d'une couverture de laine n'y foit pas une vaine précaution. Il eft même des montagnes de St-Domingue où le feu eft une vraie jouiffance pendant certaines foirées. Ce n'eft pas que le froid y foit confidérable, puifque le thermometre s'y foutient à environ 12 ou 14 degrés, mais le contrafte de cette température avec celle éprouvée pendant le jour, produit une fenfation que les termes pofitifs du froid & du chaud ne mesurent pas de la même manière que dans un pays froid.

Par la même raison, sur le sommet des montagnes, telles que le Cibao, la Selle & la Hotte, l'on éprouve, dans la saison qu'il faut appeller improprement froide, une sensation encore plus vive, puisque l'eau y prend une légère pellicule à sa surface; que les seuls arbres résineux peuvent y croître, qu'ils y sont même rabougris, & qu'avant le lever du soleil, l'action des pieds sur le sol, produit une espèce de bruissement qui a de l'analogie avec celui de la neige lorsqu'on la foule. Et il est tellement vrai que c'est au contraste dont nous venons de parler, qu'il faut attribuer cette sensibilité, que les personnes qui, durant les grandes chaleurs, ont abandonné la plaine & sur-tout les bords de la mer, & qui ont gagné dans la journée le haut d'une montagne élevée, ont souvent de la peine à y supporter la fraîcheur même du soir.

On peut donc dire, avec vérité, qu'à Saint-Domingue la température change presqu'avec chaque position dans les montagnes, tandis qu'elle est assez uniforme dans les plaines. Elle y varie cependant à mesure que ces dernières sont plus ou moins rapprochées des montagnes.

Les pluyes de la zône torride sont extrêmement abondantes, & à St-Domingue elles tombent avec une profusion qui a le double effet & de tempérer la chaleur, & de distribuer dans des rivières, sans nombre, un énorme volume d'eau. Ce n'est pas à la même époque que ces espèces de cataractes s'ouvrent pour toute l'île ; il arrive même qu'un lieu est dans sa saison sèche, tandis que l'autre est dans la saison pluvieuse. Cependant les mois secs sont communément ceux qui forment le premier & le troisième trimestre de l'année, tandis que les mois pluvieux sont les deux premiers & du second & du quatrième trimestre; c'est-à-dire, les deux qui suivent le passage du soleil à l'équateur.

Ces pluyes qui sont l'une des grandes causes de la fertilité de l'île, nuisent en même-tems aux montagnes & à tous les terrains dont la pente est forte, parce qu'elles enlevent à leur surface la terre végétale qui la couvre. Les colons français qui ont favorisé cette dégradation par la culture du café & par des calculs où le lendemain est rarement compté, ont abatu jusqu'aux arbres qui protégaient le sommet des montagnes & qui y attiraient les pluyes, de manière qu'on s'apperçoit de plus en plus de la diminution des pluyes dans la partie française, où elles étaient autrefois & réglées & très-considérables.

Dans presque toute l'île les pluyes sont de vraies pluyes d'orages qu'amènent les vents du Sud & du Sud-Ouest. La seule côte exposée au Nord a cette particularité, qu'elle est sujette à des pluyes que lui procure le vent du Nord-Ouest, & qu'on nomme *les Nords*. La saison de ce vent commence d'ordinaire, vers la fin du mois d'Octobre jusqu'à la fin de celui de Mars. Il est néanmoins des années où il est plus tardif ou moins long, quelquefois même il ne se fait point du tout sentir. Ces nords sont presque toujours accompagnés d'une pluye fine, mais constante, & qui ajoute au sentiment de froid qu'on éprouve alors, & qui a encore cela de remarquable, que les Européens arrivant ou même acclimatés, y sont plus sensibles que les Créols. On a vu, en 1751, cette pluye durer cinquante-deux jours sans discontinuation, & se renouveller au Cap en 1787, durant cent deux jours consécutifs; en général pendant les nords les chemins sont presque impraticables. Ils se sont sentir jusqu'à une dixaine de lieues dans l'intérieur, à partir de la côte, pourvu, comme je l'ai dit, que celle-ci soit tournée vers le Septentrion. Ainsi les nords se manifestent depuis le Cap trompeur (*del Enganno*) jusqu'à la pointe de la Presqu'île du Môle St-Nicolas, & ensuite depuis les Baradaires jusqu'aux Irois; tandis que la côte depuis Léogane jusqu'aux Caymites, en est préservée, quoique regardant le Nord, sans doute parce qu'elle en est abritée au moyen du prolongement de la Presqu'île du Mole, & sur-tout par la position de la petite île de la Gonave.

Les pluyes d'orage sont, au contraire, communes à toute l'île, sauf néanmoins les époques, comme je l'ai déjà dit. Il faut les avoir vu tomber, ces pluyes, pour concevoir quel prodigieux volume d'eau elles versent. Quelquefois pendant un mois entier, & presà la même heure chaque jour, un orage effroyable couvre & remplit l'air durant plusieurs heures. Des goutes d'eau, dont chacune semble en contenir cinquante de celles de France, forment, par leur réunion, une pluye dont le bruit même annonce la force. En peu d'instans les ruisseaux ne permettent plus de traverser les rues ; bientôt celles-ci tout entières forment le ruisseau, & quelques heures suffisent pour convertir en torrens les moindres courans d'eau, & à plus forte raison les ravines & les rivières. L'air est obscurci, les arbres ont leurs feuilles presque perpendiculaires vers la terre ; tous les points bas deviennent des nappes d'eau ; le ciel est en feu ; la foudre ou les foudres, car on distingue quelquefois cinq ou six tonnerres, semblent se disputer la dissolution du monde, & leurs éclats simultanés, produisent une des scènes météorologiques les plus propres à peindre un bouleversement universel.

Mais les accidens du tonnerre, quoiqu'assez communs, ne peuvent se comparer aux maux que causent les débordemens. Les eaux, en franchissant les bords qui les contiennent dans les tems ordinaires, vont, avec la rapidité du trait & une violence à laquelle tout céde, porter au loin la destruction & la mort.

Les nuées qui contiennent les orages, sont quelquefois assez élevées pour trouver un degré de froid qui les condense & qui produit de la grêle ; mais c'est une phénomène rare & qui ne dure guere qu'un très-petit nombre de minutes.

Le contraste d'une chaleur violente & de pluyes considérables, rend le climat de St-Domingue essentiellement humide. Ces causes sont encore favorisées par l'évaporation de la mer dont il est environné. De-là ce serain, dont l'influence est d'autant plus dangéreuse qu'il suit un jour plus chaud, parce qu'il est alors assez considérable pour supprimer la transpiration ; de-là la facilité avec laquelle le fer, & toutes les substances ferrugineuses se chargent très-promptement de la rouille qui altère leur surface ; de-là enfin, la déliquescence des sels, & cette apparence terne qu'ont la plupart des métaux, quelque brillant qu'ait eu originairement leur poli.

L'humidité de l'air est principalement sensible sur les bords de la mer, & c'est une des raisons, qui les rendent plus mal sains que l'intérieur de l'île. Mais partout elle est la cause de maladies plus ou moins graves, d'incommodités plus ou moins désagréables. Cependant, ces maladies ont un caractère moins allarmant, dans la saison pluvieuse, parce qu'il y a une moindre tendance à la putridité, que la disposition inflamatoire du sang est calmée, & que les particules salines qui chargent plus ou moins l'air, dans les differentes parties de l'île, se trouvent presque saturées. Ces particules perdent ainsi la faculté nuisible de charger le sang de principes acres, dont un des grands inconvéniens est la facilité de faire contracter les maladies de la peau & toutes celles qui résultent de l'épaisissement de la lymphe.

Des Rivières.

J'ai déjà eu l'occasion de répéter, que l'île St-Domingue était en général très-bien arrosée, par des rivières, des ravines, & de nombreux courans d'eau. Il est toutefois des espaces privés de cet avantage que rien ne remplace dans les pays chauds, & je parlerai de ces exceptions à mesure que l'ordre de la description me les présentera.

Les rivières ne peuvent guère avoir un cours étendu, d'après ce qui a été dit de la conformation de l'île; surtout si l'on calcule l'intervalle absolu qui est entre leur source & leur embouchure; mais cette conformation fait aussi que leurs eaux ont besoin de serpenter, pour chercher une issue entre les montagnes qu'elles sont obligées de contourner. Dans ces montagnes elles coulent presque toujours sur des lits assez profonds que la rapidité de leur cours a creusé. Quelquefois un lit de terre ou de sable de différentes espèces porte leurs eaux, qui, d'autres fois, passant à travers des pierres & des roches, les franchissent avec effort, ou s'échappent à travers leurs interstices. Ici elles ont une pente peu rapide; là elles fuyent sur un plan très-incliné, & quelquefois elles roulent en cascades ou forment même des espèces de cataractes ou de sauts.

Arrivées dans la plaine, la nature de leur lit y change assez fréquemment; mais elles y perdent toujours une partie de leur vélocité.

Il serait difficile en général, de se faire une idée juste de ce que ces rivières peuvent devenir dans leur débordement, par l'aspect tranquille qu'elles ont dans les temps ordinaires. Cette rivière où quelques pouces d'eau couvraient à peine, tout à l'heure, le pied du voyageur, est convertie, par un seul orage, en un fleuve, à la rapidité duquel il ne faudrait rien exposer. Si elle parvient à rompre ses digues naturelles, elle va répandre au loin dans la plaine, l'excédant de ses eaux & tous les ravages.

Pour mieux faire concevoir à quelle distance de son lit, elle peut les étendre, je dois dire que les plaines de St-Domingue, formées peut-être en totalité, par les dépots des eaux, lorsqu'elles erraient en creusant des canaux qu'elles comblaient & rouvraient alternativement, se trouvent actuellement avec des pentes latérales qui partent des bords des rivières par lesquelles ces plaines sont arrosées. Il résulte de cette particularité, que le lit de la rivière est placé dans le point le plus élevé de la plaine ; ensorte que quand elle surpasse ses rives, elle trouve, tout à coup, une inclinaison qui la porte rapidement à une grande distance, & que les eaux qui sont une fois poussées hors de leur encaissement, n'y peuvent plus revenir ; l'évaporation ou des fossés que ces eaux se creusent elles-mêmes, sont les seuls moyens capables d'en débarasser la surface qu'elles couvrent ainsi plus ou moins long-tems, après avoir achevé d'y pourrir toutes les plantes que leur mouvement n'a pas arrachées.

Il n'est pas rare de voir, à St-Domingue, une rivière qui offre dans ses deux bords un sol différent, de manière que l'un présente de l'argile par exemple, & l'autre une espèce de marne. On voit aussi dans les montagnes, des rivières qui coulent aux pieds de rochers taillés à pic. Lorsque les deux côtés sont de la même nature, ce qui n'arrive pas toujours, & qu'un chemin traverse la rivière pour entrer dans une gorge, le voyageur ne peut se défendre d'un sentiment qui a quelque chose de sombre, sans toutefois inspirer une terreur réelle. C'est au moment où passant la rivière à gué, il mesure de l'œil l'élévation des rochers & qu'il considère sa petitesse dans cette espèce de tombeau où il se trouve comme enfermé vivant, Il est même de ces points qui font encore plus pittoresques, parce que les rochers se courbent en voûte vers l'espace qui les sépare, de manière que le jour y pénétre avec peine. Un pareil trajet, fait pendant l'un des orages dont j'ai parlé, semble prendre un caractère lugubre & sinistre; & si ceux qui ont imaginé de dire qu'il n'y avait point d'écho dans les montagnes de St-Domingue, s'y étaient trouvés alors, ils auraient abjuré cette erreur, & se seraient convaincus que le son y est répercuté comme ailleurs, & que s'il n'y produit communément qu'un bruit confus, c'est plutôt à la multiplicité qu'à l'absence des échos que cet effet doit être attribué.

Les eaux considérées comme boisson ne sont pas toutes également bonnes à St-Domingue. La variété des terrains sur lesquels elles coulent, les substances étrangères qu'elles trouvent sur leur passage, la rapidité de leur cours, tout influe sur leur pureté. En général elles sont plus limpides & plus salubres dans les montagnes que dans les plaines; mais on peut ajouter qu'on n'est pas assez occupé à St-Domingue du choix de ce fluide, dont l'influence sur la santé de l'homme, & par conséquent sur la durée de sa vie, est cependant très-connue, sur-tout depuis que les découvertes de la chimie, nous ont révélé tant de secrets.

Des Coups de Vent et des Ouragans.

Après avoir parlé des bienfaits dont on est redevable au vent & aux pluyes, lorsqu'ils sont modérés; après avoir parlé des maux qu'ils peuvent causer lorsqu'ils sortent des bornes que mal-à-propos sans doute, nous croyons être celles de leur utilité, il est douloureux d'avoir encore à rappeller les désastres qu'ils font éprouver aux Antilles, à ces époques calamiteuses où les deux élémens réunis semblent conjurés pour le ravage de ces lieux fertiles. Au seul mot d'ouragan, il n'est point de colon qui ne sente réveiller les idées le plus affligeantes, & si St-Domingue n'en éprouve pas fréquemment toute la fureur, il en est cependant quelquefois assez tourmenté pour qu'il ne soit pas possible d'en épargner le tableau au lecteur.

C'est depuis le 15 du mois de Juillet, jusqu'après la pleine lune du mois d'Octobre, que les Antilles redoutent les ouragans qui ne s'y sont jamais manifestés hors de ces deux époques. Après un jour, ordinairement privé d'air, & où l'atmosphère est dans un calme parfait, toujours avant le lever du soleil ou après son coucher, s'élève, tout-a-coup, un vent assez fort qui s'accroît à chaque minute & dont les bourasques se rapprochent en étendant leur durée. Peu après, une pluye abondante se fait entendre, & l'orage qui la verse ne laisse bientôt plus d'intervalle entre des éclairs, dont la vivacité & la réproduction continuelle deviennent douloureuses pour les yeux. Bientôt, le vent est parvenu à une violence qui menace tout. Déjà il faut lui disputer tous les passages, si l'on ne veut pas qu'il renverse un édifice, en y pénétrant par la moindre ouverture. Le négre qui n'ose se fier à sa faible cabane, cherche un asyle vers la maison du maître où vers un autre bâtiment qu'on croit le plus propre à devenir le refuge commun. La crainte est dans tous les cœurs, l'effroi fur tous les vifages. Les hommes forts & vigoureux vont chercher les femmes, & prennent les enfans dans leurs bras. On s'appelle réciproquemment, & fi quelqu'un manque à cet appel, les pleurs, les cris de ceux qu'il intereffe annoncent affez ce qu'on craint pour lui.

La furie du vent augmente encore, & fi fa direction femble quelquefois le rendre moins redoutable pour certaines pofitions, en un inftant il paffe à un autre point; ou bien deftructeurs rivaux, deux vents diamétralement oppofés fe combattent & femblent s'irriter par l'oppofition que chacun d'eux fait éprouver à l'autre. Enfin une rage univerfelle éclate, tous les vents font déchaînés; il n'en eft pas un feul qui ne foit affocié au projet de dévaftation. L'arbre le plus élevé, celui qui paraiffait le plus propre à fe défendre des outrages du tems, n'a pas été capable de réfifter; l'épaiffeur de fon feuillage, l'étendue de fes branches, la groffeur même de fon tronc, font devenus autant de leviers qui ont fervi à l'abattre, & fes longues racines, après avoir déchiré la terre qui n'a pu les retenir, atteftent & fon impuiffance & la force qui l'a détruit. Un autre arbre eft vainqueur des vents, mais la foudre, en le fillonnant, a deffèché fa féve pour jamais. L'arbufte, la fimple plante même, ne peuvent échapper à cette puiffance qui veut tout anéantir, & fi le frêle rofeau n'eft pas rompu, fa tige, inclinée vers la terre, montre affez ce qu'il a éprouvé. Il ne refte plus que des veftiges des bâtimens confacrés aux manufactures coloniales.

Ce que le vent ne pourrait oppérer tout feul, des

tremblemens de terre, qui se réunissent presque toujours à ces grandes catastrophes, l'achèvent. C'est ainsi que des constructions en maçonnerie sont ou détruites ou très-endommagées. Assez souvent le renversement d'un bâtiment est la cause d'un incendie, parce qu'un vent fougueux a bientôt fait un brasier de la moindre étincelle. Le tonnerre suffit aussi lui-même pour produire ce nouveau fléau; mais il en manque encore un.

C'est le ravage des eaux qui s'élevant à des hauteurs prodigieuses, & n'ayant plus de cours réglé, cherchent par-tout une pente & entraînent avec elles les hommes, les animaux, les meubles, les ustensiles, les denrées, les manufactures, les arbres, les plantes & jusqu'à des portions du sol lui-même.

Ainsi à ces époques terribles, tous les élémens menacent de se confondre & de tout replonger dans le cahos. Il faut cependant ajouter à cette peinture déchirante, le spectacle de la mer dont l'aspect suffirait pour glacer d'effroi l'homme le plus intrépide & qui ne la contemplerait que du rivage. Elle mugit, & au milieu de ses vagues qu'elle semble vouloir porter jusqu'aux nues, des abymes sans fond sont ouverts. L'homme, dont l'audace lutte si souvent contre elle avec succès, ne peut plus rien dans cette guerre des vents & des flots, & dans sa frayeur il craint jusqu'à la terre qu'il apperçoit, qu'il regrette d'avoir abandonnée & où sa conservation eût peut-être été encore plus incertaine.

Ce déchaînement général dure ordinairement, avec une violence à-peu-près égale, pendant cinq ou six heures qui font autant de fiècles ; fur-tout fi l'ouragan s'eft déclaré pendant la nuit, parce que fon obfcurité eft elle-même une caufe d'allarmes. Enfin, une efpèce de calme, fi on le compare à ce qui vient de précéder, mais qui eft réellement encore une tempête, permet à l'homme de fe tenir debout & de confidérer les objets offerts à fa vue. Il peut, de cet inftant feulement, commencer à connaître tous fes malheurs & à compter toutes fes pertes.

A St-Domingue, la partie tournée vers le Sud eft affez fujette aux ouragans ; l'on ne les y appelle même que *coups de Sud*, parce qu'ils n'ont pas un caractère auffi horrible qu'aux îles du vent. C'eft donc l'efpace qui eft entre le Cap *del Enganno* & les Irois, par la côte Sud, que les ouragans affligent ; il faut ajouter néanmoins que quelquefois le vent eft affez furieux pour franchir les montagnes qui font entre la face Sud & celle qui s'etend au Nord, depuis les Irois jufqu'au Port-au-Prince, & qu'alors il dévafte auffi cette bande de l'île.

L'homme qui rapporte tout à foi, & qui eft expofé aux maux fans nombre que les ouragans peuvent faire fouffrir, a de la peine à concevoir qu'ils foient utiles. Mais le philofophe que l'obfervation a convaincu de l'ordre admirable qui régit l'univers, fuppofe cette utilité, quoiqu'inapperçue, & plutôt que de blafphémer contre une caufe auffi défaftreufe en apparence, il aime mieux croire que ces mouvemens extraordinaires de la nature font des crifes néceffaires, combinées avec les principes de la confervation du globe, & que fans elles peut-être, les Antilles auraient été inhabitables, à cause de l'incroyable quantité d'insectes qui y couvrent la terre ou qui y voltigent dans l'air.

Les jours qui suivent un ouragan sont très-beaux. Le ciel se montre alors dans toute sa pureté & la température est douce. Ce contraste est même d'autant plus frappant, que toutes les preuves de destruction subsistent encore. Par-tout on s'occupe de réparer ou de recréer; tout le monde s'entr'aide & dans ces momens la bienfaisance exerce un empire, qui la rend précieuse & touchante. Enfin un tems arrive où l'ouragan n'existe plus que dans le souvenir, jusqu'à ce qu'un nouveau vienne en renouveller les horreurs ; mais l'espérance, qu'il faudrait appeller le premier & le dernier bien de l'homme, comble les intervalles.

Coup-d'œil sur les trois regnes de la nature.

Le climat de St-Domingue, est extrêmement propice au développement de tous les êtres, & l'on en a une preuve continuelle dans les trois regnes de la nature.

Le regne animal, quant aux quadrupèdes, y est presqu'entièrement composé d'animaux apportés d'Europe & l'on sait que lors de la découverte par Colomb, on n'y trouva que quatre espèces de quadrupèdes extrêmement petits & qui ont presque eu le sort des premiers habitans de cette île immense.

Saint-Domingue a des oiseaux propres à son climat, outre ceux qui lui sont communs avec l'Europe, &
parmi

parmi les poissons qui se montrent sur ses côtes, il est aussi des espèces qui appartiennent également aux deux mondes.

Dans le règne minéral il y a pareillement beaucoup d'analogie, puisqu'on y trouve des mines de fer, de cuivre, de plomb; mais celles d'argent, d'or, de pierres précieuses, & même celles de mercure, donnent à l'île une véritable supériorité à cet égard.

Quant au regne végétal, il serait difficile d'exprimer & de peindre toute sa pompe. La nature en étale les beautés à St-Domingue avec une activité continuelle & une profusion qui peut servir à donner l'idée de son inépuisable fécondité. Des arbres dont quelques espèces embellissent aussi le sol Européen, couvrent encore des parties incultes des montagnes & des portions planes dans quelques parties de l'île. Leur utilité est constatée par mille expériences, quoique leur éloignement des points où ils pourraient être employés ne permette pas toujours d'y recourir. La beauté de leur bois, leur dureté, leur incorruptibilité même, les rend propres & aux constructions & à l'ameublement, & l'art prouve chaque jour, par rapport à quelques-uns d'eux, qu'ils peuvent servir à une foule d'usages.

Si l'on considère les arbustes, on les trouve aussi très-multipliés, & beaucoup d'entr'eux sont précieux par leurs productions. Ils fournissent, ainsi que plusieurs arbres, des fruits excellens & sur-tout de ceux où il paraît que la nature a placé des acides pour combattre la facilité avec laquelle une grande chaleur porte les différentes substances à la putridité.

Tom. I.   E

La richeſſe de la végétation s'accroît encore quant aux plantes. Que de tréſors nouveaux la botanique pourrait acquérir dans le Nouveau-monde & dans la ſeule île de St-Domingue, où une grande quantité de plantes d'Europe ont été naturaliſées, où il en exiſte en grand nombre qu'on rencontre auſſi dans les autres parties du globe, & où il faut remarquer cette circonſtance ſingulière que pluſieurs des plantes dont la culture fait ſa richeſſe, ne lui ſont pas propres, mais ont été apportées du dehors !

On eſt parvenu auſſi à y faire réuſſir quelques arbres fruitiers d'Europe, tandis que d'autres, ou par le manque d'analogie du climat, ou par le défaut de ſoin, ou par d'autres cauſes non approfondies, y ſont reſtés des objets de ſimple curioſité ; & ſont auſſi peu faits pour qu'on juge ce qu'ils ſont en France, que le bananier & la canne à ſucre du Jardin des Plantes de Paris, pour qu'on ſe les peigne tels qu'on les voit à St-Domingue.

C'eſt principalement dans les montagnes de l'île que les fruits acquièrent une qualité ſupérieure. C'eſt encore là qu'on trouve des légumes qui, par leur beauté & leur ſaveur, ſoutiendraient la comparaiſon avec les mêmes eſpèces en France.

Quels regrets n'éprouve-t-on pas en voyant que dans un pays où la nature fait tant pour l'homme, l'homme faſſe en général auſſi peu pour elle ! & c'eſt ſur-tout à la partie Eſpagnole que cette obſervation eſt applicable.

Pour répandre encore plus d'intérêt ſur ce que j'ai à dire de cette dernière & pour aſſocier en quelque forte les trop malheureux Indiens aux idées qu'infpirent les lieux d'où leur race a difparu, je crois devoir parler rapidement de la divifion de l'île, au moment où Colomb vint apporter au Nouveau monde, en échange de fes richeffes, les lumières, les arts & les vices de l'ancien.

DIVISION DE L'ISLE SOUS LES CACIQUES

En 1492, époque de la découverte de l'île, elle formait cinq royaumes qui obéiffaient à autant de fouverains, appellés Caciques.

Le royaume de *Magua*, mot qui, en langue Indienne, fignifiait *royaume de la Plaine*, était le premier; il était foumis au Cacique *Guarionex* dont la capitale était au lieu où les efpagnols établirent depuis, la ville de la Conception de la Vega. Ce royaume avait la mer pour limites au Nord & à l'Eft, depuis le Cap Raphaël jufqu'à l'Ifabélique; au Sud, la chaîne de montagnes qui part du Cap Raphaël, & qui va gagner le groupe du Cibao, & à l'Oueft une ligne allant de ce groupe à l'Ifabélique. L'étendue entière de ce royaume appartient actuellement aux efpagnols.

Le *Marien* formait le fecond royaume. Il était borné au Nord & à l'Oueft par la mer; à l'Eft par le royaume de Magua, & au Sud prefque également par le royaume de Mayaguana, & par celui de Xaragua. Le royaume de Marien s'étendait ainfi depuis Ifabélique jufqu'à l'embouchure de la rivière de l'Artibonite, & enfuite cette rivière lui fervait de borne jusqu'à sa source dans les montagnes de Cibao. Ce royaume est donc en majeure partie dans le territoire français, qui renferme aussi sa capitale, placée dans le voisinage du Cap-Français ; *Guacanaric* en était le souverain.

Le *Higuey* était le troisième royaume. La mer le terminait à l'Est & au Sud, depuis le Cap-Raphaël jusqu'à l'embouchure de Jayna. Dans le Nord il était contigu au royaume de Magua, & dans l'Ouest à celui de Maguana. *Cayacoa* en était le cacique. Les espagnols possèdent tout ce royaume, dans l'étendue duquel se trouve San-Domingo, capitale de la colonie espagnole.

Un quatrième royaume s'appellait *Maguana*. Il avait pour borne au Sud, la mer ; au Nord, les chaînes de montagnes qui le séparaient du royaume de Magua & de celui de Marien ; à l'Est le cours de Jayna jusqu'à Cibao, & à l'Ouest il était terminé par la chaîne de montagnes qui, partant de Bahoruco, va gagner par le Mirebalais le haut de la rivière de l'Artibonite. Ce royaume obéissait à *Caonabo*, Caraïbe, que son audace & ses talens avaient fait cacique. Il est encore tout entier aux espagnols qui ont leur ville actuelle de San-Juan de la Maguana, dans celui où était la capitale du royaume Indien.

Enfin le cinquième royaume qui s'appellait *Xaragua*, comprenait cette longue pointe de terre qui courre de l'Est à l'Ouest, & qui forme ce qu'on nomme aujourd'hui *la Bande du Sud* de la partie française. Il s'étendait à l'Est jusqu'aux bornes du royaume de Marien, en comprenant les étangs, la plaine du

Cul-de-Sac & St-Marc, & la partie de la plaine de l'Artibonite, placée au Sud de la rivière du même nom. Le cacique *Behechio* régiſſait ce royaume, dont la capitale qui ſe nommait auſſi *Xaragua* était au point où l'on a vu depuis le bourg du Cul-de-Sac. Ce détail montre qu'il s'en faut infiniment peu, que les poſſeſſions françaiſes ne comprennent entièrement le royaume de *Xaragua*.

Je paſſe maintenant à la partie eſpagnole proprement dite.

Pour décrire cette colonie, j'ai ſuivi l'ordre adopté par Don Antoine Sanchez Valverde, licentié, créole de l'île St-Domingue & prébendier de ſa cathédrale, dans l'intéreſſant ouvrage qu'il a fait imprimer à Madrid en 1785, ſous ce titre : *Idée de la valeur de l'île eſpagnole, & de l'utilité que ſa métropole peut en retirer*. C'eſt-à-dire, que je commence par le point le plus oueſt de la partie eſpagnole ſur la côte ſud, & que tournant l'île dans ſa partie orientale, j'irai chercher le point le plus oueſt auſſi de la partie ſeptentrionale, pour de-là & au moyen de la ligne des limites, venir retrouver le point de départ, en décrivant ſucceſſivement tout ce qui ſe préſentera.

Je recourerai fréquemment aux lumières de Don Antoine Valverde, qui paraît en outre avoir ſongé à écrire l'hiſtoire de St-Domingue Eſpagnol, huit ans avant que j'entrepriſſe celle de Saint-Domingue Français. Aidé par des matériaux que ſon père a recueillis pendant une vingtaine d'années, & ayant eu lui-même une longue réſidence dans la partie eſpagnole, ſa patrie, l'hiſtoire qu'il promet ne peut qu'exciter de très-vifs défirs. Ils s'accroiffent encore lorfqu'on fait que tout ce qui concerne cette colonie a refté jufqu'ici dans la plus profonde obfcurité, & que les ravages des infectes font perdre, chaque jour, l'efpoir de vérifier des faits antérieurs à 1717 ou 1720. Encore parlè-je de l'état où étaient les archives de l'audience royale, de la cathédrale & des jacobins à Santo-Domingo en 1785.

Etendue de la Partie Espagnole.

La partie efpagnole de St-Domingue, qui eft la plus orientale de l'île, a, autant qu'on peut l'évaluer fans une exactitude géométrique, mais par une fimple approximation, environ 90 lieues dans fa plus grande longueur de l'Eft à l'Oueft, & 60 lieues auffi dans fa plus grande largeur ; ce qui peut fe réduire à une longueur moyenne de 80 lieues & à une largeur moyenne d'environ 40 lieues. On a donc en terme rond, une furface de 3,200 lieues quarrées, quantité très-rapprochée du calcul de Don Antoine Valverde, qui lui a trouvé, d'après la carte publiée récemment par Don Thomas Lopez, 3,175 lieues quarrées. Il y en a, à-peu-près, 400 en montagnes, qui ont fur celles de la partie françaife, l'avantage d'être communément plus cultivables, & d'avoir même un fol qui le difpute quelquefois à celui des vallées ; de forte qu'il refte encore une belle & fertile furface de plus de 2,700 lieues quarrées, divifée en vallées & en plaines de longueurs & de largeurs différentes.

On peut répéter, avec Charlevoix, qu'aucune autre Antille ne pouvait procurer aux espagnols comme St-Domingue, les moyens de s'établir solidement dans ces mers, & avec Valverde, qu'il est pour eux une clef du golfe du Mexique, un lieu propice pour l'abord de tous les vaisseaux, une relâche pour leurs escadres & leurs flottes, & un point naval infiniment important. C'est de ce berceau des européens dans le Nouveau-monde que partirent toutes les expéditions qui le leur a soumis, & c'est-là que s'est préparée la conquête du Pérou & du Mexique, & qu'ont été posées les premières bases de la puissance espagnole en Amérique.

Tant de circonstances réunies ont mêlé un sentiment d'amour propre à la possession de St-Domingue pour les espagnols : amour propre qui ne nous pardonnera peut-être jamais de nous être associés à cette possession.

On voit autour de St-Domingue & à une très-faible distance, plusieurs petites îles, dont quelques unes appartiennent aux espagnols. Celles-ci sont Altavele, la Béate, la Saone, Sainte Catherine, la Mone & Monique, dont je parlerai aussi, après avoir traité de la grande île.

Ce que j'ai dit des montagnes de l'île en général, est applicable à celles de la partie espagnole. A en juger par la grosseur des arbres & par l'épaisseur du feuillage, ces montagnes doivent être d'une grande fertilité. Il en est cependant qui n'offrent qu'un aspect décharné & stérile ; mais c'est presque toujours à cause de quelques mines plus ou moins précieuses & plus ou moins abondantes.

Les montagnes de la partie espagnole sont assez élevées pour y attirer des pluyes qui suivent une périodicité assez remarquable, & dont d'épaisses forêts semblent conserver plus long-tems les salutaires effets sur le sol. Ce sont ces pluyes qui fournissent les eaux dont la partie espagnole est plus abondamment pourvue que la partie française ; ce sont elles qui entretiennent cette verdure perpétuelle, cette fraîcheur si douce dans un climat chaud, & le brillant éclat de tout le règne végétal.

A peu près vers le point où se rencontreraient deux lignes, dont l'une irait dans la direction de l'Est à l'Ouest du Cap Raphaël à St-Marc, & l'autre, dans la direction du Nord au Sud, de Port-de-Plate à la rivière de Nizao, est le centre d'un groupe considérable de montagnes, appellé *le Cibao*. C'est la partie la plus élevée de toute l'île, & où les principales d'entre les rivières qui l'arrosent, ont leur source. De ce groupe, comme d'un point commun, partent différentes chaînes de montagnes plus ou moins hautes, entre lesquelles les rivières prennent leur cours. Ces montagnes, en se subdivisant elles-mêmes, à mesure qu'elles se prolongent, forment de petites vallées & des vallons, où de moindres rivières & des ravines trouvent une issue. On pourrait presque dire que toute cette masse montueuse n'est qu'un seul système de montagnes borné, au Nord par la plaine de la Vega-Réal ; à l'Est par la baye de Samana ; au Sud-Est par la plaine de Saint-Domingo ; au Sud par une partie de la même plaine & par celles de Bani & d'Azua ; au Sud-Ouest par la plaine de Neybe ; à
l'Ouest

l'Oueſt par les plaines de St-Jean, de Banique, de Gohave & de Hinche, juſqu'au Dondon, qui eſt lui-même le prolongement de l'une des branches du Cibao; & enfin, au Nord-Oueſt par la plaine du Cap-Français.

La chaîne la plus étendue & la plus élevée du Cibao, eſt celle qui, de ce groupe, ſe dirige vers le Dondon, & va enſuite vers le Port-de-Paix. Je l'appelle *la première chaîne* pour rendre ma deſcription plus claire & plus facile à ſuivre.

Une autre chaîne élevée & rapide, part du même groupe & gagnant l'Eſt, va finir au Cap-Raphaël ou de la Montagne-Ronde, c'eſt la chaîne de Sévico ou *la ſeconde*.

Ces deux chaînes, conſidérées comme prolongement l'une de l'autre, forment la plus longue chaîne de montagnes qui exiſte dans l'île, & ſervent à marquer une partie nord & une partie ſud dans la colonie eſpagnole.

Les plaines de la partie eſpagnole ont une étendue que les nôtres ſont loin d'égaler. On en ſera convaincu par ce qui va ſuivre, en commençant toujours par le point le plus oueſt de la côte ſud.

La première plaine eſpagnole eſt au pied des montagnes de Bahoruco & ſur leur côté Oueſt vers la pointe de l'île de la Béate; elle a environ 10 lieues du Nord au Sud, & environ 8 lieues de large de l'Eſt à l'Oueſt.

Du côté Eſt des mêmes montagnes de Bahoruco, en ſe dirigeant vers la baye de Neybe, il y a une ſeconde plaine dont la longueur Nord & Sud eſt

Tom. I. F

évaluée à 15 lieues, sur une largeur qui varie depuis deux lieues jusqu'à 6, à cause des avancées de la partie montueuse. Cette seconde plaine, en remontant le long de la rivière de Neybe, va se réunir à la plaine de Neybe.

La plaine de Neybe, dont les dimensions varient, bornée elle-même à l'Est par la rivière de son nom, & à l'Ouest par l'Etang de Henriquille, & par des montagnes qui se dirigent vers le Mirebalais, a, depuis la rivière de son nom jusqu'aux sources de celle des Pédernales, environ 12 lieues Est & Ouest, sur 9 lieues Nord & Sud, quoiqu'elle n'en offre guères plus de trois dans certains points. Elle va par une petite gorge & se dirigeant au Nord vers la rivière de Seybe, s'unir avec les plaines des Acajoux, de Banique & de Farfan, & en suivant la rivière de son nom, elles gagne les plaines de St-Thomas & de St-Jean.

La rivière de Neybe, sépare la plaine de Neybe de la plaine d'Azua, qui a au Nord une chaîne de montagnes. La plaine d'Azua est évaluée à environ 12 lieues de l'Ouest à l'Est, depuis l'embouchure du Neybe jusqu'à l'Anse de la Chaudière, sur une profondeur égale. A l'Anse de la Chaudière commence la plaine de Vani ou Bani, qui, jusqu'à l'embouchure de Nisao, où elle finit, a 12 lieues de long, sur une largeur qui varie depuis 4 jusqu'à 9 lieues.

De Nisao à la pointe Sud-Est de l'île, appellée *la Pointe-de-l'Épée*, c'est-à-dire, dans une longueur d'environ 65 lieues à cause de la forme de la côte, il n'y a d'interruption que celle produite par de petites collines cultivables, qui font entre la rivière Romaine & celle du Soco, & qui s'étendant à huit lieues du Nord au Sud, & à cinq de l'Eſt à l'Oueſt rétréciſſent, dans cette dimenſion, la plaine qui a communément onze & même treize lieues de profondeur. Voila pour la côte Sud.

Sur la côte Orientale, la partie plane ſe prolonge encore, depuis la Pointe-de-l'épée, juſqu'au Cap de la Montagne-Ronde, ou Cap Raphaël, ce qui forme ſeize lieues ſur une profondeur preſque égale.

A partir de l'extrémité Oueſt de cette plaine, en eſt une autre où l'on compte 38 lieues de l'Eſt à l'Oueſt, juſqu'au point qui correſpond aux mines du Cibao, ſur une largeur variable depuis 10 juſqu'à 15 lieues.

Des mines de Cibao, juſques vers St-Yague, la plaine ſe rétrécit de 2 ou 3 lieues, puis s'élargiſſant tout-à-coup, & acquérant 5 & même 8 lieues de largeur, elle va juſqu'à la rivière de Dahabon ou du Maſſacre, parcourant une nouvelle étendue d'environ 25 lieues.

Mais tout ce que je viens d'expoſer de parties planes, ne complète pas celles de la partie eſpagnole, puiſqu'il y en a encore un grand nombre dans l'intérieur, dont les dimenſions ſont peu conſidérables à la vérité, mais qui offrent toujours une augmentation de terrain uni où la culture eſt plus facile.

C'eſt auſſi à l'intérieur que ſont les deux grandes plaines de St-Jean, & des Acajoux que j'ai déjà nommées; la première réunie à celle de San-Thomé, a 10 ou 11 lieues depuis le pied des montagnes où naiffent le grand & le petit Yaqui, & qu'elle a dans l'Eft, jufqu'aux montagnes qu'elle a dans l'Oueft, & d'où coule la rivière de Seybe, & une largeur égale du Nord au Sud. La feconde (la plaine des Acajoux) eft après la rivière de Seybe, s'étend de 14 lieues dans l'Oueft, & à 5 à 9 lieues de large dans fa majeure partie.

Il y a encore dans l'intérieur, les plaines de Banique, de Hinche, de Guaba & de St-Raphaël, & quelques autres dont je parlerai.

Enfin, fur toute la côte Nord, depuis la baye de Mancenille & Monte-Chrift jufqu'à Samana, le terrain qui eft toujours plat, parcourt une étendue de plus de 60 lieues, fur une profondeur de 2 ou 3 lieues.

C'eft fur cette furface totale de montagnes & de plaines, contenant comme je l'ai dit, environ 3,200 lieues quarrées, que font répandus 125,000 individus, dont 110,000 libres & 15,000 efclaves, ce qui ne fournit pas tout-à-fait 40 individus par lieue quarrée. Ainfi en fe rappellant que Las-Cafas a avancé, que St-Domingue contenait 3 millions d'habitans, lors de fa découverte, nombre qu'on croit exagéré, & que je réduis même au tiers, on voit qu'il devait y avoir dans la partie efpagnole, qui forme plus des trois cinquièmes de l'île, environ 700 mille ames, ce qui fait près de 6 fois fa population actuelle.

Caratère et Mœurs des Créols Espagnols

Les espagnols possèdent, comme on le voit, la plus grande & la plus fertile partie de cette île, & l'on a bientôt comparé leur génie, à celui des français, lorsqu'on sait que cette possession ne leur est d'aucune utilité, tandis que la portion française fournit à elle seule les trois cinquièmes du produit de toutes les colonies françaises de l'Amérique: produit qui s'élève annuellement à 250 millions tournois (1).

Le créol espagnol, désormais insensible aux trésors de tous les genres dont il est entouré, passe sa vie sans désirer un meilleur sort. Une capitale qui annonce elle-même la décadence, des bourgades semées çà & là, quelques établissemens coloniaux auxquels le nom de manufacture ferait trop d'honneur, des domaines immenses appellés *Hattes*, où l'on élève des animaux qui manquent de soins, voilà tout ce qu'on peut appercevoir dans une colonie où la nature invite des hommes absolument sourds à sa voix.

Un pareil abandon suppose peu de besoins, aussi les créols espagnols n'en connaissent-ils que de faciles à satisfaire. Une chemise, une veste & une culotte de toile de coutil; tel est le vêtement ordinaire du colon, qui est fort souvent les pieds nuds. On en voit cependant à la ville de Santo-Domingo, & dans quelques lieux principaux, qui portent de petits

(1) Plus de 45 millions de dollars

habits de foie ou de camelot, que nous nommons *volants*. Mais le plus fouvent ils y fortent avec des redingotes à taille, qu'ils appellent *manteaux*.

Les femmes ont une jupe, communément de couleur noire, des efpèces de braffières & une chemife qui ne defcend pas toujours beaucoup au-deffous de la taille. Leurs beaux cheveux, fans poudre, font treffés; quelquefois ils font noués par un ruban paffé en bandeau; & un luxe véritable, qui n'appartient guere qu'aux villes, c'eft de porter une coëffe à réfeau, nommée *refcille*, ou d'avoir dans les cheveux de groffes épingles blanches, ornées de pierres fauffes, colorées. Quelquefois ce font des fleurs champêtres, mais il eft aifé de voir que le goût ne les place pas. Elles portent auffi des pendans d'oreilles & en changent fréquemment; c'eft du Cap-Français que viennent ces bijoux qu'elles aiment avec une forte de coquetterie.

Les créols efpagnols font affez fédentaires. Il eft rare qu'ils fortent de leur île, ce qu'au furplus leur gouvernement rend auffi difficile qu'il le peut, & l'on croirait même qu'ils redoutent la mer, fi l'on ne favait pas qu'en tems de guerre ils embraffent le parti de la courfe, qui offre toujours un appât à des hommes pauvres, pourfuivant des vaiffeaux richement chargés.

Le caractère des efpagnols de Saint-Domingue, eft en géneral un mêlange affez bifarre d'aviliffement & d'orgueil. Rempants, ferviles au befoin, ils veulent paraître fiers. Ils empruntent, par exemple, fous le pretexte, quelquefois évidemment abfurde, de vouloir faire un remède, des choses qu'ils ont la morgue de ne vouloir pas demander & que leur paresse ne rendra jamais. Timides avec ceux qui ont quelque avantage sur eux, ils se montrent dédaigneux dans le cas contraire. Profondément haineux, vindicatifs jusqu'aux portes de la mort, ils ne savent pas qu'on peut être grand & généreux, même avec un ennemi.

Dans les campagnes, ce sont les femmes qui apprêtent à manger & qui servent; souvent même elles ne se mettent point à table & mangent assises par terre. Cependant cette espèce de distinction humiliante, s'efface à mesure que la communication, avec les français, devient plus fréquente, & c'est sur-tout à la frontière qu'elle perd le plus de sa force. La mode commence même à influer un peu, par notre entremise, sur le sexe espagnol, à portée de sentir combien l'on est heureux de connaître cette divinité capricieuse; & quelques espagnoles de la frontière portent de petits casaquins dont elles ont pris l'idée en voyant des françaises.

Les femmes s'occupent à coudre. Elles ont alors sur leurs genoux une espèce de petit coussin, rempli du panache de la plante appellée *Barbe Espagnole*, & sur lequel elles fixent leur travail. Elles ne sont pas récluses comme en Espagne, & ne prennent le voile ou la cape que pour aller dans les églises où personne ne s'assied, & où elles se mettent d'un côté & les hommes de l'autre, d'après une loi faite pour les Indes Espagnoles, le 18 Octobre 1569. Dans les églises de la campagne, les femmes ont un petit cuir de veau pour s'agenouiller; dans les villes c'est un petit tapis.

On a vu des tems assez malheureux pour que l'on fût forcé de dire les messes avant le jour, tant les vêtemens étaient peu conformes à la décence du temple. A présent même, il est des bourgades, où certines femmes ne vont point à l'église, faute de mantes. Le voile qui cache la moitié du visage des femmes. & dont elles saisissent les extrémités, va s'arreter vers leur ceinture. Il est ordinairement d'étamine noire, & de soye pour les femmes appellées *comme il faut*.

Il doit y avoir peu de graces chez un peuple qui n'en connait pas le prix ; aussi les créoles espagnoles ne doivent-elles leurs charmes qu'à la nature qui semble en être avare, comme si elle craignait de les prodiguer en vain. Tout ce que la societé des femmes aimables procure de délicieux, est ignoré des créols de St-Domingue. L'amour seul y rapproche les sexes, mais ce n'est pas cet amour délicat & voluptueux qui est l'appanage d'un autre peuple.

Quoique ignorant l'art de plaire, les créoles espagnoles sont très-passionnées & très-jalouses, & il parait, qu'à cet égard, on peut leur appliquer tout ce que je dis ailleurs des créoles françaises. Ces affections vives qui annoncent que les créoles aiment ardemment, produisent aussi une sorte de penchant pour la galanterie, & peut-être est-il plus facile de faire agréer, & de récompenser des vœux au devant desquels le climat semble porter. On croirait que l'esprit superstitieux qui préside à des pratiques extérieures, devrait opposer quelque obstacle à ces dangereuses erreurs, mais l'observation peut convaincre du contraire ; tant il est vrai que les mœurs ne sauraient avoir d'autres gardiennes que les mœurs elles-mêmes !

Ce que je viens de dire, fait assez concevoir que cette partie de l'Amérique espagnole n'est pas exempte des effets d'une honteuse superstition. Elle est commune aux créols nés à St-Domingue avec les espagnols de tous les points de la terre, & elle les a pliés sous le joug monacal. Dans des lieux peu fréquentés, ils attachent quelquefois du bonheur à baiser les mains d'un moine orgueilleux, qui affecte de présenter le dehors de cette main & de recevoir, comme un hommage qui ne peut honorer que celui qui le rend, une preuve d'abjection que l'humilité de son état devrait lui défendre d'agréer.

Là, comme dans tout le reste de la domination espagnole, les prêtres sont excessivement jaloux de leur autorité, & ils ne manquent pas de pretextes pour trouver que la religion est intéressée à tout ce qu'un intérêt très-temporel leur inspire pour manifester de la puissance.

L'excommunication est une arme dont on fait un usage si fréquent, qu'on ne sait assez de quoi l'on doit le plus s'étonner, ou de l'abus qu'on en fait ou de l'aveuglement avec lequel il est souffert. Fait-on une défense, même très-étrangère à toute matière religieuse, par exemple, celle de tuer aux boucheries des vaches & des génisses, c'est avec la menace de l'excommunication. Mais c'est principalement à l'égard du devoir pascal, que cette peine est redoutée. Lorsque le terme dans lequel il a dû être rempli est expiré, on proclame pendant trois dimanches consécutifs, à l'église, le nom des délinquans; on sonne la cloche comme pour les avertir, & après ces formalités, les foudres écclésiastiques sont lancés.

Ce caractère explique assez pourquoi le nombre des églises, des chapelles & des couvens est plus considérable, à Saint-Domingue, que la population ne paraît l'exiger.

Les espagnols n'ont guères que des livres pieux & sont fort curieux de saintes images. A ne les juger que par leur maintien en public, que par le soin affecté avec lequel ils disent un rosaire ou s'arrêtent pour réciter *l'Angelus*; on les croirait toujours occupés des vérités éternelles & du mépris des choses de cette vie ; mais ce voile, à travers lequel l'hypocrisie perce, ne peut tromper que ceux qui sont convenus que cette espèce de prophanation tiendrait lieu de vertus.

Les mariages sont très-communs à St-Domingue Espagnol, parce qu'on n'y tolérerait pas un scandale absolument public. Mais l'hymen n'y a pas plus qu'ailleurs la propriété d'enchaîner les passions, ou de ne leur donner qu'une seule & unique direction.

Les créoles sont communément assez grasses, surtout celles de l'intérieur, & l'élégance de la taille est un avantage qu'elles ignorent, ainsi que les ressources & les agrémens de la toilette. Elles ne se laissent point embrasser à la française, & trouvent même que notre usage est très-peu délicat. Mais lorsqu'on est familier avec elles, il est permis de les prendre en plaçant le bras droit sur leur cou, & le gauche vers leur taille, en les pressant contre soi. C'est à ceux qui peuvent avoir comparé les deux manières, à juger quelle est celle qu'on doit préférer, & à prononcer sur ce point important.

La nourriture des espagnols de Saint-Domnigue est très-frugale. Dans les campagnes sur-tout, ils vivent de chair de bœuf & de porc, à laquelle ils donnent des noms différens, suivant la préparation qu'ils lui font subir, & qui annonce qu'ils ne connaissent pas l'art, quelquefois dangereux, des assaisonnemens.

Ils appellent *sésinne* la moitié d'un bœuf qu'on a fait sécher au soleil, après l'avoir saupoudrée de sel & arrosée de jus de citron, & qu'on fait cuire avec du piment. Cette même viande est nommée *tassau*, lorsqu'elle est coupée par aiguillettes. On ajoute à ces mets, la chair du cochon marron (sauvage), appellée *tossine*, & qu'on a séchée ou fumée, après l'avoir piquée de feuilles de bois d'inde. Des confitures faites avec la noix du cocotier, ou celles très-renommées sous le nom de *pâtes de goyave*, sont associées à l'usage de ces viandes. Privés le plus souvent de sucre qu'ils fabriquent mal, ils employent, pour les confitures, le sirop fait avec le jus de la canne ou le miel qui est très-commun chez eux. La banane, le maïs & la cassave, tiennent lieu de pain.

Mais les créoles espagnoles ne connaissent pas ce ragoût caraïbe, à jamais célèbre sous le nom de *calalou*, dans quelques colonies, & sous le nom de *gombau* dans d'autres, & que les femmes de toutes les Antilles françaises prisent par-dessus tout. Elles ont même le malheur d'ignorer qu'un *calalou* peut être le prétexte de fêtes, d'où l'on veut bannir tout cérémonial, ou de plaisirs qu'un heureux mistère couvre de son ombre pour les rendre plus aimables encore.

Le poisson qui est abondant sur les côtes & dans les rivières de la partie espagnole, & les tortues terrestres ou marines, offrent encore des subsistances. Il faut même louer l'exactitude des pêcheurs espagnols à brûler les mancenilliers qui se trouvent le long du rivage, afin que le fruit de cet arbre empoisonné, ne devienne pas une cause de mort pour les hommes qui mangent le poisson auquel il a servi d'aliment.

La sobriété de ces insulaires se fait encore remarquer dans leur boisson, qui est habituellement de l'eau, & dont souvent ils ne boivent même qu'un coup à la fin du repas. Ils aimeraient assez le tafia (*), mais comme il ne leur est apporté qu'en contrebande, il est tout à la fois & fort rare & fort cher, car on le paye 30 sous tournois la pinte.

Les espagnols ne mangent point de salade, & blâment même l'usage contraire, parce qu'ils prétendent qu'il a quelque chose qu'il faut abandonner aux animaux. Mais ils font une grande consommation de chocolat. C'est le souper ordinaire d'un espagnol & le mets qui flatte le plus son palais. On commence cependant, depuis quelques années, à faire usage du café, & même à en cultiver l'arbuste dans les montagnes.

Le tabac plaît aussi généralement que le chocolat; l'on en répand la fumée au milieu de la compagnie. Il est heureux que la nature ait assez fortifié les têtes des créoles espagnoles pour soutenir une pareille épreuve, dont la seule idée effrayerait dans d'autres

―――――――――――――――――――――

(*) Eau-de-vie de cannes à sucre.

climats. Mais on sera moins surpris de cet usage, en sachant qu'elles sont aussi dans l'habitude d'une sorte de machicatoire qui n'est que la côte de la feuille du tabac. Elles prétendent que ce moyen les défend des ravages du scorbut. Il faut cependant des yeux accoutumés à l'effet de cette substance sur l'émail des dents, pour n'en pas regretter la blancheur, justement vantée comme un des plus grands ornemens de la beauté.

Les créoles espagnoles accouchent très-heureusement & presque seules. Une fibre peu tendue & leurs petites fatigues domestiques, contribuent sans doute à leur procurer ce bienfait ; d'ailleurs la situation de leur ame que les désirs du luxe ne fatiguent point, en est, à coup sûr, une nouvelle cause.

Néanmoins la population de la partie espagnole n'est pas proportionnée à son étendue, quoique les enfans y réussissent avec assez de succès ; mais dans un lieu où l'industrie est nulle, où l'existence est presque végétative, il doit se trouver de grands espaces inhabités & les hommes doivent être comme disséminés avec de grands intervalles.

Les espagnols de St-Domingue prennent, après le diner, un repos qu'ils nomment la *siefte*. Cet usage favori d'une nation indolente, convertit les lieux les moins privés d'habitans en véritables déserts, pendant les heures où ces hommes sont en quelque sorte fatigués de leur existence.

Ce genre de vie prolonge communément les jours des créols espagnols & les conduit à la vieillesse. Ce serait même un avantage à leur envier, si la durée de la vie avait pour mesure le nombre des jours qui la composent & non pas leur emploi.

Les maladies ne sont pas fort communes dans la partie espagnole, où il n'y a guères de médecins ni de chirurgiens, si ce n'est dans la ville de Santo-Domingo, où des français refugiés, remplissent ces deux états. La sobriété est, à coup sûr, une des raisons de la solidité de leur santé ; leurs maladies les plus ordinaires sont les fièvres malignes & les pleuresies.

Ils n'employent pas l'inoculation, aussi la petite vérole exerce-t-elle tous ses ravages parmi eux. Ils sont dans l'usage de mettre du sain-doux aux boutons pour en hâter la maturation, & de les laver avec de l'urine lorsqu'ils sèchent.

Il est une autre maladie, peut-être encore plus cruelle pour l'espèce humaine, qu'elle attaque dans sa source, & que l'on attribue à l'Amérique ; les espagnols en font un sujet de plaisanterie, & c'est assez dire quelle n'est pas rare parmi eux ; on employe des traitemens tirés des végétaux & sur-tout de la classe des sudorifiques.

C'est peut-être à cette espèce d'indifférence que la lèpre, qui afflige assez fréquemment dans la partie espagnole, doit sa naissance. On a même été forcé d'établir une léproserie à St-Yague & une autre à Santo-Domingo. On marie les lépreux entr'eux, lorsqu'ils le désirent, & ils vivent avec leurs femmes & leurs enfans ainsi renfermés ; à moins que les enfans ne soient sans aucune trace du levain qui infecte le sang de ceux dont ils tiennent la vie, car alors ils sortent de la léproserie.

Les logemens ne font rien moins que commodes ni fomptueux dans la partie efpagnole. A la campagne, ce font de fimples cafes faites de bois légers, entourées de planches ou même de pieux, couvertes de feuilles de palmifte ou de latanier. On les éclaire avec des morceaux de bois de pin, des torches & du bois-chandelle, dans un pays où le fuif eft commun, & où les abeilles feraient feules les frais de la cire, que l'indolence ne veut pas prendre la peine de fe procurer. Quelquefois il n'y a pas d'autres fièges que des portions de troncs d'arbres. On a des tables en acajou, dont une demeure prefque toujours au milieu de la chambre ou falle principale. Dans les angles des chambres, font des armoires qui ne font fouvent formées que d'un rideau qui cache ce qu'on veut fouftraire aux yeux.

On couche ordinairement, fur un cuir de bœuf ou de cheval. C'eft un grand luxe que d'avoir un matelas. Souvent quatre fourches, fur lefquelles des liannes attachent en travers des planches de palmifte, forment un lit, où les efpagnols, étendus fur le cuir, peuvent feuls goûter un fommeil tranquille, en dépit des infectes qui tourmentent par des morfures, ou des piqûres plus ou moins vives. Sur les bords de la mer, une multitude innombrable de maringoüins & de mouftiques, contraignent à fe mettre fous une efpèce de pavillon, formé d'un morceau de toile qu'on fufpend à un point du plancher, & qui s'étend par fa bafe pour embraffer le coucher, & encore faut-il, le plus fouvent, commencer par écarter ces effaims, en faifant une épaiffe fumée. Au nombre des insectes qui fatiguent durant le jour, il faut compter le *macarabon*, sorte de grosse mouche qui a les extrémités des aîles encore plus noires que le reste du corps, & qui défole depuis 10 heures du matin, jusqu'à 4 heures du soir.

Dans les bourgs & dans les lieux fréquentés, on se procure quelquefois des commodités inconnues aux habitans des campagnes; mais qu'elles font encore loin d'être égales à celles dont les lieux semblables font jouir dans la partie française !

Les créols espagnols ont très-peu de goûts particuliers qui puissent désigner des passions très-vives, ou leur donner un caractère qui leur soit propre. Les hommes font assez curieux d'armes; ils ont de petits pierriers portatifs, nommés *trabauds*, & qu'ils mettent devant eux à cheval.

Le chant de ces insulaires est très-monotone & fort analogue à leur espèce de mélancolie, qui passerait pour de la tristesse chez des français. Ils dansent, mais à la moresque, au son d'une rauque guitarre, qui se plaint douloureusement de la mal-adresse des doigts qui la pincent, ou simplement au son d'une callebasse qu'ils agitent, ou sur laquelle ils exercent des mains peu harmonieuses. En entendant un pareil chant, en voyant une pareille danse, il serait bien difficile de reconnaître les enfans du plaisir.

Il est même des lieux où il s'est introduit un usage qui choque toutes les bienséances. C'est celui d'un petit bal, *fandinguette*, où une jeune fille, presque toujours jolie, vient danser au milieu d'un cercle de spectateurs qui lui jettent successivement
leurs

leurs chapeaux. Elle les ramaffe, les place fur fa tête, fous fes bras, ou en forme un tas à terre. Sa danfe finie, elle va rapporter le chapeau & recevoir de celui à qui il appartient, une chétive rétribution dont l'ufage fixe le taux, & qu'il eft mal-honnête de refufer & infultant d'excéder.

Les efpagnols s'adonnent peu à la culture des jardins : ils en ont un fort petit, au milieu duquel ils élèvent une croix. On y plante quelques pimentiers, du thym, des grenadiers, mais rarement des légumes. On n'y voit point de fleurs, fi ce n'eft un œillet de très-petite efpèce, qu'on fait venir dans des pots. J'ai cependant dit que les femmes aimaient à placer des fleurs dans leurs cheveux; il eft des peuples chez lefquels ce goût feul en ordonnerait la culture, mais l'efpagnol, malgré fa célébrité en amour, n'eft pas occupé de plaire à l'objet aimé.

La population de la partie efpagnole eft compofée de trois claffes d'individus, les Blancs dont je viens de parler, les Affranchis & les Efclaves.

Les Affranchis font peu nombreux, fi on les compare aux Blancs, mais leur nombre eft confidérable fi on le rapproche de celui des Efclaves. Par un principe de religion propre aux efpagnols de Saint-Domingue, ils regardent comme un acte de piété, le leg de la liberté que fait un maître. Les confeffeurs entretiennent cette opinion, de manière qu'il eft affez commun de voir des teftamens qui affranchiffent plufieurs efclaves à la fois. Un autre fentiment produit le même effet, c'eft celui qui prend fa fource dans une affection illicite. Il eft fréquemment la caufe de l'affranchissement & de celle qui l'a inspiré, & de ceux à qui elle a donné le jour. Enfin, dès qu'une esclave présente à son maître 250 piastres gourdes (1,375 liv. tournois), elle est assurée de sa liberté; & l'enfant qu'elle porte dans son sein peut acquérir le même avantage, moyennant 12 gourdes & demie, ou avec le double, si c'est après sa naissance. Une loi du code des Indes, porte que lorsqu'on veut vendre des enfans provenus d'une esclave, si le père est espagnol, il sera préféré à tout autre acheteur.

Si l'on en croit Don Antoine de Valverde, cette facilité des affranchissemens (à la ratification desquels le gouvernement n'attache aucune rétribution) ne produit le plus communément que des vagabonds & des femmes qui se rappellant toujours comment elles sont devenues libres, & qui n'ayant aucunes ressources pour subsister, se livrent à un commerce honteux & affligeant pour les mœurs.

Le préjugé de la couleur, si puissant chez les autres nations, où il établit une barrière entre le blanc & l'affranchi ou sa descendance, n'existe presque pas dans la partie espagnole. Aussi les loix des Indes espagnoles sur les affranchis, y sont-elles absolument en désuétude; car il en est qui les assujettissent à un impôt particulier, qui leur défend d'être greffiers & notaires, de se faire servir par des Indiens, de porter des armes, à peine de bannissement perpétuel; d'autres qui prononcent la peine de leur retour à la servitude, s'ils favorisent la révolte, les brigandages & les vols des esclaves; il en est même une qui ne veut pas qu'une affranchie porte de l'or, des perles, ni de la foie, ni une mante qui aille plus bas que la ceinture, à peine de confiscation de ces ornemens. Il répugnerait cependant à beaucoup de créols de former des alliances avec la race des affranchis; & pour en être convaincu, il fuffit de voir l'indignation de Don Antonio Valverde, créol, contre M. Veuves, qui a hazardé l'affertion contraire dans fon ouvrage. Cette claffe eft même exclue, par le fait, de prefque tous les emplois civils & militaires, tant que la teinte de la peau marque encore fon origine; mais encore une fois, la conftitution politique de la colonie efpagnole, n'admet point de différence entre l'état civil d'un blanc & celui d'un affranchi. Il eft même rigoureufement vrai que la majeure partie des colons efpagnols font des fang-mêlés, que plus d'un trait africain trahit quelquefois, mais qui ont fait taire un préjugé qu'on pourrait appeller nul. Quant au facerdoce, les hommes de couleur y font admis fans difficulté, d'après les principes d'égalité qui font la bafe du chriftianifme, & qui ne font éludés qu'à l'égard des nègres, dont les efpagnols n'ont pas encore fait des prêtres & même des évêques comme les portugais.

Il réfulte de cette opinion une faveur qui s'étend néceffairement fur les efclaves. Ceux-ci font nourris, en général, comme leurs maîtres, & traités avec une douceur inconnue aux autres peuples qui poffèdent des colonies. D'ailleurs tout efclave pouvant devenir libre, en fe rachetant de fon maître qui ne peut s'y refufer, il eft tout naturel que l'idée de le voir paffer à chaque inftant dans la claffe libre, empêche de le traiter avec cette fupériorité qui exifte ordinairement du maître à l'efclave. Ainfi la fervitude fe trouve tempérée, d'un côté, par l'efpoir de la faire ceffer, & de l'autre, par l'habitude de fe confondre, en quelque forte, avec ceux qui n'aguères étaient encore efclaves.

Une déclaration récente du roi d'Éfpagne, qui a pour objet de favorifer la culture à Saint-Domingue, & dont je parlerai, femble cependant faite pour produire une révolution à cet égard, puifque cette loi ne veut pas que l'efclave foit une propriété précaire.

Mais tant que la quantité des nègres fera auffi petite, tant qu'elle fe trouvera répandue fur une furface immenfe, il ne pourra s'en rencontrer que quelques-uns çà & là; & dès lors ne pouvant être affujettis à une difcipline exacte, qui n'eft utile que dans de grands ateliers, leur fort fera toujours analogue à celui de leur maître, dont ils font plutôt les compagnons que les efclaves.

Les loix des Indes contre les efclaves fugitifs, prononcent la peine du fouet & des fers : les nègres ne peuvent s'abfenter fans une permiffion par écrit de leur maître ; s'ils frappent un blanc, ils peuvent être punis de mort, & le port-d'armes leur eft interdit ; mais ces loix font négligées à St-Domingue ; ce qui n'a pas lieu pour celle qui veut que les audiences royales écoutent & rendent juftice à tous les efclaves qui réclameront la liberté et qu'elles ne fouffrent pas que les maîtres les maltraitent.

Si l'on croyait quelques individus de la partie espagnole, l'on ajouterait à la division de sa population, une quatrième classe qui serait bien intéressante par la longue suite d'infortunes qu'elle rappellerait; je veux parler de certains créols, en très-petit nombre, qui ont des cheveux semblables à ceux des Indiens, c'est-à-dire, longs, plats & très-noirs, & qui prétendent être issus des premiers naturels de l'île. Ils attachent une grande importance à cette descendance, néanmoins démentie par tous les faits historiques qui constatent tous que cette race d'hommes a été exterminée. Tout ce qu'on peut leur accorder, c'est qu'ils en descendent après un mélange avec la race espagnole, &, à cet égard, on peut assurer qu'en 1744, on voyait encore à Banique des Indiens qui prouvaient qu'ils avaient eu, pour auteurs, des sujets du trop malheureux Cacique Henri, & on verra à l'article où je parlerai de *Boya*, que ce lieu en renferme encore quelques-uns du même genre.

Les créols manquent presque tous d'instruction, parce qu'il n'existe point de lieu d'enseignement public, quoique San-Domingo ait une université; ou parce-qu'ils ne sont pas à portée de ceux où l'on enseigne les premiers élémens de l'instruction. Aussi les habitans des campagnes savent-ils à peine lire & écrire. De-là le défaut de société; car l'ignorance tend à isoler des hommes, qui n'ont presque rien à se communiquer.

Une autre cause concourt à tenir les espagnols séparés entre eux, c'est la nature des chemins. Un peuple pauvre, auquel la puissance qui possède les mines du Mexique, & du Pérou, à été forcée de donner un papier-monnoye, avec un change de 45 pour cent, ne peut rien entreprendre qui porte une empreinte remarquable. Ce papier-monnoye qu'on achevoit de retirer de la circulation en 1788 a été remplacé par celui de la banque St-Charles. Il n'y a donc point d'établissemens publics & pour en être bien convaincu, il suffit de savoir que les prisons n'ont d'autre soutien que la charité commune. Il n'y a pour chemins que des sentiers où l'on ne voyage qu'avec difficulté & lenteur. On ne peut y passer qu'à cheval ou à pied, & il faut se précautionner de tout ce qui est nécessaire pour se nourrir & pour se coucher. On ne fait qu'avec peine des journées de 8 lieues, & souvent sans avoir rencontré une seule habitation. Ces chemins sont encore fréquemment interrompus par des rivières sujettes à de grands débordemens, & que les animaux passent à la nage & les hommes dans des canots ou dans des cuirs. J'offrirai tous ces détails.

Indiquer la nature des chemins, c'est avoir dit que la partie espagnole de St-Domingue ne fait presque aucun commerce; car le commerce veut des routes, des canaux où son génie puisse faire circuler les productions de la nature & de l'art, qui sont son aliment & sa vie. La partie espagnole n'a presque aucune relation avec sa métropole, qui l'avoit soumise au privilége exclusif de la compagnie de Catalogne. Cette compagnie, comme toutes les autres, ne fournissait que très-insuffisamment les choses nécessaires.

La banque de St-Charles l'a remplacée récemment; c'eſt-à-dire, que la cauſe des privations a changé de nom.

Les reſſources des colons eſpagnols ſont donc extrêmement bornées. Ils ont cependant des établiſſemens, mais dont la médiocrité eſt extrême. Parcourons en ſucceſſivement les divers genres.

On compte, dans toute la colonie, vingt-deux ſucreries ou manufactures à ſucre de quelque conſidération, car le reſte ne vaut pas la peine d'être cité; & encore ces vingt-deux n'ont-elles qu'environ 600 nègres entr'elles toutes. Elles font du ſucre & du ſirop, tandis que les autres, où les animaux font mouvoir les moulins à preſſer les cannes, ſans abri & en plein air, & qu'on appelle *tourniquets*, ne donnent que du ſirop. Toutes ces productions ſont conſommées dans l'île, & même à l'époque des années favorables, les propriétaires ſe voyent forcés de renoncer à une partie de leur récolte, faute de débouché, & parce que le bas prix ne dédommage point du travail & des dépenſes. Par la même raiſon, il en eſt très-peu qui terrent leur ſucre, à l'exception de quelques quintaux pour des confitures ou d'autres uſages du même genre; mais lorſqu'il s'eſt préſenté des occaſions d'en vendre ou d'en charger, pour Porto-Rico ou pour l'Eſpagne, ce qui a eu lieu quelquefois en très-petites quantités, la bonté du ſucre a prouvé celle du ſol, mais rien en faveur de l'art du fabricant.

On ne cultive de café que ce qui ſuffit à la très-foible conſommation qu'en font quelques habitans d'un pays où on lui préfere le chocolat, & encore ceux qui font près de la frontière, s'en approvifionnent-ils chez les français. C'eft du Dondon que les efpagnols ont reçu les graines de café qu'ils ont plantées. Le cafier réuffit dans toutes les parties de l'île, & produit beaucoup, fur-tout dans certains endroits hauts & montagneux. Il varie néanmoins en qualité & en groffeur, felon que le terrain eft plus ou moins élevé, & par d'autres circonftances locales ; mais le café eft toujours bon, & il eft des terrains qui en fourniffent d'auffi eftimé que celui de Moka. On évalue ordinairement le produit à une livre pefant par cafier en rapport.

A l'infouciance qu'on montre pour la culture du cotonnier, il ferait impoffible de croire que cette denrée a une valeur très-propre à exciter l'induftrie, & que cet utile végétal croît naturellement à Saint-Domingue, & fe trouve d'une excellente qualité, lors même qu'il eft venu fans aucun foin. Il réuffit dans les terrains pierreux, dans ceux qui font le plus arides, & même dans les crevaffes des rochers.

Dans le principe de la découverte de l'île, on y cultivait un peu d'indigo, &, à la fin du feizième fiècle, on en fit des envois confidérables à la Métropole ; mais cet arbufte a fuivi la dépopulation ; il a été abandonné, & les colons efpagnols ne connaiffent plus de lui que l'obftacle qu'il oppofe par fa profufion naturelle & par fes racines, aux travaux médiocres qu'ils ont à faire dans les champs où l'indigo s'eft propagé fpontanément.

Le tabac, naturel à l'île, fe rencontre par-tout.

Valverde

Valverde observe que la largeur de sa feuille excède celle de tous les tabacs de l'Amérique; que sa qualité généralement bonne dans presque tous les sites, égale quelquefois celle du tabac de Cube ou de la Havane; qu'il est aussi estimé que celui-ci dans les fabriques de Séville, & qu'il lui est même préféré quand on veut l'employer en cigarres. Ce tabac acquiert encore de la vertu par la rape, & celui qui est en andouilles ou carotes, est recherché des français, parce que mêlé à d'autres tabacs, il leur communique de la qualité par la vigueur de sa sève. Cependant on se bornait à en semer un peu dans les parties de St-Yague & de la Véga, & seulement pour la consommation de la colonie & pour faire un peu de contrebande avec les îles voisines. Mais depuis que le roi d'Espagne a encouragé cette culture, en prenant une partie de cette denrée, elle occupe plusieurs personnes dans les deux quartiers qu'on vient de nommer & dans celui du Cotuy, & il est possible qu'elle prenne de l'accroissement.

Le cacao est un des objets qui occupe le plus dans la partie espagnole. Il est indigène aussi, & se trouve dans beaucoup d'endroits. Selon Valverde (dont j'emprunte cet article), au moment de la découverte de St-Domingue, le cacao a été, après les mines & le sucre, la source la plus réelle des richesses des colons. Il n'y avait pas au seizième siècle d'autre cacao, que celui de St-Domingue & cette île approvisionnait alors toute l'Espagne; il s'en trouvait même un excédant, qui porta à solliciter de la cour de Madrid la permission d'en faire le transport à l'étranger. L'amande du cacao de St-Domingue est plus acidulée que celle de la province de Venezuela & de Caraque, à laquelle elle n'est point inférieure ; & il est d'expérience constante dans les Indes, que le chocolat qui se fait avec parties égales des deux cacaos, est plus délicat que celui qui se fait avec le cacao de Caraque seulement. Mais cette culture a diminuée comme toutes les autres. A la vérité les ouragans qui se font sentir dans la partie du Sud, & dans celle de l'Est de l'île, sont un grand fléau pour les cacaoyers ; mais il est tant d'autres lieux où ils se reproduiraient encore de manière à rappeller l'époque où ils ont été si utiles ! On a à peine du cacao pour la consommation de la colonie, parce que depuis 1764, qu'on était revenu au point d'en exporter un peu à Cadix, les vents ont détruit une partie des arbres qui donnent cette graine dont l'usage est, tout à la fois, agréable & sain. On trouve encore dans la plaine de la Véga-Real, & dans d'autres lieux de la partie du Nord, un témoignage évident de l'ancienne utilité qu'on retirait de cet arbuste, c'est-à-dire, d'innombrables cacaoyers sauvages qui sont dans l'épaisseur des bois.

Quant au rocou, on ne trouve que des vestiges de sa culture qui était fort productive au seizième siècle qu'il y en avait de grandes plantations.

On peut dire la même chose de l'abandon du gingembre dont on envoyait autrefois des cargaisons entières en Espagne ; le canificier a eu le même sort.

Il est encore de petits établissemens de la partie

espagnole, appellée *Conacos* (*), nom qui équivaut à celui d'habitation à vivres ou place à vivres dans les îles françaises ; c'est le partage ordinaire de quelques colons peu fortunés, & plus communément des hommes de couleur ou affranchis.

Si l'exposition rapide que je viens de faire des différens objets qui peuvent exercer l'industrie des colons espagnols, les comprenait tous, il serait assez difficile de concevoir comment ils peuvent leur assurer, & des subsistances, & les moyens de satisfaire à différens besoins ; mais il me reste précisément à parler d'un genre d'établissement qui est tout à la fois le plus commun, le plus utile, & le plus analogue aux mœurs, & au caractère de ces mêmes colons ; je veux dire celui des hattes.

Une *hatte* est une espèce de haras, destiné à l'éducation des animaux, & on les distingue dans la partie espagnole par l'épithète tirée de l'espèce d'animal qui est l'objet principal de la hatte. Ainsi l'on dit, une *hatte de bêtes cavalines* ; une *hatte de bêtes à cornes* & enfin l'on appelle corail, mot qui signifie *enceinte*, *parc*, le lieu destiné à l'éducation exclusive des pourceaux.

La partie espagnole de St-Domingue abonde en bœufs, chevaux, moutons, chèvres, anes & cochons, qui se sont propagés d'une manière dont les premiers écrivains espagnols sur l'Amérique, parlent avec une sorte d'admiration. Oviédo disait en 1535, 43 années après la découverte de St-Domingue, que les vaches,

_____

(*) Lieu enclos pour le cultiver.

dont les premières étaient venues d'Espagne, étaient déjà en si grand nombre, que des navires retournaient chargés de leurs cuirs, & qu'il arrivait quelquefois d'en tuer, avec des lances, jusqu'à cinq cens, seulement pour avoir ces cuirs. On avoit pour un sou, 4 liv. de viande ; une vache pleine pour une gourde trois quarts ; un bélier pour un huitième de gourde. Oviédo, qui dit même avoir vendu moins cher ceux de son habitation, ajoute, que beaucoup de troupeaux de bêtes à laines & de porcs, étaient devenus sauvages dans les bois.

Or, s'il y avait déjà un pareil excédant à l'époque où parlait Oviédo, & où la colonie était le plus remplie d'indigènes & d'européens, la décadence & la dépopulation n'ayant pas cessé de diminuer le nombre des consommateurs depuis long-tems, les troupeaux qui s'étaient déjà infiniment accrus & les animaux devenus sauvages, devraient s'être multipliés au point de couvrir, en quelque sorte, toute la surface de St-Domingue.

Cependant, le fait est loin de répondre à ce calcul ; on a toujours des hattes, elles sont même, comme je l'ai dit, le genre le plus nombreux des établissemens espagnols. Elles varient en étendue & par le nombre des animaux. Mais en général elles contiennent un espace disproportionné avec l'usage qu'on en fait ; ce qui prouve encore combien l'on attache peu de prix à des possessions territoriales, presque sans utilité pour les espagnols. Il y a des hattes qui occupent en ce moment plusieurs lieues, pour n'avoir que 4 ou 500 têtes de bétail, & quelquefois moins.

Ces terrains sont d'immenses savanes ou prairies naturelles, dans lesquelles on a cependant des parties de bois, dont une est assez souvent à l'extrémité de la hatte, de manière que ce bois qui se nomme *vénerie*, puisse être commun à d'autres hattes limitrophes. La vénerie qui peut servir à abriter les animaux pendant les grandes chaleurs, a encore pour but d'attirer des animaux sauvages, dont la chasse nourrit les colons.

Dans ces espaces considérables, les animaux se séparent en troupeaux appellés *hattas* ou pontes, & pâturent loin les uns des autres; chaque *hatta* est sous l'espèce d'influence d'un étalon ou d'un taureau qui ne souffre point que l'étalon ou le taureau d'un autre *hatta* s'y mêle. Et malgré cette espèce d'aggrégation, il arrive encore que 10 ou 12 animaux se dispersent sur une surface d'un quart de lieue ou d'une demi-lieue.

Cette grande divagation qui produit dans le caractère même des animaux des changemens sensibles, a fait, comme le dit Valverde, que les hattiers les ont divisés en quatre classes; savoir: les *coraillers*, les *paisibles*, les *extravagans* ou hautains, & les *montagnards* ou braves.

Les animaux *coraillers* forment la classe la moins nombreuse. Ce sont ceux qui sont élevés à paître aux environs de la maison, & à entrer sans difficulté dans les parcs où l'on peut même aller traire les vaches.

Les animaux *paisibles* sont ceux qui s'écartent peu de la maison, qui vont formés en *hattas*, & qui entrent dans les parcs, lorsqu'on les cerne & qu'on les dirige vers ce point.

Les *extravagans* ou *hautains*, s'éloignent extrêmement, & vont abfolument féparés les uns des autres.

Les *montagnards* ou *braves*, vivent dans les parties les plus retirées des bois & des montagnes.

Pour la direction & les foins d'une hatte, outre le propriétaire (qui peut cependant n'y pas réfider,) il y a un chef nommé majoral, quelquefois un fous-majoral & des pionniers ou lanciers. Le majoral & le fous-majoral, veillent à ce que les animaux foient réunis lorfqu'il eft néceffaire, pris, vendus &c.; en un mot, ils règlent tout ce qui a rapport à la hatte, & les pionniers ou lanciers, font occupés de tous les foins qu'on y accorde aux animaux.

Mais dans la plupart des hattes de la partie efpagnole, le propriétaire eft lui-même le majoral, fes enfans font fes pionniers ou lanciers, à moins que ces emplois ne foient remplis ou partagés par quelques nègres; & pour mieux faire juger quelle eft la fituation d'un pareil être, je tranfcris Valverde qui va nous dire lui-même, comment un hattier eft logé, nourri, & quelles peines il doit prendre.

L'hofpice qui le recueille, ainfi que fa famille, eft une cabane, en pieux ou en planches mal jointes, couverte de paille, avec une falle de 12 à 18 pieds en quarré, dans laquelle eft une table, deux ou trois tabourets, & un hamac. Pour coucher il a une feconde pièce, moins grande que la première, & un ou plufieurs grabats, tels que je les ai décrits plus loin. S'il pleut, les goutières que forment les orifices, font tomber l'eau en dedans, & bientôt le fol de l'intérieur, qui n'eft point carrelé, & qui ne diffère des champs, que parce que les pas y ont fait périr l'herbe, est converti en boue. Le déjeuner se fait avec une tasse de chocolat, ou de café, ou de l'eau de gingembre & une banane rôtie. Au dîner & au souper, c'est du ris, des racines & des fruits du pays, tels que des patates, des ignames, de la cassave, des bananes, avec de la viande, quelquefois fraîche, mais le plus souvent salée ou fumée, car les œufs & la volaille sont une friandise.

Il se leve à l'aube du jour, pour aller visiter les médiocres cultures qui assurent sa subsistance, ou pour aller prendre le cheval qu'il doit monter pour faire ses courses. Il foule, de ses pieds nus, l'herbe encore imbibée par l'abondante rosée de la nuit, ou même couverte de boue s'il a plu. Un soleil ardent le frappe bientôt, de manière qu'il est brûlant dans certaines parties du corps, tandis que les autres sont pénétrées d'humidité. Il éprouve l'incommodité de la pluye dans les bois, les montagnes & les savanes; allant tantôt au pas, tantôt au galop pour reconnaître ses animaux dispersés, les arrêter, les réunir, autant qu'il est possible, & conduire au parc ceux qui sont attaqués de quelque maladie.

Cet exercice, dont la négligence pendant un seul jour pourrait donner lieu à des pertes, n'est encore rien, puisque cette espèce de ronde ne comporte que des soins purement domestiques & ne comprend que les animaux *coraillers*; mais les autres animaux exigent bien d'autres fatigues. Les bêtes appellées *paisibles*, quoiqu'assez réunies, ne se rendent point aux parcs qu'après de grandes difficultés. Si elles sont nombreuses, leur réunion consomme plusieurs jours, pendant lesquels, le maître avec ses gens & ses pionniers à cheval, courrent sans cesse, de tous les côtés, pour les rassembler & les enfermer.

S'agit-il des *extravagans* ou des *hautains*, il faut que beaucoup de personnes se rassemblent; qu'on lâche beaucoup de chiens & qu'on aille grimpant les montagnes & poussant les animaux vers un centre où le nombre & l'adresse de ceux qui les pressent à cheval puissent les contenir. Pour cette opération, on a, ou de fortes lances ou des bois taillés qui les imitent & dont l'extrémité reçoit un instrument de fer, d'environ huit pouces, de forme demi-circulaire & coupant intérieurement. Quand les animaux fuyent d'une manière qui ne permet pas d'espérer qu'on les dirigera vers le point adopté, on recourt à d'autres moyens. L'un d'eux consiste, en ce que celui qui est à cheval & qui poursuit la bête, épie un moment, la saisit par la queue, à la course, lui fait perdre l'équilibre & la renverse. Au même instant, & avec une promptitude presque incroyable, l'homme saute à bas de son cheval, & se jette sur l'animal avant qu'il ait pu se relever. Si c'est un bœuf, on lui tourne le cou, on lui fiche les cornes en terre & on le tient immobile tout le tems nécessaire pour s'en rendre maître & l'attacher à un autre, (ce qui s'appelle macorner); ensuite ou les conduit avec des cordes. Quand cette espérance est perdue, on tue l'animal avec la lance, ou on lui coupe les jarrets avec l'instrument dont j'ai parlé, & qui est destiné à cet usage. (*)

(*) Dampier le décrit dans ses voyages, tom. 2, page 350.

Cette opération extrêmement laborieuse ne se fait guère dans les hattes, que lorsqu'il faut acquitter le tribut. C'est la contribution que chaque propriétaire est tenu de fournir en animaux pour la consommation de la ville capitale de San-Domingo. Il est réglé, au commencement de l'année, par l'échevin qui a eu dans le canton, l'année précédente, la police des poids & mesures. Le tribut est composé de 80 têtes mâles de plus de trois ans. Si la hatte est considérable, il est fourni en une seule fois & à des époques différentes, s'il en est autrement. Mais malgré toute cette peine, on ne peut pas songer à conduire les *extravagans* aux parcs, à cause de leur caractère farouche.

Il faudrait cependant encore les compter parmi les animaux tranquilles, si on les comparait aux *montagnards*, qui sont une autre cause de lassitude pour les hattiers, dont ils forment la subsistance en grande partie.

Le hattier, sans chaussure, part communément à pied avec une lance & ses chiens. S'il va à cheval, il faut qu'il quitte sa monture à l'entrée du bois ou au bas de la montagne, parce qu'ils sont inaccessibles à un cavalier. Il ne peut même entrer dans la forêt qu'en faisant mille contorsions avec son corps. Il lâche ses chiens, auxquels la nécessité, plutôt que leur inclination, a appris à chercher la bête. A peine un animal *extravagant* apperçoit-il un homme, soit à pied, soit à cheval, qu'il se met à fuir, & s'enfonce dans les bois, de manière à n'y être arrêté que par les chiens qui l'attaquent, & qui le combattent jusqu'à l'arrivée du chasseur ou du hattier. Celui-ci au bruit des chiens, court avec sa lance, rompant des branches, marchant sur des épines, & trébuchant sur des souches auxquelles il laisse des lambeaux de ses vêtemens, & assez souvent de sa chair. Dès qu'il paraît, l'animal en furie se dirige vers lui ; le hattier l'attend de pied ferme en lui présentant sa lance. S'il manque son coup, il prend l'abri d'un arbre mince, au pied duquel il tourne, en harcelant l'animal, jusqu'à ce qu'il puisse le tuer avec sa *machette* (*).

Le profit qu'il tire de sa victoire est très-petit, & lui coûte encore des soins pénibles. Dans un climat où l'on ne peut guère conserver la viande au de-là du jour où l'animal a été tué, & où elle est presque l'unique ressource pour les hattes, il est difficile que le hattier passe plus de huit jours, sans renouveller ses recherches, ses combats & conséquemment ses dangers. Il faut encore qu'il divise en aiguillettes, la chair de la bête, après l'avoir écorchée, & qu'il prenne seulement ce qu'il peut en porter sur ses épaules jusques chez-lui, ou bien il la laisse dans un lieu où il puisse retourner la chercher avec le secours de son monde. Très-souvent il a triomphé dans un lieu où il ne peut profiter de quelques pièces, qu'en les jettant au bas de falaises, ou de points rapides, où il risquerait de se précipiter, s'il y passait avec une charge.

Telle est la vie d'un malheureux hattier, qui ne ressemble que trop à celle de la plupart des colons espagnols. Dans ses courses, il ne tempère sa soif qu'avec le suc de quelques fruits, & notamment

---

(*) Espèce de coutelas.

celui des oranges aigres ou douces. Ses pieds acquièrent, par l'habitude d'aller fans fouliers, (dit toujours Valverde), une femelle ou croute, de l'épaiffeur d'un doigt, & que des épines fans nombre ne peuvent percer jufqu'au vif. En lui voyant couper, à l'aide d'un rafoir, cette efpèce de doublure de la plante de fes pieds, on croirait qu'il oppère fur un corps étranger, tant elle eft infenfible.

Que ferait-ce donc, fi ces infortunés colons n'avaient pas, dans l'éducation de leurs animaux, toute pénible qu'elle eft, la reffource la moins précaire pour fubfifter ? C'eft cette éducation qui eft l'objet prefqu'unique de leur commerce, parce que la partie françaife confomme une grande quantité d'animaux & qu'elle les tire, prefqu'en totalité, de la partie efpagnole.

Par une négligence inexcufable & qu'il eft devenu prefqu'impoffible de réparer, la colonie françaife n'a jamais eu que quelques faibles hattes, & depuis plus d'un fiècle, elle eft dans une dépendance abfolue de fes voifins, au moins pour fes boucheries, qui font alimentées par des bœufs efpagnols. Auffi les vues des colons nos voifins font-elles prefque toutes tournées vers ce trafic très-lucratif pour eux.

Le propriétaire donne, par approximation, le dénombrement de fes animaux, non compris les montagnards qui ne font foumis à aucun tribut. Ce nombre eft divifé en trois claffes ; l'une eft cenfée deftinée à la réproduction, la feconde à la confommation intérieure, & la troifième à être exportée dans la partie françaife. Cette fortie eft grevée d'un droit qui a été porté jufqu'à cinq piaftres gourdes (27 liv. 10 fous de France), par chaque macorne, ou paire de bêtes à corne; mais comme elle exige une permission par écrit du président espagnol, la permission coûte elle-même une rétribution arbitraire. Les hattiers voisins de la frontière, chargent quelquefois ceux qui en sont éloignés, de fournir leur tribut aux boucheries espagnoles, afin de se conserver plus d'animaux à livrer aux français; mais on se sert aussi contre eux de cette raison d'un plus grand profit, pour leur faire mieux payer la permission de sortie.

Notre consommation est donc l'une des causes qui diminuent les animaux dans la partie espagnole; l'épizootie y a aussi exercé ses ravages, quoiqu'elle n'y ait jamais eu les caractères funestes qu'elle a montrés dans la partie française. L'étendue du terrain, l'état de liberté dans lequel vivent les animaux, ont seuls contribué à arrêter les progrès d'un mal auquel l'apathie espagnole n'a rien opposé.

Il faut ajouter aux causes de dépopulation, un genre de maladie déjà très-ancien. Comme il se faisait, au siècle dernier & au commencement de celui-ci, une grande contrebande en cuirs avec les hollandois & les autres nations, on éleva, pour poursuivre les bestiaux, beaucoup de chiens d'une grande espèce, qui se multiplièrent considérablement, & causèrent de grands dommages, parce qu'ils se jettaient principalement sur les jeunes animaux. Ce fut à l'époque de l'abandon de cette immense quantité de chairs, laissées à la putréfaction, qu'on vit paraître une espèce de mouches vertes & dorées, semblables aux cantharides. Dès qu'une bête cavaline ou à corne, ou un pourceau, a une écorchure ou même une excoriation, la mouche dépofe un œuf qui fe change en un ver, par lequel l'animal eft rongé jufqu'à en périr. Les colons efpagnols ont bien employé, avec efficacité, le frottement de la pouffière des bouts de tabac ou cigarres fumées, ou la racine d'Ellebore; mais ces moyens ne pouvant fervir que pour des ulcères vifibles, ce qui n'eft pas l'état de tous, & étant impraticables à l'égard des animaux fauvages, ce fléau en fait mourir un très-grand nombre. D'ailleurs les hattiers ont une extrême négligence, relativement aux animaux nouveaux-nés, qui périffent parce que les vers s'attachent à leur ombilic.

Les fécherefes qui fe font fentir affez fréquemment, détruifent auffi des animaux ou s'oppofent à leur réproduction. En général les hattiers font dans l'impuiffance de prendre tous les foins convenables, & l'étendue même des hattes eft un obftacle prefque infurmontable. Il eft déjà très-difficile pour le hattier, de raffembler fes animaux pour régler le tribut, & il profite de cette circonftance pour les compter & faire marquer d'une étampe qui lui eft propre, ceux qui font parvenus à dix-huit mois. Il faut encore qu'au mois d'Avril, à l'approche des pluyes, on faffe brûler les favanes pour en renouveller l'herbe, & détruire celles qui, comme l'herbe-à-panache (*), fort commune au pied des montagnes, & l'herbe-à-aiguille, couvrent les favanes & y étouffent les femences des graminées utiles. Alors les animaux fe

---

(*) Efpèce d'Andropogon que Bomare appelle *Barbon*.

retirent dans les parties boisées où des liannes aqueuses les nourrissent, tandis qu'une ombre épaisse les garantit des ardeurs du soleil. Cette opération du brûlage amène même quelquefois sur le territoire français, placé au-dessous du territoire espagnol, dans le sens du vent presque habituel de l'Est, & à d'assez grandes distances de la frontière, une espèce de brouillard produit par la fumée.

On a vu, par les détails où je suis entré & dont j'ai affecté de tirer une partie de l'ouvrage d'un créol espagnol de Saint-Domingue, à quel état de médiocrité & de décadence est réduite la colonie espagnole, qui serait nulle, à bien dire, sans son commerce d'animaux avec les français, que Don Antonio Valverde appele même son unique appui. Ce commerce est pour nous une charge énorme, qu'affoiblit néanmoins la nécessité où les espagnols se trouvent, par l'impéritie de leur gouvernement, qui les expose à manquer de tout, de venir s'approvisionner dans la partie française. Ils y venaient ouvertement autrefois; mais je dirai plus loin, comment ils sont réduits à faire en contrebande ce commerce naguères si propice, tout à la fois, & aux intérêts de la métropole, dont il faisait valoir les marchandises, & à ceux de la colonie à laquelle il restituait une partie de la somme considérable payée annuellement par elle pour l'achat des animaux.

Après avoir essayé de montrer dans toute sa ressemblance, l'habitant de la partie espagnole, il est naturel de continuer la description du pays qu'il habite, d'autant que les particularités relatives au local, nous ramèneront plus d'une fois aux perfonnes.

Les limites entre les deux colonies ont été enfin réglées par le traité difinitif du trois Juin 1777, qui a donné à la partie françaife des bornes plus étroites que celles reconnues jnfqu'alors. C'eft ce que je crois avoir bien démontré par les détails hiftoriques, dont j'ai cru indifpenfable de placer l'abrégé au commencement de ce volume, afin que le lecteur pût fe convaincre encore mieux, en lifant ce traité, qu'il n'eft pas fondé fur les principes d'une juftice rigoureufe.

Bahoruco et ses Environs.

Le point fitué le plus à l'Occident, à la frontière efpagnole, fur la côte ou bande du Sud, eft l'embouchure de la rivière *des Pedernales* (des Cailloux,) appellée par les français, *rivière des Anfes-à-Pitre*. C'eft à l'Eft de cette rivière, qui difparait plufieurs fois vers le haut de fon cours, que font les montagnes élevées de Bahoruco ou du Maniel, qui n'appartiennent point au Cibao, puifqu'elles fe dirigent prefque Nord & Sud, vers l'étang falé, & l'étang faumâtre, où elles trouvent des prolongemens des chaînes parties du Cibao, & qui viennent vers le Mirebalais. Les montagnes de Bahoruco font d'une grande fertilité ; elles forment en s'étendant jufqu'à la mer dans le Sud, une pointe qui fuppofée prolongée, irait paffer tout près du point le plus Eft de la petite île de la Béate.

Valverde rapporte, au fujet de ces montagnes, dont il vante la température, que lorfque Don Manuel d'Azlor, préfident de St-Domingue, (depuis vice-roi de Navarre), y vint une fois pour poursuivre les nègres fugitifs, il fit dresser des tentes la nuit de son campement, & qu'il s'y couvrit des feuilles des choux que les nègres cultivaient.

Ce local où tout annonce des mines d'or, puisque les eaux y charient & des paillettes & du sable auquel il est mêlé, a toujours été depuis 80 ans, l'asile des nègres fugitifs espagnols & français, qui ont, quelquefois dans leurs incursions, commis des excès sur la partie française qui les avoisine. Malgré des attaques réitérées, qui les ont dissipés à différentes reprises, malgré qu'une cédule du roi d'Espagne, du 21 Octobre 1764, autorisât le président espagnol à proposer aux nègres de cette nation, de se réunir dans des lieux qu'on leur indiquerait, pour y former des bourgades où ils seraient considérés comme des affranchis ; ils ont toujours préféré cette vie vagabonde, & la nature des montagnes où ils forment leurs retraites, & sur-tout le peu de population du territoire espagnol, leur ont toujours donné la facilité de s'y maintenir.

Je parlerai de ces brigands, dans la description des paroisses françaises qui ont été le théâtre de leurs horreurs, & je me contente de dire en ce moment, que depuis 1785 ils ont cessé leurs irruptions, & qu'ils ne se sont pas écartés de la promesse qu'ils firent alors à M. de Bellecombe, gouverneur-général, de ne point troubler à l'avenir la paix du territoire français. Il est toujours certain que leur voisinage empêche que ce territoire ne reçoive des habitans près de la limite. Bahoruco, proprement dit, n'a pas d'autres habitans. Le

Le long de la côte à l'Oueſt de ces montagnes, ſont pluſieurs pointes & anſes. Le mot d'*Anſes à pitre* eſt la dénomination commune de cette étendue de côte, depuis la Pointe-des-Piéges, qui eſt à une lieue dans l'Oueſt de l'embouchure de la rivière des Pédernales, & par conſéquent ſur le territoire français, juſqu'au Faux-Cap; ce qui forme une étendue d'environ 12 lieues.

Les gros vaiſſeaux peuvent mouiller à une demi-lieue devant l'embouchure de la rivière des Anſes-à-Pitre, & les autres plus près. Cette rivière, dont l'eau eſt une des meilleures de l'île, eſt aſſez conſidérable, mais point navigable. Elle prend ſa ſource dans la partie ſeptentrionale des montagnes de Bahoruco. En tems de guerre des vaiſſeaux de ligne & des corſaires anglais font de très-longues ſtations dans cet endroit, & quelquefois même ils y conſtruiſent des barraques dans la partie plane de l'Eſt de la rivière, & s'y tiennent des mois entiers. Les bœufs, les cochons ſauvages & le gibier, leur fourniſſent une nourriture ſaine & abondante ; couverts & cachés par le Faux-Cap, & la Béate, ils ont des vigies qui découvrent de loin, & font ainſi la guerre avec une grande commodité, puiſqu'ils ont des ſubſiſtances, de l'eau, du bois & un point d'obſervation.

Après l'embouchure de cette rivière, & allant vers la partie eſpagnole, on trouve la rivière & l'anſe du Trou-Jacob, puis la pointe du même nom. Cette pointe, comme celles qui la précèdent dans les Anſes-à-Pitre eſt bordée par une côte de fer (pierreuſe) d'environ trois cens toiſes de largeur, qui en

Tom. I. L

ceint le contour. Mais de là pointe ou falaise du Trou-Jacob, commence une côte de fer continue, qui présente bientôt le Cap-Rouge. Entre celui-ci, & la Pointe des Voutes-d'en-bas ou des Aiguilles, est l'Anse-à-Rousselle.

Après la Pointe-des-Aiguilles ou les Voutes-d'en bas, l'on trouve une anse magnifique, appellée *l'Anse-des-Aigles* ou simplement *Anse-sans-Fond*, où l'on prétend même que les navires peuvent aller s'amarrer à terre. Il y a encore un autre mouillage appellé *l'Anse-Thomas*, entre la Pointe-Chimahé, qui abrite l'Anse-des-Aigles ou Sans-Fond, au Sud; & après l'Anse-Thomas, est le Faux-Cap que des cartes confondent, mal-à-propos, avec la Pointe-des-Aiguilles.

Du Faux-Cap, où la côte commence à se diriger vers l'Ouest, jusqu'à la pointe du Bahoruco, on peut passer dans le canal, entre la Béate & la grande île, avec fond de six à neuf brasses, laissant au Sud les îlots de la Béate, mais cette profondeur se réduit à moins de trois brasses lorsqu'on est sur un haut-fond, qui part de la Béate & qui courre dans le Nord.

Depuis le Faux-Cap jusqu'au Cap-Bahoruco, la côte est de fer & très-élevée; c'est-à-dire, qu'elle a depuis 80 jusqu'à 160 pieds au-dessus de la mer. Elle offre cependant l'Anse-à-Burgaux, le Trou-du-guet, l'Ance-des-Truyes où la côte est dirigée au Sud-Est, & enfin, l'Anse-des-Vases, qui précède la Pointe-Bahoruco, nommée aussi pointe ou Cap-de-la-Béate & Cap-à-Foux; c'est le point le plus Sud de toute l'île St-Domingue, & celui où finit la côte de fer, commencée à la pointe du Trou-Jacob.

Pour qu'on ne prenne pas une idée fausse du local, où j'annonce une côte de fer & des anses, il est indispensable de dire que ces anses sont formées par des portions de sable & de terre, qui sont entre le rivage & la côte de fer, & que cette dernière en fait des espèces d'aculs.

En parlant des plaines de la partie espagnole, j'ai dit qu'il y avait au pied des montagnes de Bahoruco, & à partir de la pointe la Béate, deux plaines, dont l'une à l'Ouest, d'environ 80 lieues quarrées, & l'autre à l'Est, d'environ 60 lieues quarrées. Les quatre - vingt lieues de la première, bornées à l'Ouest par la paroisse française des Cayes de Jacmel, sont propres à toutes les cultures, sans parler des parties montagneuses avoisinantes, où celle du café réussirait. On peut supposer que cette précieuse étendue suffirait à cent cinquante sucreries de plus de trois cens quarreaux (*), capables d'employer trente mille nègres, & dans ce nombre de sucreries, qu'on ne peut trouver exagéré, il y en aurait près de la moitié qui ne seraient pas à plus de 4 ou 5 lieues de la mer. Il est aisé de sentir combien cette plaine serait favorable à toutes les autres denrées, comme l'indigo, le coton & le tabac.

Le calcul qu'on vient de faire, établit aussi que dans la seconde plaine de Bahoruco, située à l'Est, on pourrait avoir pareillement plus de cent sucreries, qui employeraient vingt mille nègres. L'établisse-

(*) Mesure de la partie française de St-Domingne, qui contient cent pas de trois pieds et demi en quarré, ou 122,500 pieds de superficie.

ment de ces parties changerait en peuplade policée, les esclaves fugitifs dont j'ai parlé.

C'est à l'Est des montagnes de Bahoruco qu'est la rivière de Nayauco; puis le Cap-Mongon qui est à 2,500 toises de la pointe Bahoruco. Du Cap-Mongon, en suivant la côte qui se dirige presqu'au Nord, on arrive au petit port, appellé par les espagnols même le *Petit-Trou*, dénomination évidemment française, comme plusieurs de celles que j'ai déjà citées depuis la rivière des Pédernales, & qui suffiraient pour prouver que les français ont été établis dans cette partie.

Le Petit-Trou est peu profond & semé d'écueils; mais comme ce canton abonde en gibier, il attire fréquemment les chasseurs, qui s'appellent aussi *montagnards*, du nom de l'espèce des bœufs sauvages qu'ils poursuivent, ou *oreillards*, parce que ces bœufs n'ont pas les oreilles coupées, à la différence des *coraillers* & des *paîsibles*. De petites barques de la ville de Santo-Domingo s'y rendent pour chercher la viande & la mantegue (sain-doux) qu'a produit la chasse. Des français, à cause de l'inoccupation du Petit-Trou, y chassent aussi quelquefois. On pourrait s'en servir pour extraire les bois & les autres denrées que les environs sont susceptibles de produire.

Neybe.

Du Nord du Petit-Trou, allant vers l'embouchure de la rivière de Neybe, on trouve la baye de Neybe placée entre les montagnes de Bahoruco & celles de Martin Garcia; elle porte aussi le nom de Baye

Julienne. De grands bateaux peuvent y mouiller; mais fi les différentes bouches de cette rivière à la mer, dont la plupart varient chaque année, étaient réunies en une ou en deux feulement (ce qui ne ferait pas d'une grande difficulté), elle ferait navigable pendant plufieurs lieues pour les bâtimens qui maintenant font obligés de refter dans la baye. Il y aurait encore l'avantage de faire pénétrer plus haut des lanches ou barques plates. La rivière de *Neybe* ou de *Neiva*, mot qui, en efpagnol, fignifie *blanc*, *blanche*, naît dans les montagnes de l'intérieur de St-Domingue, près des montagnes de Cibao. Elle fe dirige, pendant plufieurs lieues, à l'Oueft; puis devenue confidérable, elle prend fon cours au Sud dans la vallée de fon nom, & après y avoir reçu beaucoup d'autres rivières grandes ou petites, elle fe jette à la mer par fept embouchures différentes.

La plaine ou vallée de Neybe, a environ 80 lieues quarrées de furface. C'eft la rivière de fon nom & des parties montagneufes, qui la féparent, à l'Eft, des plaines d'Azua & de Vani ou Bani, tandis qu'elle a pour borne à l'Oueft, la rivière des Dames & l'Etang efpagnol, appellé auffi *Etang de Xaragua*, & *Etang d'Henriquille*, défigné fur les cartes françaifes par l'expreffion de *Riquille*. Difons, à ce fujet, que ce nom d'*Henriquille* ou *Petit-Henri*, lui eft venu du Cacique Henri, qui trouva un afile dans le petit îlet placé à fon milieu, durant ce que les efpagnols appellent fa rébellion. On voit même à quelque diftance de-là & à l'extrémité de la partie françaife, allant vers la mer, des reftes d'un ancien retranchement demi-circulaire, appuyé à une montagne par chaque bout, & garni en dedans de deux rangées de petits puits qui se touchent, & qui servaient sans doute à soutenir le retranchement. Les cavernes voisines sont remplies d'ossemens humains entassés.

La plaine de Neybe est extrêmement fertile, & propre au commerce, à cause de sa rivière qui a un très-grand volume d'eau. La chasse y est aussi utile qu'agréable. Les oiseaux s'y multiplient d'une manière très-rapide, & cette partie semble être l'asile particulier des flamands & des faisans, qui vont en troupe & s'y trouvent par-tout, & principalement dans les points où il y a de l'eau. C'est encore là qu'on rencontre les paons royaux ou paons panachés, (mélange du paon blanc & du paon coloré), très-estimés, parcequ'ils sont d'un goût plus délicat que les paons ordinaires, & que les beautés de leur éclatant plumage, surpassent celles du même oiseau en Europe.

Cette plaine suffirait à l'établissement de plus de 150 sucreries, dont le débouché serait rendu facile, par cette grande rivière que les français ont eue pendant long-tems pour borne de leurs possessions, & qu'ils ont toujours désiré de voir adopter comme une limite, qui laisserait en quelque sorte, à leur industrie, une nouvelle & seconde colonie française à fonder, & d'immenses produits à recueillir. Mais cette attente a été trompée, & ce sol si riche où la nature ne peut montrer sa fertilité, que par de pompeux feuillages & par la grosseur des arbres, n'est guère qu'un désert.

Il y a cependant, à environ neuf lieues de la rivière de Neybe, un bourg appellé aussi du nom de

Neybe, qui contient à-peu-près deux cens maisons, & qui peut fournir trois cens hommes portant armes. Le terrain, entre le bourg & la rivière, est salineux. On compte 15 lieues du bourg de Neybe, à la ville d'Azua, & le chemin qui les fait communiquer, & qui traverse la Neybe, est en partie dans des montagnes arides qui se prolongent jusqu'à deux lieues d'Azua.

En allant du bourg de Neybe, jusqu'au point où la ligne de démarcation coupe l'Étang-Saumâtre, il y a environ 16 lieues. On les fait en côtoyant l'un ou l'autre des côtés de Henriquille, dont on rencontre le bout Sud-Est, à peu de distance après avoir quitté le bourg de Neybe; le sentier du bord Sud-Ouest, est resserré par une montagne qui le raproche de l'étang. On arrive au corps-de-garde espagnol, du lieu appellé le Fond, (el fundo) & près duquel est la maison du commandant de cette frontière : là, est l'Étang-Saumâtre, que divise la ligne des limites. Le sentier prend aussi les deux côtés de ce nouvel étang, appellé par quelques-uns *Lagune d'Azuey*, mais par sa droite, le chemin est impraticable à cheval, tandis que sur l'autre côté il est meilleur ; ce dernier est le plus long.

C'est par ce chemin des étangs & par le bourg de Neybe, que se fait la communication du Port-au-Prince avec la ville de San-Domingo, en gagnant Azua, Bani, &c. Cette route est de 69 lieues, car on en compte 14 depuis le corps-de-garde *del fundo*, jusqu'au Port-au-Prince. Pour l'abréger un peu & la rendre sur-tout moins désagréable, on peut traverser l'Étang-Saumâtre en canot.

Il est à propos d'observer, que ce n'est guère que vers 1730, que les espagnols ont fait des établissemens à l'Ouest de la rivière de Neybe, époque où les français avaient même quelques petites *places* dans cette partie.

Le territoire de Neybe a une espèce de plâtre, & en outre du talc, qui se trouve aussi dans d'autres lieux. On y voit une monticule de sel marin fossile, que les espagnols prisent beaucoup pour les usages domestiques, & qui est reproduit par la nature avec une telle rapidité, qu'une fouille ordinaire est absolument remplie au bout d'une année.

―――――

A Z U A.

Après la rivière de Neybe, commence le territoire d'Azua, qui a le territoire de Saint-Jean de la Maguana au Nord-Ouest, celui de Neybe à l'Ouest, la mer au Sud, Bani à l'Est & au Nord des parties montagneuses, qui se prolongent aussi derrière le territoire de Bani.

Ces montagnes appartiennent à la 3e chaîne qui, partant de Cibao, va border la rive gauche du Petit-Yaqui, dans la direction du Sud-Ouest & dont le revers Est, répand ses eaux depuis l'embouchure du Neybe jusqu'à Nisao. De cette chaîne, l'une des plus étendues & les plus élevées, sort une grande quantité d'autres chaînes dirigées au Sud, & qui laissent entre elles & la mer, les plaines d'Azua & de Bani, avec des intervalles plus ou moins larges. Ces chaînes
secondaires

secondaires, dont les plus considérables sont, 1°. les deux qui forment la vallée d'Azua dans cette partie, & qui se terminent près de la ville; 2°. celle qui borde la rive droite de l'Ocoa & se termine à la Petite-Anse-d'Ocoa; 3°. celle qui finit au plateau de la Croix; 4°. & enfin celle qui va s'arrêter au Cerre (monticule) de la vigie de Bany, séparent les rivières de Tavora, de Bia, de Sipicepy, d'Ocoa, de Bany & de Païlla, qu'on trouve dans l'ordre où elles viennent d'être nommées, en allant de l'Ouest à l'Est, avec un grand nombre de ravines intermédiaires.

Le territoire d'Azua est traversé par un chemin qui commence où se termine le territoire de Saint-Jean de la Maguana, à la passe de la rivière du Petit-Yaqui, dont la source est au Cibao, tout près de celle du Grand-Yaqui, & sur la rive gauche duquel est la chaîne de montagnes dont on vient de parler, & qui coupe le chemin comme on va le voir.

La route traverse la rivière du Petit-Yaqui (qui a toujours beaucoup d'eau), tout près de son embouchure dans la Neybe, & va ensuite en plaine trouver à un quart de lieue la hatte de *Bitta al Pendo*. Une lieue plus loin, est la hatte de la Rivière Salée (*Rio-Salao*), & à un grand quart de lieue de celle-ci, on passe cette petite rivière *Salao* qui tombe dans la Neybe, très-près de-là, & de laquelle, jusqu'à celle de Biahama, où l'on trouve toujours de l'eau, l'on compte plus d'une lieue. Entre les Rivières Salao & de Biahama, mais plus près de cette dernière, le chemin passe un ravin, qui borde d'un côté un *cerre* que la rivière de

Biahama borde de l'autre. L'on monte ce *cerre*, puis on le redefcend vers la Biahame qui eft précédée, à une très-petite diftance, de la hatte de fon nom, & qui eft paffée, non loin du point où elle fe jette dans la Neybe; de manière que le chemin que je décris longe la Neybe depuis la paffe du Petit-Yaqui.

Après la rivière de Biahame, le chemin monte, puis il redefcend pour trouver la ravine appellée le Môle qui eft à trois grands quarts de lieue de Biahame; le chemin s'éloigne alors de la Neybe qui dans fon cours fe fubdivife fréquemment en plufieurs bras. Du ravin du Môle l'on monte une demi-lieue pour arriver au fommet du Paffage (*el Puerto*), prolongement de la chaîne venant du Cibao, qui s'étend le long de la rive gauche du Petit-Yaqui. Le Paffage eft à une petite lieue & demie de la riviére de Biahame. Enfuite on defcend la montagne, & en avançant environ 15 cens toifes, l'on entre dans la rivière *Sangofto* que l'on côtoye ou que l'on traverfe, à plufieurs reprifes, dans une demi-lieue, jufqu'à fon confluent avec le torrent de *Tavora*. De-là le chemin gagne un peu à droite & l'on prend le torrent de Tavora, qu'on fuit près de deux lieues jufqu'à la hatte de fon nom, qui eft à trois fortes lieues du fommet de la montagne du Paffage.

Le torrent de Tavora eft fort confidérable & très-rapide, & fe rend directement à la mer; fon lit a jufqu'à 60 toifes de largeur dans beaucoup d'endroits, avec un encaiffement depuis 12 jufqu'à 15 pieds de profondeur prefqu'à pic. On n'y voit de l'eau que dans les tems de pluye & d'orage; mais il y a de petites sources au-dessus de la hatte de Tavora, qui se réunissent dans des points inférieurs, & où les animaux s'abreuvent. Le chemin passe différens bras secs & fort pierreux. La hatte de Tavora est sur la rive droite du torrent, & au point où vient se rendre le chemin qui conduit au Port-au-Prince. De la Biahame à Tavora, le chemin s'appelle *cascaal*, nom donné par les espagnols à tous les chemins pierreux & difficiles, du genre de celui-ci.

A cinq quarts de lieue après la hatte de Tavora, on quitte le lit du torrent & à-peu-près à cinq autres quarts de lieue on rencontre un chemin qui conduit dans la baye de Neybe. Une demi-lieue plus loin est la rivière de Houra, sans eau, & qui n'est elle-même qu'à une grande demi-lieue de la ville d'Azua que je rappellerai bientôt.

Immédiatement après avoir traversé la ville d'Azua, on rencontre la petite rivière de Bya ou Via, & deux lieues plus loin on trouve un chemin qui croise la route & qui sert de communication à quelques hattes. Vers la moitié de cet espace, on laisse à droite un cerre assez élevé & qui s'étend jusqu'à la mer; une lieue plus loin & après avoir passé deux ravins, est la rivière de Sipicépy, à une demi-lieue de laquelle commence la savane du même nom. Cette savane peut avoir un quart de lieue de longueur, sur trois cens toises de largeur, & sa figure est à-peu-près ovale. Ensuite sont des bois composés de palmiers, appellés *palmes d'Ocoa*, qui règnent jusqu'à la rivière de ce nom; c'est-à-dire, dans une étendue de trois lieues.

A une petite demi-lieue après avoir quitté la savane de Sipicépy, le chemin arrive au bord de la mer & suit le rivage (qui est de sable & de galets) pendant une bonne lieue & demie, après lesquelles l'on trouve la petite savane d'Ocoa qui touche presqu'à la mer. Tout l'intervalle, où le chemin côtoye le rivage, est un escarpement de 15 à 20 pieds de haut, qui ne laisse, entre lui & la mer, qu'une grève étroite de 8 à 10 pieds de large, formant le chemin que de gros galets rendent peu commode. Cet escarpement est surmonté par une pente moins rapide & qui est le revers d'une chaîne secondaire de montagnes venant du Cibao.

Un quart de lieue après la petite savane d'Ocoa, est la fourche que forme, avec le chemin, une communication qui mène dans la baye d'Ocoa, au mouillage des vaisseaux espagnols, éloigné de 700 toises du chemin. En avançant un peu, l'on voit à la gauche & près du chemin, les ruines de l'ancienne sucrerie Zuazo, dont je parle plus loin. A une demi-lieue de-là est le passage de la rivière d'Ocoa, que le chemin va gagner en s'éloignant encore du rivage de la baye & contournant la montagne au bas de laquelle cette rivière coule, & qui est la fin de la chaîne secondaire venant du Cibao dont on vient de parler.

Ici finit le territoire d'Azua, sur lequel j'ai encore beaucoup de détails à fournir avant d'entrer dans celui de Bani.

En doublant la pointe de l'Est de la baye de Neybe, se trouve le vieux port de l'ancien Azua, fondé en 1504, par l'Adelantade Don Diègue Colomb.

Il lui avoit donné le surnom de Compostelle, à cause du commandeur Gallego, de l'ordre de St-Jacques de Compostelle, qui y avait une habitation; mais ce nom s'est perdu avec le tems qui a fait survivre celui d'Azua, que portait ce lieu lorsque l'île appartenait aux Indiens.

Le vieux port qui est absolument de la même nature que la baye de Néybe, servait autrefois au transport des excellens sucres de la plaine d'Azua, où les cannes produisaient durant six années sans avoir besoin d'être replantées. On allait charger ces sucres dans les vaisseaux mouillés à Ocoa & à Santo-Domingo; ainsi que l'attestent les historiens de ce tems, & notamment Oviédo & Herrera.

La plaine d'Azua, qui à l'Ouest commence à la rivière de Neybe, & qui va jusqu'à l'Anse-de-la-Chaudière à l'Est, a environ 150 lieues quarrées de surface. On nomme aussi *Via*, le canton d'Azua, qui tire vanité de ce qu'il a eu au nombre de ses habitans, Cortez, conquérant du Mexique, qui fut greffier de la municipalité d'Azua. Outre la rivière qui lui donne son nom, Azua a celles des Muses, de Tavora, de Mijo; & encore celle d'Yaqui qui le sépare du quartier de St-Jean de la Maguana, & qu'on ne doit pas confondre avec la rivière du Grand-Yaqui, qui coule dans la partie du Nord & se rend à Monte-Christo.

Toutes ces rivières étaient autant de causes de fertilité & des moyens de transporter, soit au port d'Azua, soit à la baye d'Ocoa, suivant la situation des établissemens, d'immenses quantités de sucre, du canifice de la meilleure qualité, & des bois précieux.

Tout ce que produit le canton d'Azua, excelle par sa bonté & son goût exquis. On y a vu autrefois des cannes de 18 pieds de hauteur. Quelques personnes prétendent cependant que son terrain au Nord & à l'Est, est loin de valoir celui du Sud & du Sud-Ouest. C'est son sol qui fournit en abondance, & pendant toute l'année, les plus belles oranges & d'une saveur si sucrée, qu'elles ne laissent pas appercevoir d'acidité.

Azua a plusieurs mines d'or qu'on travaillait anciennement, mais qui sont absolument abandonnées. Depuis le furieux tremblement de terre du 18 Octobre 1751, qui commença à 3 heures de l'après-midi, on a découvert, dans les montagnes de *Viajama*, des eaux minérales qui jaillissent de plusieurs sources, & qui font soupçonner, par leur nature, que la montagne qui les contient est sulphureuse. On a aussi du talc à Azua.

Les montagnes d'Azua sont remplies de bois de fustet qui fournit une belle teinture jaune, qui est d'un travail facile & qui acquiert un beau poli.

Ce territoire jouit d'un avantage infiniment précieux ; c'est de conserver une race de chevaux qui n'ont, pour ainsi dire, pas dégénéré de ceux qu'on estime le plus en Espagne. Lors de la découverte de l'Amérique, elle n'avait point de chevaux, & l'on sait assez quelle impression l'aspect d'un homme porté par l'un de ces animaux, produisit sur l'esprit des insulaires. Mais bientôt l'Amérique a vu ce beau quadrupède lui devenir propre en quelque sorte, &

y fervir, comme en Europe, à l'utilité de fes habitans. C'eft une loi à laquelle la nature a foumis prefque tous les êtres, que celle de la dégénération, lorfqu'ils font tranfplantés à de grandes diftances, & en général le cheval a perdu de fa ftature dans nos îles, peut-être même fa conftitution s'eft-elle déterriorée, mais il n'a pas été dégradé quant au moral, & ceux d'Azua ont même confervé tous leurs avantages corporels. On remarque feulement que leur robe n'eft pas auffi variée qu'en Efpagne; ce que l'on attribue au peu de foin de chercher, dans le mêlange des efpèces, celui des poils.

J'ajouterai ici qu'il y a des chevaux efpagnols de trois efpèces à Saint-Domingue. Les uns vifs, très-fins, d'une taille avantageufe, & propres feulement à la felle, fervent de montures & d'étalons; les autres moins beaux, d'une taille moyenne, mais pleins d'ardeur & ayant encore de la grace dans leurs mouvemens, font propres à l'attelage des chaifes, ou même aux perfonnes qui, ignorant l'art de l'équitation, ne cherchent qu'une monture facile. Ceux de la troifième efpèce font foibles, leur robe eft ifabelle dorée ou foupe de lait; leur vue eft tendre, & ils rendent fi peu de fervice, que la modicité de leur prix eft le feul motif qui porte à les acheter; on ne peut les mettre à la voiture que pour de petites courfes, & en général, il faut éviter de les fatiguer. On a auffi dans la partie efpagnole, une race de chevaux frifons qui a été apportée de Philadelphie & de l'État de New-York.

Les chevaux efpagnols ont un caractère un peu

inquiet; ils font affez fouvent quinteux & prefque toujours l'approche de l'homme les allarme. Il ferait imprudent de les aborder fans précaution, d'arriver près d'eux fans en avoir été vu, car ils font prompts à lancer des ruades, & ce caractère fe fait encore appercevoir dans les chevaux efpagnols de race mêlée de la partie françaife. La manière dont ces chevaux font élevés, & qui eft vraiment fauvage, doit contribuer pour beaucoup à leur donner ces défauts. Les chevaux de Caraque étant encore plus eftimés que ceux de St-Domingue efpagnol, fur-tout comme étalon, on en tire quelquefois de cette province, ainfi que de Ste-Marthe & de Rio-de-la-Hache, pour améliorer l'efpèce.

Azua qui fut pillé, par des corfaires français, avant 1543, n'avait ceffé de décroître de l'état floriffant où j'ai dit qu'il était parvenu, tellement qu'en 1737, fa population s'élevait à peine à 500 individus. Mais le tremblement de terre de 1751 vint lui porter un coup funefte, en renverfant fes maifons & en amenant la mer jufques fur le point où la ville était bâtie; de forte qu'on l'a reconftruite fur la rive droite de la petite rivière de Bya, à cinq quarts de lieue de la mer & à une petite demi-lieue de l'extrémité de deux chaînes de montagnes qui viennent de Cibao, & qui forment la vallée où coule la Bia. Azua eft agréablement fitué, dans une pofition faine & dans une plaine ouverte. On voit une très-grande place au centre de la ville, qui femble fortir depuis 1780 de fon état miférable, fans toutefois qu'elle foit digne d'une grande attention. L'églife n'y a été achevée,

qu'à

qu'à une époque assez récente. Les habitans d'Azua qui descendent en grande partie des peuplades venues des Canaries, sont industrieux, grands, & bienfaits.

La ville d'Azua, est à 24 lieues dans l'Ouest de la capitale, on y compte environ trois cens maisons, & plus de trois mille personnes dans l'étendue du territoire qui porte ce nom, & qui pourrait avoir au moins quatre cens sucreries, où quatre vingts mille nègres trouveraient du travail. Il fournit cinq cens hommes portant armes, en comptant une compagnie de cavalerie.

Azua a obtenu le 6 Décembre 1508, des armoiries qui sont; un écu d'azur à l'étoile d'argent en chef & ondé d'argent & d'azur en pointe.

Entre le vieux port de l'ancien Azua à l'Ouest & la Pointe-des-Salines à l'Est, se trouve la célèbre baye d'Ocoa. Dans la partie Est de son entrée, est le port de la Chaudière, assez grand, assez ouvert, & assez profond pour recevoir les bâtimens de toutes les dimensions.

La baye d'Ocoa, est à 18 lieues de la capitale, c'est-là que la rivière du même nom, dont j'ai déjà parlé, se jette à la mer à sept lieues de Nisao & à neuf de la ville d'Azua, & fournit aux navigateurs une eau abondante & facile. La figure de la baye d'Ocoa, que plusieurs personnes marquent en fer à cheval, est vraiment celle d'un *omega*. Les deux caps ou pointes qui en forment l'entrée, sont à environ trois quarts de lieues l'une de l'autre, & vont en s'écartant, à mesure qu'on entre dans l'intérieur, jusqu'à former une circonférence de trois ou quatre lieues. Cette baye peut recevoir les plus fortes escadres & les flottes les plus nombreuses, dont les vaisseaux pourraient approcher jusqu'à mettre leur beaupré sur la terre & à s'y amarrer. L'élevation des côtes défend la baye des vents, & y rend la mer calme & tranquille. Sur le côté où se jette la rivière d'Ocoa, on découvre les palmistes dont j'ai parlé plus haut, & dont le prolongement semble appeller une peuplade, dans le point où sont encore les murs ruinés d'un moulin appartenant dans l'origine au licentié Zuazo, & qui faisait une grande quantité de beau sucre, dont deux *charrettées* payèrent, le 15 Avril 1592, la rançon de la ville d'Azua, à Christophe Newport, anglais.

La baye d'Ocoa avait mérité des espagnols le nom de Beau-Port (*Porto-Hermoso*) ; les vaisseaux espagnols viennent y mouiller. Le rivage de cette baye est de sable ; ses environs sont comme abandonnés, il est même des points où l'on ne voit que des torches & des plantes du même genre. On prétend que l'air n'est pas très-sain dans son voisinage.

BANI OU VANI.

A la rivière d'Ocoa, que l'on traverse au point que j'ai indiqué, commence le territoire de Bani qui a Azua à l'Ouest, le Nisao à l'Est, la mer au Sud, & des montagnes au Nord.

Ce que j'ai désigné de la rivière d'Ocoa, est son grand bras, où l'on trouve toujours beaucoup d'eau.

A une lieue de celui-là on passe le second bras ou petit bras. Entre l'un & l'autre, se trouve une grande quantité de petits bras, fort pierreux, avec beaucoup de torches & de broussailles. Cet intervalle s'appelle Savanne de la *Boye*; un peu avant son milieu, & à cinq cens toises sur la gauche du chemin, sont les hattes nommées aussi de la *Boye*. Entre cette savane & la mer, & près de l'embouchure de la rivière d'Ocoa, est le *cerre de more*. Du petit bras d'Ocoa, l'on monte avec un peu de rapidité sur un grand plateau assez élevé où est une très-belle savane, appellée *Savane-de-la-Croix*. De ce plateau qui est très-étendu du Nord au Sud & qui peut avoir douze cens toises de l'Ouest à l'Est, la vue se promène sur la magnifique baye d'Ocoa, dont l'aspect se marie agréablement au site du lieu des palmes, & réveille des idées de grandeur & de puissance, avec lesquelles l'état d'abandon des points environnans, forme un contraste que le voyageur philosophe ne remarque pas sans fruit.

Les hattes de la Croix sont à la gauche du chemin, à-peu-près au milieu du plateau, où l'on trouve une croix de bois à droite, lorsqu'on est prêt à en atteindre le sommet. Il est évident que ce signe religieux a donné son nom à ce canton.

Du plateau, on descend dans un grand ravin encaissé, qui se trouve à une lieue & demie du petit bras d'Ocoa. On rencontre presque immédiatement après les hattes du Ruisseau-Profond (*Arroyo hondo*), puis l'on va à une grande ravine, après laquelle on entre dans la savane de la *Mantenne*, où est, à un très-grand quart de lieue, la première des hattes de la Mantenne.

De celles-ci on passe à travers un petit bois au milieu duquel est un ravin. Un demi-quart de lieue après être sorti du bois & à la gauche du chemin, sont les hattes de Don Pedro Martin, qui ne sont qu'à cinq quarts de lieue de celles du Ruisseau-Profond, & desquelles l'on compte encore sept quarts de lieue jusqu'au bourg de Bani, qu'on trouve après avoir passé sept ravins, & contourné le Cerre-de-la-Vigie placé à la gauche du chemin. Ce cerre ou morne, situé à l'Ouest-quart-Sud-Ouest du bourg, est l'extrémité d'une grande chaîne de montagnes qui vient du Cibao & qui s'arrête à une lieue & demie de la mer.

Le bourg de *Bani* est sur la rive droite & à environ 250 toises de la rivière de son nom, dans une grande & belle savane qui était une hatte, à trois mille toises de la mer, & à quatorze lieues de la ville de San-Domingo. Ce bourg qui n'est pas ancien, a été formé par la réunion de plusieurs hattiers des environs. Il ne renferme que 80 maisons éparses. On compte, dans l'étendue de la parroisse, dix huit cens personnes, en majeure partie *Ileignes* (venus des Canaries) ou affranchis. Le bourg de Bani est presque au milieu de la longueur Est & Ouest de la plaine qui lui a donné son nom, & dont la surface peut être évaluée, à environ 80 lieues quarrées.

En quittant le bourg de Vani ou Bani, on trouve à un demi-quart de lieue, en suivant le chemin, la rivière de Bani. Il y a presque toujours de l'eau dans cette rivière, qu'on a cependant vu tarir quelquefois. Après l'avoir passée, on traverse un bois de trois quarts de lieue qui mène à une savane, où l'on fait un quart de lieue pour arriver à la rivière de la Pailla, qu'on paſſe à ſec. Après elle on rentre dans un bois, puis on vient à la ſavane de la Pailla, où ſont des hattes, & que ſuit un bois, puis à une autre petite ſavane; d'où un chemin qui ſe dirige à droite, va gagner l'habitation de l'Eau, (*de la Agua*); enfin, on rencontre la ſavane de la Catherine, un peu plus grande que celle de la Pailla, de figure ronde & de plus de ſix cens toiſes de diamètre, où ſont auſſi quelques hattes. A l'extrêmité de la ſavane de la Catherine, eſt un ravin diſtant de trois grands quarts de lieue du Niſao, & l'on trouve cette dernière rivière après avoir traverſé trois petites ſavanes, dont les deux plus voiſines du Niſao ont des hattes. C'eſt ici que finit le territoire de Vani.

En examinant la côte de ce territoire, on voit que de la Pointe-des-Salines ou d'Ocoa, qu'il faut appeler *Pointe-la-Chaudière*, d'après un plan fait par Don Joſeph de Solano en 1776, la côte du Sud courre de l'Eſt à l'Oueſt juſqu'à la rivière & à la pointe de Niſao. Entre cette rivière & cette pointe, de petites barques ou lanches peuvent mouiller, principalement dans les embouchures du Niſao à la mer, & plus à l'Eſt dans l'anſe de la Catherine, (où la rivière de Bani ſe jette à la mer), au moyen de laquelle les Jéſuites faiſaient l'extraction des denrées de leurs habitations & de leurs ſucreries, comme le pratique encore à préſent Don Nicolas Guridi, qui poſède une partie de leurs domaines.

La rivière de Niſao vient des montagnes du centre de l'île, & ſe jette à la mer à l'Oueſt de la pointe de son nom. La pointe est elle-même à l'Ouest de celle de la *Palonque* (*place à vivres ; ménagerie*).

Oviédo parle avec complaisance de la rivière de Nisao, à cause des riches cultures de ses bords & des beaux troupeaux de ses environs.

Le territoire de Bani est fertile en excellens paturages pour des troupeaux de toutes les espèces ; dont la chair acquiert un goût très-délicat, & qui fournissent en abondance du lait & du suif. Les bêtes à corne ont accoutumé d'y paître, notamment dans les longues sécheresses que cause l'impétuosité presque continuelle des brises qui ne laissent pas aux nuées le tems de se résoudre en eau. Aussi y éprouve-t-on quelquefois de grandes pertes d'animaux. Mais telle est la nature heureuse de ce lieu, qu'avec quelques pluyes ces pertes sont bientôt réparées. Plusieurs personnes ont trouvé, dans l'ouverture des puits, un préservatif contre ce dommage ; mais tous les propriétaires n'ont pas le moyen d'employer une pareille ressource. Le canton de Vani partage, avec celui d'Azua, l'avantage d'avoir une belle race de chevaux d'Espagne.

On pourrait former dans la plaine de Bani, plus de cent vingt sucreries, & y occuper 24 mille nègres.

VILLE DE SANTO-DOMINGO, ET TERRITOIRE EN DEPENDANT.

A partir du cours de la rivière de Nisao, qui vient du Cibao, commence la plaine & le territoire de

Santo-Domingo, borné à l'Ouest par celui de Bani, au Sud par la mer, à l'Est par le cours de l'Ozama, & au Nord par les montagnes. Il convient de parler d'abord de ces dernières pour être plus intelligible.

Une chaîne de ces montagnes, qui borde la rive gauche du Nisao, s'étend dans une direction à-peu-près Sud, verse ses eaux entre le Nisao & Jayna, & sépare, par des cuisses ou contre-forts, les rivières de Nahayo, Senaqua, Nigua & Itavo. C'est la quatrième chaîne du Cibao.

Une autre chaîne venant aussi du Cibao, sépare la rivière Jayna de celle d'Isabelle; & laisse un fort grand intervalle de plaine entre son extrêmité & la mer; je l'appellerai la cinquième chaîne.

Dans l'espace qui est entre l'Isabelle & l'Ozama, le terrain est assez plat, & c'est l'une des extrêmités de la plaine de Santo-Domingo; mais ce terrain s'élève en se dirigeant vers le Cibao au Nord, ce qui peut le faire considérer depuis ce point, comme une sixième chaîne de peu d'étendue, ou plutôt comme un contre-fort du Cibao, dont les pentes viennent finir vers les savanes de la Monga, de Cansamanseu, de Prietta & de la Souïre, où elles séparent les rivières d'Isabelle, de Gribeplatta, de Guiacuara, d'Icaco, d'Ozama, de Cavoa & de Lymon.

Enfin vient la chaîne de Pardave ou septième chaîne qui se dirige à l'Est, & qui est fort élevée. Elle sépare la rivière d'Iasse d'avec celle de Bermejo, qui se jettent, l'une & l'autre dans l'Ozama, mais sur la rive gauche; & qui vont encore augmenter le volume de ses eaux.

Venons maintenant au chemin de communication entre Vani & Santo-Domingo.

A la fin du territoire de Vani, l'on passe le grand bras de Nisao, où l'on trouve beaucoup d'eau ; dans l'intervalle de ce grand bras jusqu'au petit, qui est à une demi-lieue, on en passe plusieurs qui, comme ce dernier, n'ont de l'eau que dans le tems des pluyes Tout cet espace est rocailleux, ce qui rend le chemin assez mauvais. Du petit bras de Nisao on passe cinq savanettes, dont la première, qui a seule un peu d'étendue, contient des hattes qu'on nomme *hattes de Niagua*, & à une lieue du petit bras, est un ravin d'où l'on monte vers un plateau assez considérable, au haut duquel est une jolie savane nommée *grande savane*.

Cette prairie naturelle contient plusieurs hattes sur la gauche du chemin & au bord d'un bois. Du plateau on descend vers un autre ravin placé à une grande lieue du précédent, & qui va se jetter dans l'anse Nahayo. En côtoyant cette anse, on passe encore un ravin qui se trouve à son milieu, & l'on arrive à la rivière de Nahayo, dont l'embouchure est à l'angle Nord-Est. L'Anse a une demi-lieue d'ouverture & presque autant d'enfoncement.

La rivière de Nahayo a toujours de l'eau ; on la traverse, puis l'on contourne un petit cap de roc qui sépare l'Anse de Nahayo de celle de Senaqua, & l'on va sur la droite jusqu'à gagner le rivage qui est plat & sablonneux. On le suit pendant environ une demi-lieue avant d'arriver à la rivière de la Senaqua, qu'on passe comme celle de Nahayo, fort près de

son

son embouchure, & qui n'est qu'à une lieue & demie de cette dernière.

De la Sénaqua on monte un plateau dont les pentes sont douces, & qui sépare la Sénaqua de la Nigua, dont elle n'est qu'à environ seize cens toises. Sur ce plateau, à gauche du chemin & à un demi-quart de lieue de la Sénaqua, est la hatte de l'embouchure de Nigua (Boca de Nigua). On passe la rivière de Nigua où l'on trouve toujours de l'eau, & qui est divisée en deux branches dans cet endroit.

Oviédo vante la Nigua dont il a vu l'utilité, à cause des grandes manufactures qui étaient sur ses bords, & notamment ses belles sucreries. Elle a 9 ou 10 lieues de cours & prend sa source sur un rocher très-élevé, qui semble, dit Valverde, être la borne de mon habitation de Villegas. Elle en descend, ajoute-t-il, en formant deux bras sur une grande plage de sable qui l'absorbe en totalité, sans qu'on puisse savoir ce qu'elle est devenue. Mais comme l'eau qui tombe de quelques montagnes & celles de beaucoup de ruisseaux & de petites rivières, viennent se réunir dans cette partie, elles y forment un réservoir assez étendu, qui est cependant très-réduit dans les tems secs, où il ne reçoit plus que le ruisseau de Galan & d'autres peu considérables. A environ une lieue au-dessous du Rocher, dans le Sud, il y a une petite île entre les habitations de Boruga & de Pedregal à l'Est, & celle de Villegas à l'Ouest. En face de cette île & d'une montagne, est un rocher qui, vers le milieu de sa hauteur, donne trois jets, séparés entr'eux par un intervalle d'environ huit pieds, d'où l'eau sort

Tom. I.

continûment avec un volume de huit pouces de diamètre pour chacun.

Les premiers moulins à eau pour des sucreries de St-Domingue, furent placés dans ce terrain, où l'on profita de ce riche présent de la nature, en recueillant les eaux de ces trois bouches, dans un bassin spacieux qui, malgré le tems & l'abandon, se conserve entier sous le nom de *prise d'eau*. Les aqueducs qui étaient dirigés vers deux ou trois grands moulins, s'étant obstrués, l'eau a repris son cours naturel par le réservoir appellé *Réservoir de Nigua*, & arrive à la mer après avoir reçu le tribut des ruisseaux de Villegas, de Marceline, de Jean-le-Cavalier, de Velasquez, d'Yaman & de plusieurs autres.

Cette description de Valverde, parle sans doute des mêmes lieux que ceux cités par Charlevoix, tom. 1, pag. 19 bis, où il dit, que le commandeur Ovando envoya Pierre de Lumbreros & Pierre de Mescia pour visiter un lac à la cime d'une haute montagne, du pied de laquelle sort le Nisao.

Il y a plus de 20 ans qu'on a formé une bourgade ou établissement paroissial entre le Nisao & le Nigua; appellé *des moulins à eau*, à cause des circonstances qu'on vient de voir. Cette cure n'a ni église, ni dixmes, mais seulement les offrandes & le produit d'une capitation sur les nègres de sa dépendance, peuplée d'environ 2,500 individus, en partie hommes de couleur libres. Cette paroisse qui n'est, à proprement parler, qu'une annexe de Santo-Domingo, a une succursale, espèce d'hermitage où le curé dit la messe alternativement, annonçant chaque dimanche ou fête, celui des deux lieux où il célébrera le service divin le dimanche où la fête suivante.

On pourrait y mettre cinquante sucreries de plus & y placer encore un nombre égal d'indigoteries & de cafeteries.

L'embouchure de la Nigua est à 7 lieues environ de celle de Nisao. Tout l'espace qui est entr'eux, a été cultivé autrefois & forme un terrain plat dans sa plus grande partie. Le sol y est si fertile, que l'immense forêt du Mont Najayo, qui a crû depuis que la culture y a cessé, fournit continuellement les bois nécessaires aux constructions de la capitale & de ses environs, sans qu'on s'apperçoive qu'on y ait fait des coupes. Ce fut, au témoignage de Valverde, son épaisseur qui fut la principale défense des espagnols, lors de la descente de Vénables, qu'ils contraignirent à se rembarquer & à se diriger vers la Jamaïque où les anglais furent plus heureux, puisqu'ils en firent la conquête (*). Toute cette portion de terrain est inculte en ce moment.

La rivière de Nigua traversée, on monte pour gagner l'habitation qui s'appelle aussi *Nigua*, placée sur une éminence & distante de quatre lieues & demie de Santo-Domingo. On descend assez rapidement le revers du plateau, & l'on passe la petite rivière

---

(*) J'observerai ici, en passant, que Valverde s'est grossièrement trompé dans ce qui concerne Vénables, qu'il fait périr dans cette attaque, tandis que ce général retourna en Angleterre après la conquête de la Jamaïque, qu'il laissa le 25 Juin 1655. Cromwel le fit même emprisonner à la Tour de Londres, d'où il ne sortit qu'après avoir été démis de tous ses emplois.

d'Itavo qui ne conferve point d'eau dans les temps secs, & fur la rive gauche de laquelle fe trouve une hatte de chaque côté du chemin. De-là on gagne un ravin fur le bord gauche duquel eſt une hatte. De ce ravin, le chemin fuit l'ance de *Jayna* pendant près de trois-quarts de lieue pour arriver à la rivière de Jayna, fufceptible d'être rendue navigable ; avantage que l'on pourrait procurer auſſi à la rivière de Niſao & à celle de Nigua.

Les rivières de Nigua & de Jayna, ne font pas très-éloignées l'une de l'autre ; mais, dès leur naiſſance, ces deux rivières s'écartent dans leur cours, que la première dirige à l'Oueſt de la feconde. Elles renferment entre-elles deux, une plaine vaſte & fertile, qui, dans l'origine, a été la fource la plus abondante des richeſſes de la colonie. La quantité d'or pur qu'on tirait de fes cavités, fes fucreries, fes cacaoyères, fes indigoteries, & fes autres denrées, produiſaient des droits qui furpaſſaient ceux que fournit aujourd'hui toute la partie eſpagnole. Une habitation placée fur les bords de Jayna & qui eſt fans nulle valeur, était connue anciennement fous le nom de la Baleine, au lieu de celui de Cagnabola qu'elle porte à préſent. Le premier nom lui avait été donné à cauſe de l'envoi que faiſait annuellement fon propriétaire à Séville, de l'excédant des denrées qu'il n'avait pu conſommer dans la capitale de l'île, fur un vaiſſeau appellé *la Baleine*. On voit, dans les environs de Jayna, de l'indigo, devenu fauvage, qui annonce & que cette utile plante favoriſait autrefois ce canton & qu'elle y produirait encore de nouvelles reſſources.

La rivière de Jayna n'est point guéable, on la passe dans des canots ou *dans des cuirs*, à deux cens toises de son embouchure, & les animaux la traversent à la nage.

C'était vers le haut de cette rivière qu'étaient les célèbres mines d'or de St-Christophe, découvertes par François de Garaz & Michel Diaz, & dans le voisinage desquelles Colomb avait fait construire le fort du même nom de St-Christophe. Non loin de ces mines, se trouve aujourd'hui la cure de Ste-Rose ou de Jayna qui comprend, dans son étendue, l'ancienne & riche population de Bonnaventure, réduite à un petit nombre d'individus qui élevent des troupeaux ou qui lavent de l'or. Les établissemens de la plaine de Ste-Rose & des bords de la rivière de Jayna, doivent être considérés comme une dépendance de la cité de San-Domingo. On y compte, au moins deux mille individus, pour la plupart hommes de couleur, libres & esclaves.

Sur les bords de Jayna dans l'habitation de Gamboa & Guayabal, se trouve une mine d'argent, très-riche, qu'on avait commencé à travailler, mais qui a été abandonnée parce que dix huit nègres y périrent dans un éboulement. Il y a une autre mine du même métal entre les hattes de la Croix & de St-Michel.

Après la Jayna, le chemin passe près la batterie du plateau formé par une langue de terre dont je vais parler, & qui est à trois lieues de Santo-Domingo. En avançant une lieue, on trouve quelques établissemens de culture; de-là, le chemin suit le rivage jusqu'au fort St-Jérôme, placé à une grande demi-lieue de Santo-Domingo, & va, en tournant un peu sur la gauche, gagner la capitale, par un point de son enceinte, qui est vers le Nord-Ouest; deux cens toises avant cette enceinte, est la croisée du chemin par lequel on va au Cotuy sans entrer dans la ville.

La côte qui correspond à l'espace que l'on vient de parcourir par le chemin, forme aussi une étendue d'environ douze lieues depuis Nisao jusqu'à San-Domingo. De la pointe de Nisao qui avance d'environ quatre lieues dans le Sud, la terre tourne brusquement au Nord-Est jusqu'à l'embouchure de Jayna. Ce fut sur cette plage que le Vice-Amiral Penn mit à terre en 1655, les troupes anglaises aux ordres de Vénables. Ce débarquement fait sous voile, prouve tout à la fois, & l'accessibilité de la côte & son peu de défense, quoiqu'elle soit voisine de la capitale.

A peu près à la moitié de la distance de Nisao à Santo-Domingo, est la petite peuplade de Jayna (*), si on peut donner ce nom à deux ou trois habitations nouvelles, placées à l'extrémité Est d'une anse qui porte, comme-elles, le nom de la rivière sur la rive gauche de laquelle elles se trouvent, non loin de son embouchure. Le cours de Jayna, en partant de cette embouchure, est dirigé au Nord, pendant environ trois cens toises, puis il va vers l'Est-quart-Nord-Est pendant cinq cens toises, pour reprendre ensuite sa première direction Nord. Cette espèce de coude, formé à trois cens toises de l'embouchure, laisse entre lui & la mer, un plateau qui commande & domine

(*). Les français prononcent *Cayne* parce que le *J* espagnol a le son fort de notre *C*.

toute l'anse de Jayna qui est de sable, & qui a plus de quinze cens toises d'étendue. Comme on ne peut pas faire de débarquement dans la côte comprise entre le Fort-St-Jérôme & la rivière de Jayna, la position de ce plateau est très-avantageuse, aussi est-il fortifié par la batterie dont j'ai parlé. Le terrain y est extrêmement fertile, & sa situation est très-agréable & très-saine. On trouve même en abondance de l'eau dans son voisinage. Car à environ trente toises de l'embouchure de Jayna, cette rivière est encaissée, & cet encaissement va en augmentant jusqu'à soixante pieds de hauteur. La Jayna n'est point guéable dans tous ses points, & les bords de sa rive droite sont, je le répète, couverts de bois impénétrables.

La côte comprise entre Jayna & Santo-Domingo est de roc, escarpée presqu'à pic, en général depuis six jusqu'à quinze pieds d'élévation, & il règne dans la mer, en avant de cette côte, des ressifs qui ont environ trente toises de largeur.

Le Fort St-Jérôme, est sur le bord de la côte & près du chemin. Ce n'est, à proprement parler, qu'une redoute en maçonnerie, mais construite avec art. C'est un quarré fortifié, de vingt toises de côté & d'environ vingt pieds d'élévation avec un fossé. Il peut recevoir cent cinquante hommes avec les vivres & munitions qui leur sont nécessaires. Un commandant intelligent pourrait se faire honneur dans ce petit fortin qu'on ne pourrait prendre sans une brêche en règle.

Nous voici maintenant arrivés au port de la ville capitale.

Ce port est formé du confluent des rivières d'Isabelle & d'Ozama, qui ont à leur jonction la forme d'un Y. Chacune d'elles en reçoit dans son cours, d'autres moins considérables & un nombre infini de ruisseaux, de ravins & de courans ou égouts. Ces deux rivières prenent leur source dans les montagnes qui sont au Nord-Ouest de la capitale, & viennent mêler leurs eaux à une forte lieue au-dessus de cette dernière, pour former, devant la ville, un mouillage capable de recevoir des vaisseaux de ligne. L'Ozama a, devant Santo-Domingo, la largeur de la Charente, sur laquelle est Rochefort & est fort encaissée entre deux rives de rochers perpendiculaires, qui ont quelquefois vingt pieds de hauteur, quoiqu'ils se réduisent à quatre pieds au Nord de la ville. L'Ozama a pendant une lieue, depuis quatorze jusqu'à vingt-quatre pieds d'eau, avec un fond de vase ou de sable mou.

C'est un magnifique port, un véritable bassin naturel, avec des carénages sans nombre pour les bâtimens qui peuvent arriver jusques-là; car à l'embouchure, qui porte le nom de l'Ozama seul, se trouve une roche qui n'en permet pas l'accès aux bâtimens tirant plus de dix-huit ou vingt pieds d'eau. Oviédo dit y avoir vu passer le navire l'Impérial de plus de 400 tonneaux, & l'on assure que cette roche pourrait être ôtée sans un travail très-difficile. Je dois ajouter que cette barre ne s'élève point, puisqu'elle fut sondée en 1681, par M. de Maintenon, montant une frégate française, & qu'il y trouva seulement dix-sept pieds de profondeur.

On peut juger de l'énorme volume d'eau que les
deux

deux rivières portent à la mer, par la nuance rousse qu'elles y produisent dans les débordemens & qui s'y étend aussi loin que la vue, sans toutefois que ces rivières franchissent alors leurs rives; comme cela arrive dans des inondations très-rares, telles que celle du mois de Mai 1751. L'Ozama est navigable pendant neuf ou dix lieues du Nord au Sud. Il y a sur ses bords, des manufactures de tuiles, des places à vivres & des sucreries, dont je parlerai plus loin.

La rade devant l'embouchure de l'Ozama est très-mauvaise & découverte depuis le Ouest-Sud-Ouest jusqu'a l'Est; il n'est pas possible d'y mouiller dans la saison des Suds; les Nords font chasser au large & la mer y est extrêmement grosse.

La ville de Santo-Domingo fut originairement fondée sur la rive Est de l'Ozama en 1494, par *Barthelemy* Colomb, qui lui donna le nom de *Nouvelle Isabelle*, auquel celui de Santo-Domingo a été substitué; on ne sait ni à quelle époque, ni à quelle occasion; à moins qu'on n'adopte ce que j'ai déjà rapporté d'après quelques auteurs, que Christophe Colomb donna à la nouvelle ville le nom de son père. Les habitans de la ville d'Isabelle, fondée par Christophe Colomb, en 1493, sur la côte Nord de Saint-Domingue en mémoire de la reine d'Espagne alors regnante, passèrent à la Nouvelle Isabelle en 1496. On assure qu'ils y furent attirés par une indienne, princesse de la rive Ouest de l'Ozama, devenue éprise d'un deserteur espagnol de St-Yago-de-la-Véga, nommé Michel Diaz, qui, après avoir commis un meurtre, s'était sauvé dans les lieux où elle commandait encore. On prétend même qu'elle l'épousa & qu'elle fût baptisée sous le nom de *Catherine*.

Diègue Colomb, fils de Christophe, fit bâtir ensuite, à l'Ouest du fleuve, une maison pour lui. Elle avait des murs épais suivant l'usage d'alors, & une enceinte pour la garantir des entreprises des Indiens. Cette circonstance, très-simple en soi, fut l'une de celles dont on profita pour imputer à Diègue Colomb de prétendre à la souveraineté.

La capitale continua à subsister sur la rive Est, jusqu'au mois de Juillet 1502, qu'un ouragan en détruisit presque tous les établissemens, construits en bois & couverts en paille. Cet événement porta le gouverneur Don Nicolas Ovando, grand commandeur d'Alcantara, à abandonner cette situation où la ville jouissait d'un air très-pur & où l'on avait une source d'eau courante, abondante & salubre, pour la transporter en 1504 sur la rive occidentale de l'Ozama, où l'air est moins bon & où l'eau manque, parce que celle de l'Ozama est salée à plusieurs lieues de son embouchure. Ovando, pour remédier à ce dernier inconvenient, conçut le projet de conduire les eaux de la rivière de Jayna à un grand réservoir de la place la plus considérable de la cité, où on le voit encore; mais il n'eut pas le tems de l'accomplir. A cette époque, un bac servait au passage des habitans pour aller prendre l'eau à la fontaine de la ville dépeuplée; mais ce soin trouvé penible a inspiré l'idée des citernes: pratique qui s'est conservée jusqu'à-présent, quoiqu'elle ne soit pas favorable à la santé. On voit encore actuellement des vestiges du rempart de la ville de l'Est où les habitans étaient extrêmement incommodés par les fourmis lorsqu'ils l'abandonnèrent.

La nouvelle ville s'éleva, en peu de tems, avec une forte de grandeur qui n'était pas indigne de la première métropole du Nouveau-Monde. Ovando y fit conſtruire le fort qui eſt à ſa pointe Sud-Eſt & qu'on nomme *le Château* ou *la Force*, & en outre un ſuperbe logement pour lui. Pluſieurs particuliers bâtirent, par ſpéculation, des rues entières dans cette ville qui a la figure d'un trapèze d'environ 450 toiſes à l'Eſt le long de l'Ozama, 400 toiſes au Sud, le long de la mer & environ 1500 toiſes de tour.

A l'Oueſt & au Nord, ſont de riantes campagnes, du moins à partir d'une demi-lieue; car juſques-là il y a du terrain rocailleux. Tout autour de la ville eſt un rempart, commencé ſous la préſidence de Don Alonzo de Fuenmayor, archevêque de l'Iſle. Son épaiſſeur eſt de huit pieds, ſa hauteur depuis huit juſqu'à douze pieds. Il a un revêtement en pierre de taille & n'eſt terraſſé nulle part; l'eſcarpe eſt taillée dans le roc. On voit quelques veſtiges de foſſé, mais aucune de chemin couvert, ni de glacis. Les baſtions ſont plats, fort petits, ſuivant l'uſage qui ſubſiſtait au commencement du ſeizième ſiècle; ceux des quatre angles ſont plus grands & retranchés par la gorge. On n'y trouve que deux eſpèces de demi-lunes deſtinées à couvrir les deux portes qui donnent vers la campagne & quelques ouvrages irréguliers du côté de la mer pour y placer des batteries.

Il y a beaucoup d'artillerie à Santo-Domingo, ſur-tout en fonte. La hauteur des Ileignes qui règne parallélement au rempart du Nord-Ouest de la ville, la domine, & sa crête n'est qu'à deux cens toises du fossé; c'est assez dire qu'elle n'est pas destinée à une longue défense. D'ailleurs des bastions assez petits pour qu'une bombe pût y démonter toutes les pièces, & assez mal tracés pour que la ligne de défense tombe sur la face & non sur le flanc, ne méritent guère le nom de fortifications.

L'intérieur de la ville a, dans ses rues larges, tirées au cordeau & alignées avec exactitude, une apparence qui plaît. Il y en a dix qui vont du Nord au Sud & autant qui courent du Levant au Couchant. La ville est bâtie dans le goût des anciennes villes d'Espagne & d'Italie. La majeure partie des maisons construites dans l'origine, sont d'une espèce de marbre que fournissent les environs, & celles plus récentes sont construites en *tapia*, espèce de *pisé*. Il consiste à former une caisse en planches entre des piliers de maçonnerie. On jette dans la caisse une terre argilleuse rougeâtre qu'on y bat & qu'on presse, jusqu'à ce qu'elle forme un solide ou espèce de mur qui remplit l'intervalle des piliers. Cette terre, ainsi comprimée, acquiert une dureté surprenante, & telle même que quelquefois l'on suprime les piliers de maçonnerie.

Les maisons de Santo-Domingo sont assez jolies, à étage, d'un goût simple & presque uniforme. Depuis environ quinze ans, on en a construit un assez grand nombre en bois qui sont couvertes de feuilles ou *tâches* de palmiste. Les toits sont ordinairement en plate-formes, destinées à recueillir les eaux pluviales pour les citernes. Les appartemens ont quelquefois des tapisseries d'étoffe, mais qui ne vont que jusqu'à la moitié de la hauteur seulement ; l'on dit que c'est une imitation de l'Espagne. Le sol de la ville est très-élevé au Sud, ce qui la protége contre la fureur des flots & lui sert de digue insurmontable.

Le climat de Santo-Domingo est fort tempéré. Les nuits des mois qui répondent à l'hiver, y sont même trouvées froides.

Cette ville autrefois si justement célèbre, puisque tous les conquérans du reste de l'Amérique y formèrent leurs projets, & y trouvèrent les moyens de les exécuter ; cette ville de laquelle Gonzalo-Fernandez Oviédo disait à Charles-Quint, qu'il n'y en avait pas une en Espagne qui méritât de lui être préférée, soit pour le sol, soit pour l'agrément de sa situation, soit pour la beauté de ses rues & de ses places, soit enfin par l'aménité de ses environs, & que sa majesté impériale logeait quelquefois dans des palais moins commodes, moins vastes & moins riches, que plusieurs édifices de Santo-Domingo, a prodigieusement perdu de cette splendeur, comme le fera voir la suite de la description.

Santo-Domingo est la résidence du président qui est le chef militaire & civil de la colonie espagnole & qui emprunte ce titre de la fonction qu'il remplit à l'Audience royale, établie dans cette ville en 1511, & dont Louis de Figueroa, religieux hiéronimite, fut le premier nommé président. Ce titre n'a pas toujours été celui des chefs de la partie espagnole, qui étaient appellés gouverneurs-généraux auparavant, & qui réunissent assez communément à la qualité de président, celle de gouverneur & de capitaine-général ;

réunion qui s'eſt rencontrée deux fois dans la perſonne de deux évêques de cette colonie & dans celle de l'un de ſes archevêques.

L'Audience royale eſt chez les eſpagnols, une cour ou tribunal ſupérieur de juſtice qui prononce en dernier reſſort. Elle a pour membres ordinaires un régent ou doyen & ſix oydors (auditeurs ou conſeillers) qui ſiègent en robe, en rabat & en cheveux longs, coſtume qui eſt auſſi celui des avocats & des procureurs. L'homme du miniſtère public y porte le nom de fiſcal. L'Audience royale de Santo-Domingo a pour reſſort la colonie eſpagnole, l'île de Cube, celle de Porto-Rico, & celle de la Marguerite & de la Trinité. Les provinces de Maracaïbo, de Cumana & de la Guyane eſpagnole en ont été démembrées en Juillet 1787. Les procès y ſont longs & couteux. Le doyen reçoit annuellement ſix milles piaſtres gourdes & chaque conſeiller 3,300 gourdes, à titre d'appointemens. L'Audience royale ne prononce jamais de dépens contre une partie, qu'autant que celle-ci eſt condamnée à l'unanimité. S'il y a une ſeule voix pour elle, on compenſe les dépens, parce qu'on ſuppoſe qu'un plaideur, moins éclairé qu'un juge, a bien pu ſe tromper ſur ſon droit, puiſqu'il s'eſt trouvé un juge de ſon avis. D'après l'uſage d'Eſpagne, trois juges ſuffiſent pour faire arrêt, même en matière criminelle.

Malgré les differens juges ſupérieurs & inférieurs, pour leſquels le peuple montre cependant une ſorte de vénération, les crimes ſont fort communs & reſtent ſouvent impunis dans la partie eſpagnole. Le code criminel est cependant moins rigoureux que celui des colonies françaises. Il condamne le plus souvent au *préside* (chaîne publique) ou au *sep* (double pièce de bois où la jambe est saisie dans une mortoise). Lorsque pour une execution à mort il ne se trouve pas de bourreau, (& celui-ci est un coupable dont la peine a été commuée en celle d'être exécuteur des-hautes-œuvres), on fait fusiller le criminel par des nègres aussi repris de justice.

L'Audience royale coopère en outre, en quelque sorte, avec le président, à l'administration de la colonie; puisque, comme je le dirai ailleurs, chaque président doit faire choix d'un auditeur (conseiller de l'audience) pour lui donner des avis sur les affaires contentieuses qui sont laissées au jugement du président comme gouverneur & administrateur; celui-ci peut néanmoins négliger l'avis de l'assesseur, sauf à répondre alors du parti qu'il prend.

Lorsque le président meurt ou qu'il est absent de la colonie, le régent ou doyen de l'audience est chargé de toutes ses fonctions civiles. Les membres de l'Audience royale qui sont des jurisconsultes d'Espagne sont amovibles & on leur fait parcourir les différentes possessions espagnoles en Amérique. Ils jouissent de la plus haute consideration à Santo-Domingo. Elle parait jusques dans l'attention de s'arrêter pour les saluer, eux & leurs femmes, lorsqu'ils passent dans les rues. Ils prétendent avoir le pas sur les colonels & ne reconnaissent au dessus d'eux que le gouverneur comme leur président. Ils ont des *cliens* qui les appellent leurs *parains* & qui jouissent sous leur bienveillance de la faveur publique. Ils eurent en 1781, pour un conseiller du conseil du Port-au-Prince qui se trouvait à Santo-Domingo, par la suite d'un naufrage, les plus grands égards & lui prodiguèrent les marques d'estime & les honneurs.

Le gouverneur de la colonie, quoique président de l'Audience royale n'y a point de voix dans les procès ; aussi n'y va-t-il que pour les délibérations qui ne sont point des jugemens entre les particuliers. Encore un coup, on trouvera ces détails dans un autre lieu.

Santo-Domingo est aussi le siège principal d'un archevêché, érigé en 1547, par le pape Paul III. Le pape Jules II. avoit créé en 1511 un archevêché du royaume de Xaragua, ayant pour ses suffragans, un évêché à Larez-de-Guahaba, & l'autre à la Conception-de-la-Véga. Mais ce plan ne s'étant pas effectué, il érigea en 1517, un évêché à Santo-Domingo & un autre à la Conception-de-la-Véga, tous les deux suffragans de l'archevêché de Séville & qui furent réunis en 1527, en un seul évêché de Santo-Domingo. Garcia-de-Padilla, franciscain, confesseur de la reine Léonore, femme de Don Manuel, roi de Portugal, avait été nommé évêque de Santo-Domingo en 1512, mais étant mort avant sa consécration, Alexandre Gerardino, romain, grand-aumônier de Charles V. fut le premier qui, comme évêque de Santo-Domingo, fit les fonctions épiscopales dans cette ville. Ensuite Alonso-de-Fuenmayor cinquième évêque, y fut promu à l'archevêché lors de sa création, & l'on compte jusqu'à-présent trente-cinq archevêques

ques qui ont occupé ce siège, dont les suffragans actuels sont les évêques de Cube & de Porto-Rico & l'Abbé de la Jamaïque; car ce dernier titre a été conservé par la maison des Dominicains de la capitale. L'archevêque de Santo-Domingo prend le titre de *Primat des Indes*; il jouit de huit à dix mille piastres gourdes par an & d'une haute considération; le peuble s'agenouille pour recevoir sa bénédiction, & les gens d'un certain ordre, font seulement une inclination révérentieuse à son passage. On est aussi dans l'usage de baiser son anneau & le président lui-même ne s'affranchit pas toujours de ce devoir superstitieux.

Lors de la création des évêques à Saint-Domingue, le pape leur concéda, en 1511, les dixmes & les prémices de *toutes choses*, excepté l'or, l'argent, les autres métaux, les perles & le pierres précieuses où ils n'auraient aucune part. Il leur donna de plus l'autorité & la jurisdiction spirituelle & tous les droits & les prééminences des évêques de Castille & qui leur appartiennent, suivant le droit & l'usage.

Il y eut aussi à la même époque un concordat entre le roi & ces évêques. Il leur donna les dixmes, à la charge de prier pour les rois & pour *ceux qui mouraient en faisant des découvertes*. Ils devaient aussi distribuer les dixmes au clergé, aux fabriques & aux hôpitaux. Tous les bénéfices & les dignités furent déclarés à la nomination du roi, avec cette condition qu'ils ne seroient concédés qu'à des Castillans & non à des Indiens; que les pourvus seroient nés d'une union légitime & que leur nomination, si elle était faite dans l'isle au nom du roi, serait sujette à sa ratification pendant le délai de dix-huit mois. Le concordat portait de plus, que l'on ne prendrait que des personnes capables, sachant le latin; que les ecclésiastiques auraient la tonsure, les cheveux en rond, la robe ou soutane ouverte ou fermée, mais descendant jusqu'aux talons, & n'étant ni rouge ni verte, *ni d'une autre couleur déshonnête*. Il voulait enfin qu'on n'ordonnât pas plus d'un fils du même père; qu'il n'y eût de gardé que les fêtes prescrites par l'église & que les dixmes fussent prises en nature & non en deniers.

Le chapitre collégial, créé à Santo-Domingo, en 1512, avait alors 25 membres, divisés en dignitaires, en prébendiers & sous-prébendiers. La pauvreté de l'île força à supprimer, dans la suite, trois dignitaires, ensuite deux chanoines, & enfin les trois demi-prébendiers, ce qui réduisit les individus à dix-sept. Enfin au lieu de canonicats qui avaient valu jusqu'à quatre à cinq mille gourdes & plus, l'union des dixmes & des droits paroissiaux, ne procurant plus une subsistance honnête, il en a été fait abandon au trésor public, qui paye au chapitre une portion congrue, augmentée il y a environ cinquante ans. Les canonicats sont payés huit cens gourdes, & les dignités mille; il y a trois cens gourdes en gros fruits, le reste est en assistance. Je viens de dire que ces gros fruits sont payés par le roi, qui a accepté en échange les dixmes & les premiers fruits ou novales du chapitre. La dixme se perçoit sur le pied du dixième sur les récoltes ordinaires; & sur le pied du septième sur les fruits. Quant aux objets qui exigent de l'industrie, comme le sucre l'indigo &c, c'est le vingtième. Sa majesté a exempté des dixmes, vers 1785, les nouveaux défrichemens.

Il y a un féminaire à Santo-Domingo.

On peut placer au nombre des monumens qu'offre cette ville, les ruines de la maifon que Diègue Colomb, fils de Chriftophe, avait fait commencer entièrement en pierre de taille. Elle était dans la partie Nord de la cité & bordant le rempart fur l'Ozama; les murs en fubfiftent encore avec quelques reftes de fculpture autour des fenêtres. Le toit & les planchers font tombés & l'on y enferme des beftiaux. Une infcription latine qui était demeurée fur la porte, eft à préfent couverte par une cabane de pâtre.

La cathédrale, faite des mêmes pierres que la maifon de Diègue Colomb, eft vers le Sud-Eft; fon entrée donne fur une belle place, formant un quarré long, au Sud-Oueft duquel eft la Maifon de ville. Cette églife eft d'une architecture gothique, mais majeftueufe. Elle a une nef & deux bas côtés & mérite d'être admirée, à caufe de la hardieffe de fa voûte qui, malgré des tremblemens de terre, trop fameux par leurs ravages, n'a eu que depuis quinze ou vingt ans la première léfarde. Cet édifice, commencé en 1512 & terminé en 1540, conftruit fur le modèle d'une bafilique de Rome, poffède les reftes d'un homme dont le génie a influé fur le globe entier. C'eft-là que repofent les cendres de Chriftophe Colomb qui a voulu être tranfporté dans l'île qu'on peut confidérer comme le premier fondement de fa célébrité. Il avait même ordonné que des fers deftinés à lui rappeller ceux que la calomnie lui avait fait donner, fuffent mis dans fa tombe, mais les efpagnols refusèrent fans doute d'accomplir fa volonté, dans un point qui aurait perpétué la mémoire d'une honteufe perfécution.

Il n'eft perfonne qui ne s'attende à trouver dans l'églife métropolitaine de Santo-Domingo, le maufolée de Chriftophe Colomb; mais loin de-là l'exiftence de fes dépouilles mortelles dans ce lieu, n'eft en quelque forte appuyée que fur la tradition. A la vérité, l'incurfion des anglais, fous le commandement de François Drake, en 1586, ayant amené le pillage de la ville, lors duquel les archives de la cathédrale furent brulées ou détruites, on n'y trouve plus d'actes antérieurs à cette époque. Les plus anciens même ne vont pas au-delà de 1630, excepté un vieux régiftre qui comprend les délibérations du chapitre, depuis 1569 jufqu'en 1593 & que le tems & les vers ont à moitié détruit.

Colomb mourut à Valladolid, le vingt Mai 1506. Son corps porté à Séville y fut mis en dépôt & non pas aux chartreux, de l'autre côté du Guadalquivir, comme quelques auteurs, & notamment Oviédo & Zuniga l'ont avancé. On le plaça au-devant du chœur, dans la cathédrale, fous une pierre où l'on grava ces deux mauvais vers caftillans qu'on y lit encore.

A CASTILLA Y ARRAGON,
OTRO MONDO DIÒ COLON,

Les hiftoriens difent bien que de là il fut tranfporté dans la cathédrale de Santo-Domingo, mais fans fixer la date de ce tranfport. Un finode tenu en 1633, dont il exifte des exemplaires, en parlant de l'églife de Santo-Domingo, ajoute qu'en dehors de la marche du maître-autel, à droite & à gauche, repofent, dans deux cercueils de plomb, les os de Chriftophe Colomb & ceux de Don *Louis* fon frère ; mais rien ne défigne lequel des deux eft à la droite ou à la gauche.

Comme tout ce qui a trait à Chriftophe Colomb, eft fait pour exciter le plus vif intérêt, & fur-tout dans ceux qui veulent faire connoître l'île St-Domingue, j'avais un ardent défir de me procurer des renfeignemens certains fur fa fépulture à Santo-Domingo. Je m'adreffai donc à Don Jofeph Solano, lieutenant des armées navales d'Efpagne, commandant celle qui était alors au Cap-Français. Le caractère obligeant de cet officier général, les preuves particulières que j'avais de fes difpofitions à me fervir, fon titre d'ancien préfident de la partie efpagnole & fes relations d'amitié avec Don Ifidore Péralta, qui lui avait fuccédé dans cette préfidence, tout me promettait une recommandation efficace. Don Jofeph Solano écrivit en effet de la manière la plus inftante & je crois devoir tranfcrire ici la réponfe de Don Ifidore Péralta.

Santo-Domingo, 29 Mars 1783.

" Mon très-cher ami & protecteur. J'ai reçu la
" lettre amicale de votre feigneurie du 13 de ce mois,
" & je n'y ai pas répondu fur le champ, afin d'avoir le
" tems de m'informer des détails qu'elle me demande
" relativement à Chriftophe Colomb ; & encore
" afin de goûter la fatisfaction de fervir, votre fei-
" gneurie, autant qu'il eft en mon pouvoir & de
" lui faire éprouver celle de complaire à l'ami qui l'a
„ engagé à recueillir ces mêmes détails.

" A l'égard de Chriftophe Colomb, quoique les
" infectes détruifent les papiers dans ce pays & qu'ils
" ayent converti des archives en dentelles; j'efpère
" malgré cela remettre à votre feigneurie, la preuve
" que les offemens de Chriftophe Colomb font dans
" une caiffe de plomb, renfermée dans une autre
" caiffe de pierre qui eft enterrée dans le fanctuaire
" du côté de l'évangile; & que ceux de Don *Bar-*
" *thelemy* Colomb fon frère, repofent du côté de
" l'épître de la même manière & avec les mêmes
" précautions. Ceux de Chriftophe Colomb y ont
" été tranfportés de Séville, où ils avaient été dépofés
" dans le panthéon des ducs d'Alcala après y avoir
" été conduits de Valladolid & où ils ont reftés juf-
" qu'à leur tranfport ici.

" Il y a environ deux mois que, travaillant dans
" l'églife, on abattit un morceau de gros mur qu'on
" reconftruifit fur le champ. Cet événement fortuit
" donna occafion de trouver la caiffe dont j'ai parlé,
" & qui, quoique fans infcription, était connue,
" d'après une tradition conftante & invariable, pour
" renfermer les reftes de Colomb. Outre cela, je fais
" rechercher fi l'on ne trouverait pas dans les ar-
" chives eccléfiaftiques, ou dans celles du gouver-
" nement, quelque document qui pût fournir des
" détails fur ce point; & les chanoines ont vu &
" conftaté, que les offemens étaient réduits en cen-
" dres, en majeure partie, & qu'on avait diftingué
" des os de l'avant-bras.

" J'adreffe auffi à votre feigneurie la lifte de tous les
" archévêques que cette île a eus, & qui eft plus

« curieuse que celle de ses présidens ; car l'on m'as-
« sure que la première est complète, tandis qu'il
« se trouve dans la seconde des lacunes produites par
« les insectes dont j'ai parlé, & qui attaquent plutôt
« certains papiers que d'autres.

« A l'égard des édifices, des temples, de la beauté
« des rues, ainsi que du motif qui a déterminé à
« transporter cette ville sur la rive Ouest de la rivière
« qui lui forme un port, je vous en entretiens aussi.
« Mais *quant au plan que demande la note*, il y a
« une difficulté réelle, parce que cela m'est défendu
« comme gouverneur ; les lumières supérieures de
« votre seigneurie lui en font sentir la raison „ &c.

Voilà la pièce envoyée par Don Isidore Péralta &
que je possède, revêtue de toutes les formes légales.

« Moi Don Joseph Nugnez de Caseres, docteur en
« la sacrée théologie de la pontificale & royale univer-
« sité de l'Angélique St-Thomas d'Acquin, doyen
« dignitaire de cette sainte église métropolitaine &
« primatiale des Indes ; certifie que le sanctuaire de
« cette sainte église cathédrale ayant été abattue le 30
« Janvier dernier, pour le construire de nouveau, on
« a trouvé, du côté de la tribune où se chante l'évan-
« gile, & près de la porte par où l'on monte à l'es-
« calier de la chambre capitulaire, un coffre de pierre,
« creux, de forme cubique, & haut d'environ une
« vare (*), renfermant une urne de plomb, un peu
« endommagée, qui contenait plusieurs ossemens hu-
« mains. Il y a quelques années que dans la même

(*) A peu près deux pieds & demi de France.

" circonstance, ce que je certifie, on trouva, du côté
" de l'épître, une autre caisse de pierre semblable, &
" d'après la tradition communiquée par les anciens
" du pays & un chapitre du sinode de cette sainte
" église cathédrale, celle du côté de l'évangile, est
" réputée renfermer les os de l'amiral Christophe
" Colomb & celle du côté de l'épître, ceux de
" son frère, sans qu'on ait pu vérifier si ce sont ceux
" de son frère Don Barthèlemy, ou de Don Diègue
" Colomb, fils de l'amiral ; en foi de quoi j'ai délivré
" le présent. A Santo-Domingo, le 20 Avril 1783.
" *Signé*; D. Joseph Nunez de Caserès.

" Don Manuel Sanchez chanoine, dignitaire &
" chantre de cette sainte église cathédrale, certifie &c.
" (*comme le précédent mot à mot*). A Santo-Domingo,
" le 26 Avril 1783. *Signé* ; Manuel Sanchez.

" Don Pierre de Galvez, maître d'école, cha-
" noine dignitaire de cette église cathédrale pri-
" matiale des Indes ; certifie que le sanctuaire ayant
" été renversé pour le reconstruire, on a trouvé, du
" côté de la tribune où se chante l'évangile, un coffre
" de pierre avec une urne de plomb, un peu endom-
" magée, qui contenait des offèmens humains ; & l'on
" conserve la mémoire qu'il y en a une autre du côté
" de l'épître du même genre ; & selon ce que rappor-
" tent les anciens du pays & un chapitre du sinode
" de cette sainte église cathédrale, celle du côté de
" l'évangile renferme les offèmens de l'amiral Chris-
" tophe Colomb, & celle du côté de l'épître, ceux
" de son frère Don Barthelemy. En témoignage de
,, quoi j'ai délivré le présent, le 26 Avril 1783. *Signé*,
" Don Pédro de Galvez ,,   Telles

Telles sont les uniques preuves du glorieux dépôt que recèle l'église primatiale de Santo-Domingo, & qui sont elles-mêmes enveloppées d'une sorte de ténèbres, puisque l'on ne saurait dire affirmativement laquelle des deux caisses renferme les cendres de Chritophe Colomb; à moins qu'à l'appui de la tradition, on ne fasse valoir la différence des dimensions des deux caisses, parce que celle où l'on croit que les restes de Colomb ont été placés a 30 pouces d'élévation, tandis que l'autre n'a que les deux tiers de cette hauteur.

Depuis 1783, l'on a encore cherché dans les dépôts de la Partie Espagnole, quelques traces des faits relatifs à Christophe Colomb, mais toujours infructueusement; je suis même très-redevable, à cet égard, au zèle complaisant de M. le chevalier de Boubée, alors commandant la frégate la Belette, qui, dans un voyage à Santo-Domingo, fait en 1787, voulut bien, & pour concourir à mon ouvrage & pour satisfaire une curiosité qu'il partageoit, fouiller dans les archives du chapitre que le Doyen & l'Archiviste lui montrèrent avec beaucoup d'affabilité.

Quel sujet de réflexion pour le philosophe ! Trois cens ans sont à peine écoulés depuis la découverte du Nouveau-Monde, & déjà une foule de détails manque sur l'homme extraordinaire qui en fut l'auteur ! Il attache un grand prix à ce que ses cendres soient transportées dans la capitale de l'île immense qui a servi à constater la vérité de ses opinions sur l'existence d'une autre partie du globe, &

cette translation, postérieure à l'époque où la cathédrale a été terminée, est faite sans qu'aucun monument serve à la constater & à la rappeller aux yeux de tous.

Je dois cependant dire ici que Don Antoine d'Alcedo, au mot *Amérique* de son intéressant dictionnaire, assure qu'on avait posé l'épitaphe suivante :

Hic locus abscondit præclari membra Columbi
   Cujus nomen ad astra volat.
Non satis unus erat sibi mundus notus, at orbem
   Ignotum priscis omnibus ipse dedit ;
Divitias summas terras dispersit in omnes ;
   Atque animas cœlo tradidit innumeras ;
Invenit campos divinis legibus aptos,
   Regibus et nostris prospera regna dedit.

Mais cette épitaphe n'existe plus, & son souvenir même est perdu dans la colonie espagnole.

Un synode, tenu 143 ans après la perfection de l'église métropolitaine, parle bien de l'existence des dépouilles mortelles de Christophe Colomb dans cet édifice; mais c'est sans entrer dans aucune explication, quoi qu'on eut dû songer que le pillage fait par Drake, 47 ans auparavant, avait causé la destruction des archives, & que les insectes auraient suffi seuls pour anéantir des pièces importantes. Et ce synode, lui-même, il commet une erreur impardonnable, puisqu'il donne un frère, *Don Louis*, à Colomb, quoi qu'il n'en ait jamais eu de ce nom, mais seulement deux appellés *Don Barthelemy* & *Don Fernand*.

Ce qui doit ajouter à l'étonnement, c'eft que la famille même de Colomb, devenue très-confidérable dès lors, puifqu'au retour de fon cinquième & dernier voyage, Colomb fut fait duc de la Veragua, province du Mexique, érigée en duché pour lui, & en même-tems duc de la Vega, nom d'une ville de la Jamaïque, & marquis de cette dernière ifle, n'ait pas cru fa propre gloire intéreffée à lui faire conftruire un monument, foit à Valladolid où il eft mort, foit à Santo-Domingo où il a été tranfporté. Mais ce reproche qui s'adreffe encore aujourd'hui au duc de Liria, poffeffeur, par alliance, des immenfes richeffes de la famille de Colomb; qu'il eft foible en comparaifon de celui que mérite la nation efpagnole toute entière, pour l'infouciance qu'elle a montré envers un homme à qui elle eft redevable de fa plus grande illuftration ! Il n'a même pas jjoui de cette juftice tardive que l'on rend enfin aux grands hommes lorfque leur mort a défarmé l'envie. Ce n'était pas affez que de fon vivant il eût vu donner le nom d'un autre à la découverte par laquelle il avait, pour ainfi dire, agrandi l'Univers, il a fallu que tout fe réunît pour caractérifer envers lui la plus honteufe, comme la plus incroyable ingratitude. Ajouterai-je que dès 1787, c'eft-à-dire, lorfqu'il y avait à peine 4 ans que Don Ifidore Péralta avait eu occafion de faire conftater qu'on avait trouvé le cercueil de Colomb, l'original de cet acte ne pouvait déjà plus être trouvé à Santo-Domingo, où M. de Boubée le chercha vainement à cette époque, poftérieure au décès de Don Ifidore Péralta. Ainfi fans le mouvement qui m'a porté à chercher des détails fur cet homme immortel, la pièce authentique que j'ai rapportée, ne fubfifterait peut-être pas. Mais le génie de Colomb a plané fur le globe entier, il a mis fon fceau fur fon fiècle & l'admiration des fiècles futurs le vengeront de tous ceux qui jouiffent des fruits fi précieux de fes travaux, de fa perfécution même, fans exhaler vers lui un feul fentiment qui exprime la gratitude.

Il faut que je maîtrife enfin ma jufte indignation pour offrir au lecteur, qui la partage fans doute, les autres détails de l'édifice où fe trouve tout ce qui refte de l'être dont l'exiftence aura produit les effets les plus extraordinaires & les plus multipliés.

C'eft dans cette cathédrale qu'on conferve comme la plus précieufe relique, une croix qu'on dit être la même que celle plantée par Colomb fur une hauteur près de la Véga. Après fon exaltation, les Indiens tentèrent vainement de la déplacer, de la couper & de la brûler. Frappés de terreur, ils apperçurent la Vierge penchée fur les bras de cette croix, & les flèches qu'ils dirigeoient vers elle, revenaient les percer. L'Empereur Charles-Quint la fit tranfporter à fes dépens. Elle a été recouverte en argent avec un travail en filigrane & mife fous trois clefs dont le doyen du chapitre, le plus ancien chanoine & le plus ancien prébendier font dépofitaires. Il y a des indulgences pour ceux qui l'invoquent & l'on en rapporte une multitude de miracles.

L'Amiral royal Don Ignace Caro fut enterré dans la cathédrale, en 1707 ; le Châtelain Don Pedre Niela, chef de la colonie, en 1714; & le Colonel Don

Isidore de Péralta, auprès des cendres de Christophe Colomb, en 1786.

On peut encore remarquer à Santo-Domingo, la maison destinée à loger le Président & que l'on nomme le palais ; parce que l'Audience royale s'y assemble. Cette maison située près de la cathédrale, mais plus au Nord, est sur une petite place & donne d'un côté sur l'Ozama. La place sert de marché public ; c'est-à-dire, qu'elle réunit une quarantaine de nègres vendant des vivres du pays. L'imprimerie, les prisons & plusieurs anciennes maisons de particuliers sont près du palais.

Santo-Domingo a trois églises paroissiales ; savoir : celle de Ste.-Barbe qui est vers le Nord-Est de la ville ; celle de Saint-Michel placée au lieu où était un hermitage que le tremblement de terre de 1751, a ruiné & où Michel de Passamonte avoit fondé un hôpital sous l'invocation de son patron ; & celle de St.-André. Mais ces deux dernières ne sont guères que des succursales ou des annexes de la première & se trouvent, en quelque sorte, hors de l'enceinte de la ville. Il y a de plus une église de St-Lazare & un hermitage de St-Antoine, voisin de l'église de Ste-Barbe.

On voit aussi à Santo-Domingo trois couvens d'hommes qui ont reçu de l'accroissement depuis 1782. Celui des Dominicains ou Jacobins, fondé par Charles-Quint avec une Université sous la protection de St.-Thomas d'Aquin, est dans le Sud. Un autre de Cordeliers est vers le Nord; il a été bâti aux frais d'Ovando en 1503, sur un monticule où est une mine de mercure & Don Jean-Joseph Colomo, président, est enterré dans cette église. Le troisième couvent est de religieux de la Mercy, de la Rédemption ou Trinitaires, il est dans l'Ouest ; la dédicace de son église a eu lieu en 1730, & elle renferme les cendres du brigadier, président, Don Fernand, Conflans Ramirez de St-Yague, mort en 1723.

Cette cité a encore deux monastères de femmes ; celui des Clarisses, religieuses du second ordre de St-François, ainsi nommées à cause de Sainte-Claire, leur patrone ; il est contigu au couvent des Cordeliers mais au nord de ce dernier ; & celui des Dominicaines ou Jacobines, ou Dames de Ste-Catherine, qui est dans l'Ouest de celui des Jacobins. Toutes les églises de la capitale sont belles, riches par leurs ornemens, par des vases précieux, par des tableaux & par des statues de métal ou de marbre, mais la cathédrale l'emporte sur elles à tous égards.

On compte à Santo-Domingo, trois hôpitaux, dont un fut élevé par Ovando en 1503, & dédié à St-Nicolas son patron. Un autre est destiné aux incurables, & porte ce nom qui réveille des idées si déchirantes pour les cœurs sensibles.

Les Jésuites avaient fondé un collége, qui, commencé vers 1735, a été achevé environ 20 ans après.

C'est à Santo-Domingo que sont les principaux agens de l'administration générale, & la majeure partie de la garnison. Cette dernière est composée d'un régiment de milices réglées qui ont succédé au commencement de ce siècle, à trois ou quatre compagnies de troupes réglées, les premières qu'ait envoyé l'Espagne dans cette colonie, où elles arrivèrent à la fin du siècle dernier. Ce régiment est composé de 12 compagnies de 62 hommes chacune ; il y a de plus une compagnie d'artillerie & deux ingénieurs. On met les milices de la colonie sur pied pendant la guerre, & leurs officiers jouissent de la demi-solde durant la paix.

Il n'y a pas d'autre état - major à Santo-Domingo que le gouverneur, un major & un aide-major de place ; l'officier des troupes détachées dans les différens quartiers y commande: c'est celui des milices lorsqu'il n'y a pas de troupes réglées.

La population de la ville de Santo-Domingo est peu confidérable, encore s'est-elle singulièrement accrue depuis vers 1780. Les recensemens récens de cette capitale n'offrent pas plus de vingt mille ames, de tout âge & de tout sexe ; mais pour être convaincu qu'ils sont au-dessous de la réalité, il faut savoir comment se font ces recensemens, qui eux-mêmes indiquent un trait du caractère espagnol.

Ils sont dressés, dit Valverde, par des personnes à qui les curés ou vicaires en confient le soin, & qui vont, de maison en maison, vérifier quelles sont les personnes qui ne s'acquittent pas du devoir paschal. Cette forme a le premier inconvénient de ne pas comprendre les enfans au-dessous de 7 ans, & de négliger les chefs de famille absens de chez eux ou de la ville. Mais la cause principale de l'inexactitude, est que la moitié du territoire paroissial de la ville est hors de ses murs.

Ce territoire comprend le lieu nommé *les plaines*, une grande partie de Mont-de-Plate & encore tant à l'Est qu'à l'Ouest de San-Domingo, un grand nombre de petits lieux de plaisance, de biens de campagnes & d'habitations à vivres où résident plusieurs familles de noirs, de sang-mêlés & de blancs cultivateurs. Or ceux-ci ne paroissant en ville que dans l'intervalle du carême à la St.-Jean, pour accomplir le précepte de l'église, & n'y logeant qu'un jour ou deux chez quelque parent ou ami, où chez le commissionnaire qui vend leurs denrées, il se trouve 5 ou 6 mille individus non recensés. Ainsi la population totale de la ville & de ses dépendances, doit être portée au moins à 25 mille ames.

Quelle prodigieuse décadence si l'on compare cet état à celui de cette capitale, dans les premiers tems de la découverte de l'Amérique ; lorsqu'elle renfermoit un nombre considérable de malheureux Indiens ; lorsque les espagnols, insatiables d'or, y accouraient en foule de tous les points de leur métropole ; lorsqu'on y préparait principalement les armemens qui servirent à la conquête des îles de Porto-Ricco, de Cube, la Jamaïque, la Marguerite, la Trinité & plusieurs autres ; à la découverte du Continent, à la conquête du Mexique ; lorsqu'il en sortait des colons pour peupler différens autres lieux, soit dans l'île même, soit ailleurs, comme la ville de Coro dans la province de Venezuela ; lorsque son port était continuellement rempli de bâtimens qui venaient y charger des cuirs (dont la Colonie envoya plus de 35 mille en Espagne dans la seule année 1587), de la

casse

casse, du suif, & même des bestiaux pour les autres établissemens de l'Amérique; lorsqu'au commencement du 16e siècle, les riches mines de la Colonie, & en particulier celle d'argent trouvée près de la capitale, portèrent l'empereur à fonder dans la ville de Santo-Domingo, un hôtel où la monnoye était battue au même titre que celle d'Espagne; lorsqu'enfin tous les genres de prospérité existaient dans l'île, & qu'ils étaient encore plus remarquables dans sa capitale qui leur servait comme de centre & de point de réunion.

Et cependant la situation actuelle de Santo-Domingo, est elle-même florissante, si on veut la comparer à ce qu'elle a été depuis 1550 jusqu'au commencement de ce siècle. Toutes les richesses & la splendeur de l'île espagnole, furent, pour nous servir de l'expression de Valverde, semblables à la beauté & à la délicatesse d'une fleur qui laisse à peine le tems de voir ses belles nuances & de respirer son odeur suave. En effet, la ruine de l'île fut aussi rapide que ses progrès. Il serait également long & difficile d'en assigner toutes les causes, mais on peut indiquer les principales.

La première & celle qui porte un caractère vraiment révoltant, c'est la persécution contre Christophe Colomb qui produisit la commission donnée au commandeur Bovadilla, & dont on vit résulter, contre le vœu d'Isabelle & de Ferdinand, la servitude des Indiens & leur répartition entre les habitans, pour le travail des mines, où la plupart trouvèrent la mort. Ovando, successeur de Bovadilla, n'ayant fait qu'imi-

Tom. I.   S

ter ou même surpasser ses crimes, la Colonie se trouva livrée aux factions, & en proie aux guerres civiles que les quatre religieux envoyés par le cardinal Ximenes, n'eurent pas le talent de faire cesser.

Les Indiens, victimes de la plus horrible avarice, fuyaient en gagnant le Continent ou quelque île propice; d'autres périssaient de la petite vérole, maladie qu'ils ignoraient avant la découverte, & qui en détruisit plus de trois cens mille en peu de tems. Contraints de travailler, eux qui avaient l'habitude d'une vie libre & indépendante, forcés sur-tout à un travail excessivement pénible, les germes de plusieurs autres maladies, également nouvelles pour eux, se développèrent & achevèrent de détruire cette race d'hommes dont tout le crime était de posséder une terre des entrailles de laquelle on voulait arracher des richesses qu'eux seuls avaient eu le bonheur de mépriser. Avec la disparution des Indiens, arriva celle du produit des mines qui avaient fourni au trésor public jusqu'à 6 millions de droit de quint par an.

Les nouvelles conquêtes & les nouveaux établissemens vinrent encore dépeupler Saint-Domingue. Marcello de Villalobos, l'un des auditeurs, en tira les colons qui allèrent s'établir à la Marguerite. Dans la même année, Rodrigue de Bastidas en partit avec une escadre pour aller peupler la côte de Ste-Marthe, dont il avait été nommé gouverneur; le Mexique & le Pérou épuisèrent l'île. François de Montejo en tira de quoi former les établissemens de l'Yucatan; Lucas Balquez de Ayllon & Pamphile de Narvaez, ce qu'il leur fallait pour ceux des deux Florides &

Heridia pour ceux de Carthagène. Les habitans les plus riches étoient ceux qui quittaient les premiers à cause des dissensions intestines. En vain une ordonnance du conseil des Indes, du 16 Décembre 1526, prohiba les émigrations, comme elle exceptait les cas de conquête & de nouvel établissement, à la charge de remplacer les colons qu'on prendrait; les levées continuèrent & le remplacement n'eût jamais lieu.

Cependant St-Domingue lutta, en quelque sorte, contre sa propre destruction pendant un assez long-tems, puisqu'à la fin du 16e siècle, l'île avait encore des ressources, faibles à la vérité, dans ses cultures & ses nombreux troupeaux, qu'elle devait en majeure partie aux travaux des nègres; mais alors son commerce cessa avec l'Espagne. A peine voyait-on dans ses ports quelques vaisseaux de régistre tous les deux ou trois ans; elle n'eut plus de rapport qu'avec le Mexique, & sans les étrangers & notamment les Hollandois, la Colonie aurait péri de la misère qui la désola pendant long-tems.

La cour d'Espagne que rien ne frappa dans cet affligeant tableau, que la contrebande qui donnait une apparence de vie aux pitoyables restes de cette colonie, fit démolir, en 1606, les places maritimes qui servaient d'entrepôt à cette contrebande, & obligea les habitans de plusieurs points de la côte nord, à se retirer dans l'intérieur, parce qu'ils furent considérés comme les agens d'un commerce prohibé.

Enfin les épidémies de la petite vérole, du sarampion, espèce de rougeole très-dangereuse, & de la dissenterie, notamment en 1666, appellée la cruelle année des 6, achevèrent la dépopulation & réduisirent la Colonie à n'être plus qu'une espèce de désert au commencement du siècle actuel. La capitale qui avait ressenti, plus qu'aucun autre lieu, les déplorables effets de tant de causes destructives, en avait souffert de particuliers. Elle ne fut, à la vérité, que menacée par l'attaque qu'en firent les anglais en 1551, sous les ordres de Guillermo Gauson, avec une forte escadre & plus de deux mille hommes de débarquement, dans laquelle ils furent promptement repoussés ; mais lors de l'attaque de Drake, en 1586, elle perdit des édifices considérables, & les tremblemens de terre remarquables de 1684 & de 1691, renversèrent presque tous ceux que l'entreprise de Drake avait épargnés ; de sorte qu'on ne voyait, pour ainsi dire, à Santo-Domingo, vers 1700, que des ruines & des débris entremêlés de gros arbres, qui attestaient la dépopulation.

Ainsi l'Isle, métropolitaine de la quatrième partie du monde, ne conserva plus que les habitans qu'une extrême détresse y enchaînait ; les maisons périssaient faute d'être occupées. Les terres abandonnées, restèrent souvent sans propriétaire, & les limites des ivers domaines ayant cessé d'être visibles, on ne fut plus distinguer sa propriété de celle d'autrui. Les rétributions publiques furent presque nulles, & le fisc n'avait plus d'autre aliment que la vente de quelques rames de papier timbré & de quelques bulles que l'on délivrait. Il fallut, pour fournir aux dépenses du gouvernement, envoyer, chaque année, des sommes du Mexique. En un mot, la pauvreté était si extrême, que la plus grande fête pour la ville de Santo-Domingo, était l'arrivée de l'argent envoyé pour payer les frais d'adminiſtration. Son entrée aux portes de la ville était annoncée par le ſon de toutes les cloches & excitait les réjouiſſances & des cris de joie. Le retard de cet envoi augmentait la conſternation, & telle a été la deſtinée de la Colonie, que depuis un ſiècle, elle coûte plus de 125 millions tournois à l'état. Un recenſement de 1737, montre même que la population totale ne s'élèvoit qu'à 6 mille ames & la capitale en comptait à peine cinq cens.

Ce fut pour donner des habitans à cette immenſe ſurface, que le miniſtère eſpagnol y envoya, dès la fin du ſiècle dernier, quelques malheureuſes familles des Canaries, dont la majeure partie déſertaient ou qui périſſaient, ſoit par leurs propres maux, ſoit par les maladies produites par de nouveaux défrichemens.

Mais enfin la colonie eſpagnole ſortit de ſa léthargie; pluſieurs établiſſemens nouveaux de bourgs & de villes parurent dans divers points de l'île; les anciens s'accrurent ou furent repeuplés; quelques cultures furent entrepriſes; on réédifia dans la capitale où il devint même difficile de trouver des logemens. Dans ſa juriſdiction on vit naître la peuplade de St.-Laurent, compoſée de nègres Mines, & celle de St-Charles ou des Ileignes (inſulaires) prit de l'accroiſſement. Cette dernière qui eſt la réunion de pluſieurs familles des Canaries, & qu'on connait plus généralement ſous le nom de Bourg des Ileignes, eſt placée à environ deux cens toiſes dans la partie occidentale de San-Domingo.

Cette renaissance fut un effet naturel de l'augmentation de la Colonie française, dont les progrès, amenant le besoin d'animaux, produisirent aussi un objet de commerce & une ressource pour la colonie espagnole. Celle-ci pût, avec ses profits, se procurer des instrumens aratoires, & notamment des nègres qui firent renaître la culture.

La contrebande avait la plus grande part aux relations qui s'établirent entre les deux colonies, & même entre les espagnols & d'autres étrangers, & le gouvernement pour arrêter du moins celle qui se faisait par mer, autorisa l'armement de plusieurs corsaires. L'audace de la pauvreté se développa alors, & plusieurs créols espagnols s'enrichirent des dépouilles de ceux qui venaient leur rendre l'existence. Pendant la guerre de 1740, le président Horrilla voyant la colonie sans aucun approvisionnement, y appella les étrangers dont la concurrence amena l'abondance. La rupture de l'Espagne avec l'Angleterre en 1761, favorisa encore le goût de la course, & répandit des richesses dans l'île; l'agriculture reçut des secours; les nègres, en augmentant les productions, donnèrent de nouvelles facilités pour se procurer d'autres bras; les gains faits en mer furent placés sur des sols fertiles, & un très-grand nombre de marins, à la fin de la guerre, se fixèrent dans la capitale pour y jouir du repos de la paix.

Don Joseph Solano, l'un des administrateurs qui ont le plus fait pour l'utilité de la partie espagnole, sentit qu'il était avantageux de permettre aux colons d'employer le produit de la vente de leurs animaux dans la partie française, en nègres qu'ils en ramenaient, & dont ils fesaient autant de cultivateurs.

Persuadé que c'est sur-tout de la terre qu'il faut tirer les vraies richesses, il forma à Santo-Domingo une société, ou chambre d'agriculture, après avoir demandé au mois de Janvier 1773, des renseignemens sur la nature de celle établie au Cap-Français.

Après cette digression qui n'était pas inutile ici, quoiqu'elle paraisse appartenir plus particulièrement à l'histoire, & dont les faits sont cités par Valverde lui-même, je reprends la description particulière de Santo-Domingo.

Quoique les créols espagnols aiment le spectacle, ils n'en ont point, même dans la capitale ; à moins qu'on ne veuille donner ce nom à des combats de taureaux, qu'on peut appeler pour eux un spectacle national, puisque les espagnols l'aiment partout. On y représente quelquefois des opéras bouffons, espèce de farces que le goût français aurait de la peine à tolérer ; mais c'est dans la place publique & le soir aux flambeaux. On a pourtant joué quelques comédies chez le comte de Solano pendant sa présidence.

L'inquisition à un commissaire à Santo-Domingo : c'est d'ordinaire un chanoine de la cathédrale. Son ministère est plutôt de forme que de rigueur. Il osa cependant, il y a quelques années, aller demander à visiter les livres d'un envoyé du gouverneur français, qui se plaignit de cette entreprise. L'archevêque informé de cette violation du droit des gens, & sollicité peut-être par le chanoine lui-même, que l'excès de son zèle avait fini par allarmer, chargea l'un de ses grands vicaires de porter des excuses à l'envoyé, de ce que son caractère public avait été méconnu. Ainsi, ce que cet établissement a de hideux ne se montre pas dans l'île, quoique les colons n'y manquent pas de superstition, comme j'ai eu occasion de le faire remarquer. Ils jettaient même par terre avec indignation, les mouchoirs qui formaient la coëffure des nègres domestiques du même envoyé, & que ceux-ci gardaient dans l'église, suivant l'usage de la partie française.

Les rues de Santo-Domingo sont pavées; on y voit quelques voitures : ce sont celles que nous appellons, des carrosses coupés ; elles ont des brancards & sont tirées par un cheval ou par un seul mulet, sur lequel le cocher est monté. Le mouvement de ces voitures est analogue au caractère de ceux qui s'y font conduire. Il est de la politesse d'y donner la droite ; mais cet usage ne s'étend pas jusqu'au président, *& sa dignité* lui défend au contraire de le suivre. Aussi cette contrainte le met-elle dans l'impossibilité de danser, tant qu'il est revêtu de cet emploi, avec une autre femme que la sienne.

Cette circonstance, toute ridicule qu'elle parait, apprend néanmoins qu'elle est l'importance que l'opinion attache à la place de président, dont le traitement annuel est de 40 mille piastres gourdes (220 mille liv. de France). Les jours d'anniversaire de la famille royale, ou ceux auxquels l'étiquette a fixé les *galas* de la cour de Madrid, le président, placé sous un dais, reçoit la visite des différens corps, dont chaque individu lui baise la main, comme un hommage
rendu

rendu au répréfentant du monarque. Je dirai plus loin, tout ce que cette place confère de pouvoirs.

Il n'y a point de fociété à Santo-Domingo, parce que les créoles efpagnoles comme celles des autres nations, s'y livrent peu; & que les femmes dont les pères ou les maris ont une profeffion, ne vifitent point d'autres femmes dont la famille a une profeffion différente; c'eft même fouvent l'effet de quelques loix qui prefcrivent cette bifarre défenfe. Ces créoles font cependant affez aimables pendant le déjeûner, auquel les hommes font communément admis.

C'eft un effet de la politeffe de Santo-Domingo de vifiter les étrangers, au lieu d'attendre qu'on foit prévenu par eux. Cet ufage eft fondé fur ce qu'on y regarde comme embaraffant pour celui qui arrive, de former des liaifons, & de s'annoncer chez tous ceux qu'il va voir. Quiconque défire le connaître, fait donc la première démarche.

Les habitans de la ville de Santo-Domingo ne font aucun commerce. Prefque tous ont des habitations, dont la plûpart ne font que des hattes. A peine les plus riches mangent-ils du pain.

C'eft à Santo-Domingo qu'eft placée la régie de la pofte aux lettres, qui eft faite pour le compte du roi & qui confifte en trois courriers, l'un pour Dahabon, l'autre pour St-Raphaël & le troifième pour Neybe. Ils partent de Santo-Domingo le premier de chaque mois, pour arriver le 8 ou le 10 à leur deftination, & en repartir 2 jours après. C'eft le courrier de Dahabon qui va prendre à Monte-Chrift les lettres qu'apporte chaque mois le paquebot, venant d'Efpa-

T

gne, qui y séjourne 3 jours avant de partir pour la Havane & qui y prend les paquets pour l'Espagne.

La chambre d'agriculture du Cap avait proposé en 1785, d'établir un courrier réglé, entre cette ville & celle de Santo-Domingo; le ministère français avait même approuvé ce plan, par une lettre aux administrateurs de la colonie, en date du 11 Février 1786; mais la lenteur espagnole l'a laissé avorter, de manière que pour écrire du Cap (comme des autres lieux de la colonie française), il faut faire passer sa lettre à Ouanaminthe, d'où elle part pour Dahabon, le premier de chaque mois, & met 16 jours à gagner San-Domingo, depuis le départ du Cap. Si la lettre est destinée pour une possession espagnole, autre que St-Domingue, elle doit être affranchie jusqu'à Ouanaminthe.

La capitale espagnole est à environ 90 lieues du Cap, par la route de St-Raphaël, Azua &c., & à environ 100 lieues par celle de Dahabon, St-Yague, la Véga; on compte 70 lieues entre elle & le Port-au-Prince. Elle est située par les 18 degrés 19 minutes, 30 secondes de latitude septentrionale, & par les 72 degrés, 37 minutes de longitude occidentale du méridien de Paris.

Les armoiries de cette cité sont un écu de gueules, ayant dans sa partie supérieure, deux lions d'or, & dans celle inférieure, une clef d'azur, accostée d'une croix d'argent & une couronne de gueules posée en cœur; pour supports, deux lions rampans, & pour cimier, une couronne impériale d'or.

Santo-Domingo a donné naissance à plusieurs

hommes estimables parmi lesquels, on doit compter Alonzo de Spinosa, dominiquain, écrivain célèbre. La reconnaissance autant que la justice, me commande de mettre au nombre de ceux qui y existent en ce moment, Don Antoine Valverde, aux recherches duquel je suis redevable, d'une grande partie de ce que je rapporte sur la colonie espagnole qui lui a donné le jour.

Ce que j'ai décrit jusqu'ici de la capitale, ne comprend, à proprement parler, que la ville elle-même & les établissemens, qu'on doit considérer comme ses fauxbourgs ; mais il me reste encore plusieurs détails à fournir, en parlant de son territoire.

Santo-Domingo est bâti dans une plaine immense ; le terrain qui est entre cette ville & Jayna, est uni, bien arrosé, couvert d'arbres touffus ou de riantes prairies. Ces bois & ces savannes s'étendent presque jusqu'aux pieds des murs de la capitale, où l'on ne voit pas plus qu'ailleurs, de jardins ni de potagers, si ce n'est dans les cloîtres où l'on en a ébauché quelques-uns.

On compte depuis Nisao jusqu'à l'Ozama, onze moulins à sucre, mûs par des bœufs & des mulets ; dans une situation commode pour tous les transports, soit par les charettes, soit par eau ; néanmoins ils se font actuellement à dos d'animaux. La plus éloignée de ces onze sucreries, qu'on appelle Cumba-Chiqua, est située sur le bord de Nisao. On commence des indigoteries & des cotonneries dans cette étendue.

Il y a aussi des sucreries sur le bord de l'Isabelle

& de l'Ozama. Ces deux rivières servent à transporter dans la capitale & les productions recueillies le long de leurs rives, & celles qu'y déposent les charettes des habitations de Barbaroja & de St-Joseph, situées plus haut. Enfin elles sont utiles de la même manière à des parties plus intérieures encore, & dans le sens de *l'Est de l'île*, au moyen de la communication de plusieurs petites rivières, telles que la rivière d'Yavacao, celles de Mont-de-Plate, de Savita, du Goyavier, du Callebassier, de Duey, de Jaynamosa, des Orangers, du Maignoc, de Dajao, & autres, dont plusieurs sont susceptibles d'être rendues navigables elles-mêmes.

Des 19 ou 20 manufactures à sucre, du district de la capitale, la plus considérable est celle de St-Joseph, où l'on peut mettre jusqu'à 70 nègres au travail. Celle appellée Jagua qu'on cite aussi, compte 50 nègres, moitié du nombre qu'elle possédait lorsqu'elle appartenait aux jésuites.

On voit en outre dans l'espace dont j'entretiens le lecteur, de simples tourniquets à mélasse, dont les plus forts ont 8 ou 10 nègres; des places à vivres où l'on recueille du riz, du mahis, du maignoc & d'autres racines & un peu de légumes & d'herbages; ils occupent depuis 2 jusqu'à 6 nègres. L'œil remarque aussi quelques chétives cacaoyères, tandis qu'on pourrait en avoir 50 ou 60, capables de donner chacune, plus de 25 milliers de cacao. Cinquante nouvelles sucreries & autant d'indigoteries, trouveraient leur place, entre Jayna & l'Isabelle.

Tout ce que j'ai examiné jusqu'ici de la côte Sud

de la partie efpagnole eft placé dans l'Oueft de la capitale ; fuivons maintenant le chemin qui fait communiquer cette dernière, avec la partie Septentrionale de la colonie. Ajoutons feulement que le terrain de la plaine de Santo-Domingo, eft généralement bon, & qu'il faut gémir de ce qu'on ait eu le malheur de le concéder à des perfonnes de la ville qui en font même les feigneurs ; fans doûte afin qu'on trouvât toûjours l'orgueil & la mifère efpagnole réunis. Près de la ville on loue le terrain à des nègres libres ou à des efclaves journaliers qui n'y travaillent qu'autant qu'il le faut pour vivre, & qui cultivent quelques denrées pour la confommation de la capitale.

Pour aller de San-Domingo vers le Nord de fa jurifdiction, on fort de la ville par la Porte-Neuve ou de Condé. Du pied du rempart, on monte le rideau ou le monticule des Ileignes, & c'eft de-là feulement qu'on apperçoit la ville lorfqu'on y arrive par cet endroit. A 200 toifes, on laiffe à gauche le chemin qui va vers Jayna, Bani, Azua &c. ; et à une petite demi-lieue, le chemin fait la fourche ; la branche la plus feptentrionale defcend au bourg de St-Charles ou des Ileignes ; par lequel l'on peut auffi fortir de la capitale, & venir trouver le point de la fourche dont je parle.

Ce bourg Saint-Charles ou des Ileignes confifte en un petit nombre de rues qui fe coupent à angles droits dans le fens des 4 points cardinaux.

Lorfque l'on a fait 5 grands quarts de lieue, depuis la cité, on trouve un chemin, qui, prenant fur la gauche conduit à des hattes & à des habitations des environs,

Une demi-lieue plus loin, on paſſe à la gauche d'une habitation, ſituée ſur une petite éminence, à deux très-grandes lieues de l'Iſabelle, & où l'on voit des cannes à ſucre & des cacaoyers ; puis ayant traverſé pluſieurs hattes ſituées ſur les deux côtés du chemin, on entre dans le bois qui conduit à la rivière Iſabelle, qu'on paſſe en canot & qu'on peut remonter de la même manière juſqu'à 4 ou 5 lieues avant ſon confluent avec l'Ozama ; ſelon les tems où elle a plus ou moins d'eau. Il y a 3 lieues de ce confluent au point où elle eſt traverſée par le chemin.

Au ſortir de l'Iſabelle, on rentre dans le bois où l'on fait près d'une lieue & demie, en ſe dirigeant vers le Nord-Eſt, juſqu'au paſſage de la rivière de Gribbe-Plate (nom qui me ſemble ſignifier qu'elle charie de l'argent ou qu'elle vient d'un lieu où il y en a). On peut dire que depuis Santo-Domingo tout eſt bois juſqu'à Gribbe-Plate ; car il n'y a , dans cette étendue, que les interruptions produites par quelques habitations & quelques hattes éparſes.

Après la petite rivière de Gribbe-Plate, vient la ſavane de la Monge, dans laquelle l'on fait un quart de lieue pour arriver à la rivière appellée *Guyacuſa Guacuara* & même *Goyaconaſi*, mais plus ſouvent *Guyacuara*; après celle-ci, eſt la ſavane Canſamanceu, qui va juſqu'à deux petits ruiſſeaux aſſez près l'un de l'autre , qu'on nomme les Ruiſſeaux du Magnoc (Yuca). De ces ruiſſeaux le chemin gagne à l'Eſt, & contourne un petit morne adjacent au cerre de Priéta, puis regagnant vers le Nord, il range d'aſſez près ce cerre de Priéta, qu'il laiſſe à gauche & qui est un côteau peu élevé, couvert de bois. Au pied de ce cerre, est la savane de Priéta où passe le chemin; elle a environ une lieue de largeur & va se terminer à la petite rivière d'Ycaque, distante de plus d'une lieue & demie de la rivière de Guyacuara, par les sinuosités bisarres du chemin. Cette rivière d'Ycaque est suivie de la savane Sanguine, aussi grande que celle de Priéta & où le chemin, en gagnant la droite, a rive à la rivière d'Ozama, qui reçoit sur sa rive droite, les rivières de Gribbe-Plate, de Guyacuara & d'Ycaque, dont nous venons de parler.

L'Ozama est ordinairement guéable à cet endroit, mais dans la saison des pluies, il faut aller chercher un gué beaucoup plus haut & même attendre plusieurs jours, que ses grandes eaux se soient écoulées : inconvénient commun à presque toutes les rivières un peu considérables de St-Domingue.

L'Ozama traversé, l'on trouve la savane de la Louise, au bout de laquelle on laisse à droite, la hatte du même nom, placée au bord du bois dont cette savane est entourée, & l'on passe la ravine de Cavoa, puis une petite savane pour trouver la rivière du Citronier (limon), qui est à une forte lieue de l'Ozama. Arrivé à ce point, on se trouve avoir franchi la sixième chaîne de montagnes dont j'ai parlé plus loin, & dont la pente est presque insensible.

De Limon, ou rivière du Citronier, on gagne la savane de la Guite dont est précédée la hatte du même nom. Cette hatte n'est guère qu'à 7 lieues de Santo-Domingo, & cependant on en parcourt 12 par le chemin qui les fait communiquer. Cette différence est produite par l'impossibilité de passer l'Isabelle & l'Ozama dans des points favorables & par la nécessité d'éviter des points lagoneux & marécageux, que le terrain présente à chaque pas. Des voyageurs à pied peuvent bien se hazarder à traverser ces derniers dans la saison sèche, & passer l'Ozama dans des pirogues ou même à la nage, comme il arrive assez souvent; mais cela n'est pas praticable pour les gens à cheval.

A un grand quart de lieue de la hatte de la Guite, est une lisière de bois qui la sépare de la belle & longue savane de San-Pédro, moins large cependant que la savane de la Guite, puisqu'elle n'a tout au plus qu'un quart de lieue de largeur. La hatte de San-Pédro, est au milieu de la savane du même nom, où l'on fait deux lieues pour trouver la rivière Rouge (Bermejo), bordée de bois.

C'est à cette hauteur vers le Nord, mais sur le bord de Jayna, que fut bâtie, par le commandeur Ovando, en 1504, la ville de Bonnaventure que le voisinage des mines de Saint-Christophe rendit bientôt considérable & qui fût placée près de Bonao, bourgade du nom du seigneur du lieu, formée elle-même autour de ces mines dès leur découverte.

Bonao était très-abondant en vivres du pays, à la fin du seizième siècle. Fondé par Colomb en 1494, il eut pour armoiries en 1508, un écu d'argent, chargé d'épis d'or, au pied de sinople; & par un hazard très-singulier, ce lieu fut oublié lorsqu'en 1512, on distribua les établissemens de la colonie, entre les deux évêchés.

Ce

Ce fut dans le territoire donné, depuis à Bonnaventure, & sur la rivière de Jayna que l'on trouva le fameux grain d'or dont parlent les auteurs espagnols, & particulièrement Oviédo, qui dit, qu'il pesoit 3 mille 6 cens piastres gourdes; sans en compter plusieurs autres qui étaient aussi d'une grosseur remarquable. On fondait annuellement à Bonnaventure, jusqu'à deux cens trente mille piastres gourdes, & cette ville fut trouvée assez importante lors de la concession des armoiries, pour qu'on lui donnât un écu de sinople, chargé d'un soleil d'or, sortant d'un nuage qui laissait échapper une pluye d'or.

Bonnaventure & Bonao, disparurent à une époque encore voisine de leur établissement, & ils étaient déjà abandonnés en 1606. J'ai dit, en parlant précédemment de Jayna, que le district de Bonnaventure fait maintenant partie de la cure de Ste-Rose ou Jayna. Plusieurs pauvres habitans y sont occupés du soin de laver de l'or dont le titre passe 23 karats & demi. Valverde rapporte même à ce sujet, qu'en 1764, on demanda au bureau du contrôle, d'où provenait l'or de boucles qu'on y avait apportées pour y être pesées, & que l'on assura n'en avoir jamais vu d'aussi pur. Cet or ne vient point de la superficie, ajoute-t-il, mais les eaux le charrient en grain, en le détachant de la grande masse qui a été travaillée originairement, & dont les excavations se voyent encore. On avait même préparé en 1750, des instrumens pour les exploiter de nouveau, mais la mort du prêtre Don Jacob Cienfugos qui dirigeait l'entreprise, & qui passait pour intelligent, la fit abandonner.

Le Bermejo ou rivière rouge, est suivi de la savane à Don-Juan où est une hatte avec la même dénomination; puis d'une petite portion de bois, qui mène à un grand ravin encaissé à une forte demi-lieue de Bermejo.

De ce ravin, le grand chemin monte & devient tortueux, très-pénible & de difficile accès; mais combien le magnifique spectacle qu'on trouve étant arrivé au sommet de la montagne, qui est la chaîne de Pardavé ou la septième, dédommage de la fatigue. L'œil enchanté découvre tout autour de ce point, la péninsule de Samana, le Cap-Raphaël, la Pointe-de-l'Epée, toutes les terres des immenses plaines de Seybo & d'Higüey, Santo-Domingo & sa plaine, & il va saisir encore vers l'Ouest, le groupe de Cibao. Dans cette étendue où la vue s'arrête sur mille points, où la beauté d'une perspective semble disparaître en considérant une perspective plus belle encore, que d'aspects majestueux, agréables, pittoresques & variés! Ici est la mer, dont la brillante surface s'offrant dans différens intervalles, contraste avec le ton azuré des terres qu'on ne peut appercevoir que dans le lointain, & qui recréent elles-mêmes les yeux en tranchant avec la verdure de points plus voisins. Des rivières, plus ou moins considérables, mêlent aussi le charme de leurs eaux tortueuses à ce tableau enchanteur, tandis que le front sourcilleux des chaînes groupées au Cibao, y mêlent quelque chose de sublime. Quels regrets pour le contemplateur de tant de richesses, de songer que la nature les prodigue en vain, & qu'elles n'ont fait sortir qu'un instant l'espagnol de son engourdissement, pour commander aux malheureux Indiens de mourir en travaillant à satisfaire son horrible cupidité, supérieure à tout, excepté à son indolence!

Le voyageur est comme ravi; c'est avec peine qu'il s'arrache de ce lieu, & après s'être résolu à descendre l'autre côté de la montagne, il est presque retourné vers la queue de son cheval, pour ne perdre que le plus tard qu'il pourra la jouissance délicieuse qu'il éprouve. Mais tout a disparu, & le voilà dans un chemin difficile & roide, pratiqué au milieu d'un bois dont les intervalles momentanés n'offrent aucune diversion. Après ce bois, est une jolie savane appellée de l'Émeraude (Aguacate), qui mène à un grand ravin où se termine la pente Nord de la chaîne de Pardavé & qui se trouve à une lieue & demie de l'autre ravin où finit sa pente au Sud.

Au ravin, l'on rentre dans un bois, & à une petite demi-lieue, est la passe de la rivière d'Yasse qui se jette comme celle du Citronnier & la Rivière-Rouge dans l'Ozama, par sa rive gauche. Après Yasse qui a toujours de l'eau, l'on reprend le bois qui devient plus serré, & à un petit quart de lieue est la rivière d'Arainos; puis est un autre bois entremêlé de petites places qui sont autant de savanettes, & à la suite duquel est la savane de la Palience, qui a près d'une lieue & demie de longueur, dirigée au Nord-Ouest-quart-de-Nord, & un quart de lieue de largeur.

Elle est terminée par la rivière de l'Oranger (Naranjo) qui ne tarit jamais, non plus que celle d'Arainos dont elle n'est qu'à deux lieues.

Après la rivière de l'Oranger, qu'on appelle aussi le petit Sévico ou Cévico, & qui se rend dans la mer au fond de la baye de Samana, on gagne la savane de Sévico, très-grande & semée de petits bouquets de bois, & dans la droite de laquelle est la hatte du même nom où conduit un sentier. Cette hatte est à 5 ou 600 toises du passage de la rivière de l'Oranger. Après avoir rencontré la traverse du sentier, on fait encore plus d'une demi-lieue avant d'arriver à la rivière de Sévico ou Cévico, qui est fort encaissée, bordée de bois & qui a beaucoup d'eau. On va de celle-ci, en traversant un intervalle d'un grand quart de lieue, partie en bois, partie en savanes, à la Petite-Rivière-Blanche (Blanco), qui conserve toujours de l'eau & vient du Cibao.

C'est de cette rivière qu'on commence à monter la seconde chaîne de montagnes ou chaîne de Sévico, au moins aussi rapide & aussi élevée que la 7e. En général, elle est couverte de bois, quoiqu'on y trouve quelques intervalles nus & quelques petites savanes çà & là. Le chemin y est très-mauvais & très-difficile, & il fait plusieurs sinuosités à cause de la nature du terrain. Parvenu au sommet, les sensations qu'on a eues au haut de la chaîne de Pardavé, se reproduisent, parce qu'on découvre tout le pays, qui du fond de la baye de Samana, s'étend pour former la Véga-Réal. On fait encore ici une station pour admirer une plaine, dont l'étendue & la beauté étonnent ; on détaille chaque portion ; on mesure, on calcule des distances, on saisit des aspects, & après avoir rendu mille fois hommage à l'auteur de tant de bienfaits, on est toujours ramené à l'idée de leur presqu'inutilité relativement aux espagnols.

Mais comme ce point est celui qui sépare réellement la partie Est de la colonie espagnole, de la partie septentrionale, & qu'il termine le territoire de San-Domingo, laissons y le voyageur dont la monture se repose, & tandis qu'il y repaît sa vue & son imagination, occupons le lecteur d'une vaste étendue d'environ 700 lieues quarrées, formant la partie orientale de l'île, & dont plus de 600 lieues sont en plaines. Cette surface est bornée au Nord, par la Montagne-Ronde, qu'on pourrait presque considérer comme le prolongement de la seconde chaîne, & dont le côté septentrional s'abaisse vers la partie Sud de la baye de Samana ; à l'Est & au Sud, par la mer, & à l'Ouest, dans presque toute sa longueur, par le cours de l'Ozama & par celui des différentes rivières, qui placées au Sud de la chaîne de Sévico, vont en se jettant successivement les unes dans les autres, porter le tribut de leurs eaux ainsi réunies, dans l'Ozama ou dans le fond occidental de la baye de Samana.

Il n'y a dans cet immense intervalle, que l'on désigne même en l'appellant *les plaines*, & où l'on ne voit que de légères collines qui semblent être les extrémités foibles & interrompues de quelques petits contreforts du groupe du Cibao, que de foibles établissemens ou bourgs, dont la plûpart sont à peine dignes de ce nom. C'est la portion de la partie espagnole le plus pauvre & la plus délaissée.

D'abord sur la rive gauche de l'Ozama & en face de San-Domingo, est un petit rassemblement qui a presque l'air d'une bourgade. C'est le voisinage même de la ville qui en a été la première cause ; c'est là que fût la première fondation de la capitale, & le chemin de San-Domingo à Seybo, part de ce point. Si de cette bourgade l'on remonte vers le Nord, on trouve à environ 1800 toises (après avoir passé une briqueterie), le bourg de Saint-Laurent-des-Mines, situé à 250 toises du bord oriental de l'Ozama, & à environ un quart de lieue de son confluent avec l'Isabelle & non pas sur le bord occidental comme le marquent la plûpart des cartes.

Saint-Laurent-des-Mines, qu'on ne peut considérer que comme une dépendance de la ville de Santo-Domingo, contient 300 habitans, tous nègres libres, & forme une cure. Ces nègres sont des descendans de nègres, pris dans la partie du Nord de la colonie française, lors des invasions de 1691 & de 1695 ; & d'autres nègres français fugitifs, qu'on avait réunis, à Santo-Domingo en 1719, pour les restituer d'après les ordres du roi d'Espagne. Mais les espagnols s'étant opposés, à force armée, à leur départ, ils ont formé cet établissement, qui a pris l'épithète de *mines*, parce que les principaux d'entre ces nègres étaient du royaume des Mines à la côte d'Afrique.

En continuant à suivre la même direction vers le Nord, on trouve le second établissement de l'Est; c'est Mont-de-Plate. Il est à environ 16 lieues dans le Nord-Est de Santo-Domingo, & placé dans la

De l'île Saint-Domingue. 159

direction Nord & Sud d'une ligne qui, partant du vieux Cap-Français, viendrait se rendre à l'embouchure de la rivière de Macoriz : embouchure dont Mont-de-Plate est à environ 15 lieues. J'ai déjà eu occasion de dire que l'établissement de Mont-de-Plate fut formé par les habitans de Port-de-Plate & de Monte-Christ, lorsqu'on les força à abandonner ces deux villes. Dans l'origine, Mont-de-Plate eut quelque lustre, mais il le perdit très-rapidement, & il est devenu, depuis plus de 50 ans, un lieu misérable auquel il semble qu'on n'ait donné que par ironie, le titre de *cité*, qui, parmi les espagnols, a pour objet d'accorder à un lieu, une qualification supérieure à celle de ville. La paroisse de Mont-de-Plate renferme environ six cens personnes.

C'est à deux lieues, à peu près, dans le Nord-Est de Mont-de-Plate qu'est la malheureuse bourgade de Boya, où se retira le Cacique Henri, avec 3 ou 400 Indiens, reste de ceux qui lui avaient été fideles, lorsque la cruauté des espagnols le força à la révolte. Il choisit cet asile après que l'empereur Charles-Quint lui eut pardonné, pour me servir de l'expression d'un auteur espagnol. Ces infortunés ne furent pas plus heureux que les autres Indiens d'Haïti, & ils périrent successivement, de manière qu'il n'en existe aucune descendance pure. Il n'y aurait même aucun vestige de bourg dans ce lieu, s'il ne s'y trouvait pas une image de Notre-Dame avec le titre *des Saintes eaux*, dans une jolie église voûtée, où une confrérie de Santo-Domingo entretient un chapelain. Depuis l'extinction des Indiens, le bruit des miracles avait attiré plusieurs personnes qui venaient de la Terre-Ferme pour s'établir à Boya avec différens projets ; mais ils s'y sont également anéantis, laissant seulement 25 ou 30 métifs, qui jouissent des droits & des priviléges, tardivement concédés au Cacique Henri, à qui l'empereur avait daigné accorder le titre de *Don*. On prétend que pendant long-tems le chef des Indiens de Boya s'intitulait *Cacique de l'île Haïti*, & qu'un tribunal composé d'Indiens, condamnait, même à mort, sauf l'appel à l'audience de Santo-Domingo. Ainsi Boya doit être cher à toutes les ames sensibles, puisqu'il a été le dernier point de l'île, où les Indiens ont trouvé un asile contre leurs farouches conquérans, & qu'on peut encore y rencontrer, quelques individus qui ont dans leur sang, des gouttes de celui qui a coulé dans les veines de ce peuple paisible, anéanti par l'avarice Européenne.

A environ quatre lieues dans le Sud-Est de Boya, on trouve la cité de St-Jean-Baptiste de Bayaguana. Elle doit son origine à la même cause que Mont-de-Plate, & elle a été fondée par les habitans de Léogane & de Bayaha. On peut lui appliquer tout ce que j'ai dit de l'état médiocre de Mont-de-Plate ; sa paroisse a cependant mille personnes.

Dans le terrain qui est entre Mont-de-Plate, Boya, Bayaguana & Santo-Domingo, on a placé, il y a environ 20 ans, les deux hermitages de St-Joseph & de Tavira, où l'on dit la messe aux habitans qui sont trop éloignés de ces premiers lieux.

C'est dans des hauteurs dépendantes de Bayaguana & appellées *Haïti-de-Roxas* que Valverde a eu l'occasion l'occasion, après l'avoir long-tems désirée & vainement cherchée, de voir un petit quadrupède qui, par sa figure & sa grosseur, ressemblait à un cochon de lait de 15 jours, excepté que son groin était un peu plus alongé que celui du cochon. Son poil, dit cet auteur, était rare & aussi fin que celui des chiens nommés *Chinois*; il n'avait point de queue; il était absolument muet & mourut en peu de tems. " Je ,, ne sais, ajoute Valverde, à laquelle des quatre petites ,, espèces de quadrupèdes trouvées dans l'île lors de ,, sa découverte, il correspondait; parce qu'Oviédo ,, les a décrites avec assez de confusion, ce qu'a suivi ,, la nouvelle encyclopédie, en y ajoutant d'autres ,, équivoques, suivant l'usage. ,,

A douze lieues, à peu près dans le Nord de la petite île Ste-Catherine, est Seyvo ou Seybo qui n'est pas celui fondé en 1502 par Jean de Esquivel, mais un établissement formé dans le même canton, il y a environ 60 ans, par plusieurs hattiers ou éducateurs d'animaux répandus dans ce local, & qui désiraient avoir un point de réunion pour y entendre la messe. Vers 1780, ce lieu avait pris de l'accroissement, comme beaucoup d'autres de la partie espagnole, mais depuis, il est retombé dans un état qui ne fait pas espérer d'amélioration. Cependant Seybo est très-considérable, comparé au reste du territoire Est, puisqu'on compte dans sa paroisse, plus de 4 mille personnes, dont la plupart sont des hattiers, des nègres libres & des sang-mêlés.

Les pâturages du canton de Seybo, se détériorent chaque jour par l'immense quantité de goyaviers

& d'ycaquiers dont ils se couvrent & qui, indépendamment du terrain qu'ils envahissent, servent de retraite aux animaux & sont cause que ceux qui sont piqués du ver, ou attaqués de quelque maladie, y périssent faute de soins.

Dans le sens d'une ligne Nord & Sud qui passerait vers le milieu de l'île de la Saone, & à six lieues de la côte Sud de St-Domingue, est la cité de Higuey connue aussi sous les noms de *Salvaléon de Higuey*, & d'*Alta - Gratia*. Elle a été très - considérable & son territoire était renommé par son extrême fertilité en sucre. Salvaléon fut fondé par Jean de Esquivel en 1502, 1504, ou 1506; car les auteurs citent ces trois époques, & en 1508, il obtint pour armoiries un écu d'argent au lion de pourpre, ayant inférieurement deux têtes d'hommes au naturel. Il est même des historiens qui semblent croire que Higuey & Salvaléon de Higuey, étaient deux établissemens distincts, & que le dernier était proche de la mer. Le Higuey qui est l'établissement le plus oriental de toute l'île St-Domingue, donne son nom à une rivière & à une baye, dans laquelle se jette cette rivière : baye que l'on connaît aussi sous le nom de baye d'Yumba (du callebassier). Le Higuey était originairement sous l'invocation de Saint-Denis. Lors de la décadence de l'île, il se trouva réduit à n'avoir qu'une cinquantaine d'habitans ; on y a bâti dans le cours de ce siècle, une nouvelle église & la population actuelle s'élève à 5 cens personnes, provenues des plus anciennes familles de la colonie. Il ne reste plus en ce moment, d'un lieu qui fut le siège de la cour du plus puiſſant Cacique de l'île, que la fertilité de ſes environs; bienfait, déſormais inutile, pour ceux qui n'en ſavent pas profiter.

Il y a trois communications de Higuey à Santo-Domingo, dont il eſt à environ 40 lieues: la première qui eſt directe, paſſe à trois ou quatre lieues de la côte, & traverſer toutes les rivières qui s'y jettent; mais juſqu'au point où la route de Seybe à San-Domingo vient joindre celle-ci, ce n'eſt guere qu'un mauvais ſentier: la ſeconde conſiſte à aller gagner Seybe: & la troiſième, va par Bayaguana & Boya, gagner la route de San-Domingo au Cotuy, entre la rivière d'Arainos & celle d'Yaſſe.

On voit d'après ce que je viens de dire, que Seybe a deux moyens de communication avec San-Domingo. Celui direct du chemin qui aboutit au bord Eſt de l'Ozama en face de la capitale, n'a qu'environ 20 lieues. Celui qui menerait au chemin du Cotuy ſerait extrêmement détourné.

Bayaguana, Boya, & Mont-de-Plate, ont le choix de venir à San-Domingo, par Seybe ou par le chemin du Cotuy; car de Boya, un grand chemin conduit à Bayaguana, & de cette dernière ville partent deux routes, l'une mène à Seybo, & l'autre à la ville de Higuey; la ſeconde, laiſſe la rivière de Higuey à droite, tandis que le chemin allant, de Seybo à Higuey, a cette rivière à gauche.

Il y a de Seybo à la baye de Samana, un ſentier où l'on a pu paſſer autrefois à cheval, mais qui n'eſt plus praticable que pour des hommes à pied.

On peut aller de San-Domingo à Samana par la partie Est de l'île. On passe l'Ozama en face de la ville, & laissant son cours à gauche, on va gagner

la sucrerie des Jacobins à	4 lieues 1/4.	
de cette sucrerie à Los-Nunos	5 l.	
à la Mata à la Carba	3 l.	3/4
au ruisseau Bruxellas	7 l.	
à Fossas (grand ruisseau)	1 l.	

De-là, le chemin se divise en deux ; une branche va par le Purgarin, & l'autre par le passage St-Jérome.

De Fossas au purgarin	2 l.	1/2
à Massas Moras	2 l.	1/2
à l'Ouverture-du-Mort	1 l.	1/4
à la Grande-Savane	1 l.	1/4
à Savane-la-Mer	4 l.	1/2

33 l.

Toute cette route est en plaine. En prenant par le passage St-Jérome au lieu du Purgarin, la route est plus longue d'environ trois lieues ; le chemin est presque aussi beau.

En ajoutant à ces détails, ceux qui sont relatifs à la côte de cette partie orientale de l'île & à la nature de son sol, j'aurai complété tout ce qui la concerne.

Après l'embouchure de l'Ozama, la côte court à l'Est, jusqu'à la pointe du Petit-Palmier, qui regarde l'extrémité occidentale de la petite île de la Saone, sans que la terre se porte sensiblement dans le Sud, excepté à la Pointe-de-Causedo qui avance d'une bonne lieue dans la mer. L'embouchure de l'Ozama, a dans l'Eſt un petit coude, appellé l'Anſe-de-la-Retraite, avec une pointe éffilée que l'on nomme communément la Petite-Pointe ou la Tourelle ; parce qu'il y a eu autrefois une petite fortification qui en défendait l'entrée & dont les ruines & les fragmens exiſtent encore. Dans la portion de côte qui va de l'Ozama à la Pointe-de-Cauſedo, ſe trouve la Callète ou Petite-Rade, qui eſt un mouillage propre aux goëletes & aux barques moyennes. Les navires peuvent cependant paſſer près de terre, ſans danger, le long de cette plage où l'on pourrait débarquer des troupes ſous voile, ce qui la rend très-dangereuſe pour les habitans durant la guerre.

Paſſé la Pointe-de-Cauſedo, la terre courre exactement à l'Eſt, juſqu'à la pointe du Petit-Palmier Dans ce nouvel intervalle qui eſt de plus de 25 lieues, la côte où ſe déchargent pluſieurs rivières plus ou moins grandes, eſt totalement ouverte. Les petites barques & les lanches peuvent l'aborder partout, & les bâtimens marchands peuvent s'en approcher & entrer dans les mouillages formés par les embouchures des rivières de Macoriz, du Soco, de Comoyazu, de la Romaine & de Quiabon. Ces rivières ſont ſuſceptibles d'être rendues plus ou moins navigables, ſur-tout le Macoriz, que les goëletes remontent déjà durant pluſieurs lieues, & dont l'embouchure forme un véritable port que précède la baye d'Andrez.

La côte eſt encore ouverte depuis le Petit-Palmier, juſqu'à la Pointe-de-l'Épée qui eſt à 18 degrés, 15 minutes de latitude & à 71 degrés, 3 minutes de longitude. C'eſt dans cette étendue qu'eſt l'embouchure de la rivière Yuma (du callebaſſier) ou de Higuey avec la baye du même nom : baye où les goëletes ou balandres peuvent entrer, & dont la Pointe-de-l'Épée forme l'extrémité orientale.

En tournant la Pointe-de-l'Épée & ſuivant la côte vers le Nord, on arrive au Cap-Trompeur (del engannio) qui eſt le plus oriental de l'île, & qui ſe trouve par les 18 degrés, 25 minutes de latitude, & par les 71 degrés de longitude Oueſt.

Enſuite vient le Cap-Raphaël ou St-Raphaël ou de la Montagne-Ronde, ſitué par les 19 degrés, 30 minutes de latitude Nord, & par les 71 degrés, 25 minutes de longitude. De la Pointe-de-l'Épée au Cap-Raphaël, la côte eſt abordable & les lanches peuvent y trouver des mouillages, notamment dans les embouchures des rivières de Niſibon, Maymon & Macao, où la pêche eſt abondante.

Le lecteur ſe rappelle, ſans doute, qu'en détaillant les plaines de la partie eſpagnole, j'ai dit, que le terrain des 49 lieues qui s'étendent depuis le bord Eſt de l'Ozama, juſqu'à la Pointe-de-l'Épée, eſt plane, ſur environ 12 lieues de profondeur, excepté entre la rivière du Soco & celle de la Romaine où ſe trouvent de petites collines cultivables. Ce terrain compoſé de bois & de prairies, (comme la plaine depuis Niſao juſqu'à l'Ozama), eſt uni & arroſé par un nombre infini de rivières ; principalement par les eaux du Macoriz qui naît dans les montagnes de l'Eſt près de la ville de Bayaguana, courre au Sud-Sud-Oueſt, & ſe jette à la mer entre la Pointe-de-Cauſedo & la rivière du Soco ; par le Soco lui-même qui à sa source vers le même point ; par le Cumayare ; par la Romaine, qui placée, à environ 15 lieues du Macoriz & ayant moins d'eau, vient, comme lui des montagnes de l'Est & se décharge à la mer dans la Baye-des-Chevaux ; par le Quiabon & par l'Yuma ou Higuey.

Chacune des ces rivières en reçoit de moindres dans son cours, parmi lesquelles on peut nommer Sanate, Seybo, Cibao, Magarin, Mayorazgo, Mojarras, Casui, l'Amirale & beaucoup d'autres. Toutes peuvent devenir des moyens de fertiliser, d'arroser, de transporter, de faire mouvoir des machines &c. On voit même entre Casui & l'Amirale, les ruines d'un grand moulin à eau.

Il serait facile de mettre dans la plaine, depuis San-Domingo jusqu'à la Pointe-de-l'Épée, plusieurs centaines de sucreries & plus particulièrement le long du Macoriz qui invite des habitans par l'aménité de ses bords. L'espace fertile & arrosé qui se trouve en tirant de Higuey vers le Nord, en recevrait encore un grand nombre, tandis que des manufactures d'un autre genre, utiliseraient les hauteurs environnantes.

Les montagnes qui terminent au Nord, la vaste plaine que je décris, sont très-giboyeuses & attirent les chasseurs dont elles récompensent toujours les peines. Quelques-unes de ces montagnes sont d'un accès difficile, parce qu'on n'y arrive que par des sentiers, & que leur fertilité même, en augmentant la grosseur des arbres & l'épaisseur des forêts, nourrit encore une innombrable quantité de lianes qui, par leurs tours sinueux, forment un tissu quelquefois impénétrable.

Nous voici maintenant arrivés à la partie septentrionale de la colonie espagnole.

En parlant des deux premières chaînes de montagnes du Cibao, qui s'étendent depuis le Cap-Raphaël jusqu'au Port-de-Paix, j'ai observé que la seconde de ces chaînes s'abaisse sensiblement, depuis le point qui correspond au fond de la baye de Samana jusques vers la Montagne-Ronde, quoiqu'elle soit très-élevée & très-rapide en partant du groupe. Telle est même & la conformation & l'espèce d'obliquité de quelques-uns des points de cette chaîne, que passant entre la rivière de Sévico & une rivière d'Yaqui (autre encore que celles du grand & du petit Yaqui) elle n'empêche pas que l'une & l'autre, ainsi que la rivière blanche, ne se jettent dans la rivière d'Yuna qui a, elle-même, comme on l'a vu, son embouchure au fond de la baye de Samana. De manière que cette chaîne de montagnes parvenue vers l'extrémité occidentale de cette baye, laisse des interterruptions ou passages, au moyen desquels les eaux versées par son penchant Sud, viennent se rendre à la mer, presqu'au même point, où y parviennent celles versées par son penchant Nord ; c'est-à-dire dans la baye de Samana. Dans le surplus de la chaîne les rivières qui en partent, suivent, de leur source à leur embouchure, la pente naturelle de ses deux côtés.

Après ces détails, le lecteur concevra encore plus aisément que la partie septentrionale de la colonie espagnole de St-Domingue, a pour borne au Nord & à l'Est, la mer ; au Sud, la première & la seconde chaîne de montagnes, & à l'Ouest, la mer, depuis le Cap-la--Grange, jusqu'au côté Sud de la baye de Mancenille, & ensuite une portion de la colonie française jusqu'au haut de la paroisse d'Ouanaminthe.

Mais cette partie Nord est elle même, pour ainsi dire, subdivisée en deux, au moyen d'une chaîne de montagnes appellée, *la chaîne de Monte-Christ* qui, de la baye du même nom, va dans le sens du Sud-Est gagner le fond de la baye de Samana, à peu près vers le Petit-Ester, où elle s'arrête comme pour laisser passer la rivière d'Yuna.

Cette chaîne de Monte-Christ, est donc absolument étrangère à toutes celles qui partent du groupe du Cibao. Entre-elle & la mer est tout ce qui borde la côte, depuis Samana jusqu'à Monte-Christ, & que je vais décrire d'abord.

Je viendrai ensuite à ce qui est entre cette même chaîne & celles du Cibao, à partir du point qui correspond à la baye de Samana jusqu'à celui où la limite des deux nations, coupe la première chaîne : surface considérable que je n'ai encore qu'indiquée, en la comptant parmi les parties planes de la colonie.

A l'opposite du Cap-St-Raphaël, mais un peu dans son Nord-Ouest, est le Cap-Samana ou Cap-Réson ou Cap-Grondeur qui forme la pointe orientale de la Péninsule de Samana. C'est entre ces deux caps qu'est la grande baye du même nom de Samana, qui reçut de Christophe Colomb le nom de *baye des flèches*, parce qu'il y trouva beaucoup d'Indiens qui en étaient armés. Ils étaient sujets du Cacique *Cayacoa* qui visita l'amiral à son bord & dont la veuve embrassa le christianisme & fut appellée *Dona Inès Cayacoa*.

La baye de Samana peut avoir environ sept lieues dans son ouverture qui fait face à l'Est, c'est-à-dire, du Cap-Raphaël au Cap-Rézon ou Samana; cinq de largeur moyenne, & à peu près, vingt lieues de profondeur; quoique la direction Nord-Est & Sud-Ouest de la côte, courant du Cap-Samana dans la baye, semble ne faire commencer celle-ci que de la pointe appellée, par les uns, *Pointe-du-Port-Français* & par les autres *Pointe-à-Grappin*, & qui n'est qu'à environ treize lieues du fond de la baye. D'autres marins comptent pour pointe Sud de cette baye, la *Pointe-d'Icaque*, qu'on trouve après le Cap-Raphaël & qui est à dix neuf degrés deux minutes de latitude, & à soixante & onze degrés trente-cinq minutes de longitude.

Cette baye est capable de recevoir les plus fortes escadres & de leur offrir un asile sûr. Placée au vent de l'île, elle a sur tous ses autres points un avantage nautique qui la met à même de protéger toute l'étendue du golphe du Méxique dont elle est une véritable clef. Mais l'entrée effective de cette magnifique baye est fort étroite; parce que de la partie Sud de son ouverture, part une caye ou ressif qui va en pointe vers le *Port-Banistre*, & entre laquelle & la côte septentrionale, la nature a mis le rocher ou haut fond appellé *des rebelles*. Ce rocher rétrécit l'entrée, de manière qu'entre lui & la terre qui fait le côté Nord dans l'intérieur de la baye, il n'y a guère plus de huit cens toises. Ainsi une batterie qu'on mettrait à terre & une autre qui serait sur le Rocher-des-Rebelles, empêcheraient par leurs feux croisés, que la moindre barque ne pénétrât dans la baye. Si au contraire on tentait d'entrer entre le Rocher-des-Rebelles & les reffifs, une batterie mife fur ces derniers, car ils font fufceptibles d'être fortifiés, croiferait encore mieux fes feux avec ceux du rocher, puifque l'intervalle eft encore moins confidérable. Outre ces moyens de défenfe que Samana offre dès fon entrée, il en a beaucoup d'autres dans fon intérieur.

La difficulté d'entrer dans la baye de Samana n'eft que trop prouvée par une grande quantité de naufrages, depuis que les Européens naviguent dans ces mers. Il eft affez étonnant qu'elle ne foit pas mieux connue, & que l'Efpagne, qui y a perdu en 1724, deux gallions de 70 canons, (*la Guadeloupe & la Tolofe*), fous le commandement de Don Balthafard de Guevara, lieutenant général de marine, & chargés de fucres pour la Vera-Crux, ne l'ait pas fait fonder & relever de manière à en rendre la navigation fûre. Peut-être eft-ce un calcul politique, car cette fcience compte quelquefois les malheurs comme un avantage. Pour moi qui ne découvre point comment ce principe pourrait être applicable à la baye de Samana, je vais citer des obfervations faites par un habitant français de St-Domingue, dans un voyage par mer le long de la côte Nord de la partie efpagnole de St-Domingue, depuis la Grange jufqu'à la baye de Samana inclufivement. L'auteur les a recueillies, & je les publie, afin qu'elles amènent un examen particulier de ce point de la côte qui eft la terreur des marins.

Suivant ces obfervations, c'eft la connaiffance des Iflots-des-Rebelles, appellés auffi Iflots-de-Baniftre qui doit servir comme de règle unique pour entrer dans la baye, à cause du ressif qui règne depuis la pointe d'Icaque qui, comme on l'a dit, est plus intérieure que le Cap-Raphaël d'environ quatre ou cinq lieues, jusqu'à ces Islots. Mais comme ceux-ci, placés à environ 12 lieues du fond de la baye, semblent n'être qu'un prolongement de la terre ou une pointe, il faut s'approcher jusqu'à ce qu'on puisse voir qu'ils en sont détachés & alors on gouverne dans la baye pour passer entre la terre de la presqu'île & les Islots en les rangeant de très-près afin de les laisser à gauche, & l'on est hors de danger dès qu'on les a dépassés. Cependant si l'on veut aller plus loin dans la baye il faut suivre la même route encore quelques encablures, jusqu'à ce qu'on ait laissé le principal de ces Islots nommé *la caye élévantade* au Nord-Ouest, puis on fait route à l'Ouest-Quart-Sud-Ouest, ou bien on se dirige sur la pointe des Martiniquois, si le tems est bien clair, jusqu'à ce qu'on découvre le Fort-Samana qui est à dix lieues du fond de la baye, & sur son côté Nord; on peut mouiller au fort en tenant le milieu entre la terre & des Islots qui lui font face.

Le nom d'*Islots-de-Banistre* & celui de *Port-Banistre* qu'avait autrefois le mouillage dont je viens de parler, tiraient leur origine d'un combat mémorable qui eut lieu en 1690, entre Banister, anglois, fameux corsaire, devenu forban, & deux frégates anglaises. Banistre qui avait une petite frégate s'était associé à un bâtiment français monté par un nommé Lagarde. Les deux frégates, sachant qu'ils étaient mouillés à Samana, y entrèrent. Banister fit mettre tous les canons à terre en batterie, & avec les 200 hommes des deux équipages, il tua plus de cent vingt hommes aux anglais & força à la retraite les deux frégates qui coulèrent cependant celle de Banifter. Comme il ne reftait plus que le petit bâtiment qui ne pouvoit prendre qu'environ quatre-vingts hommes, ils s'entr'égorgerent pour s'y embarquer, tant ils craignaient qu'on ne vint les pendre.

Il fe trouve un mouillage en dedans de la pointe d'Icaque. Vers cette pointe on remarque au milieu des reffifs, un rocher qui peut être reconnu de trois lieues, & il eft l'indice de deux paffes où l'on peut entrer & mouiller à l'abri de ces reffifs, en fe gardant d'ancrer fur les Fonds-Blancs qui font au devant, & où il n'y a point de tenue. C'eft pour n'avoir pas bien connu ces parages que M. de Grimouard, capitaine de vaiffeaux, y a éprouvé un naufrage. Il avait eu le 17 Octobre 1782, un combat avec le *London* de cent canons & le *Torbey* de 74, dans le canal entre Porto-Rico & St-Domingue. Pourfuivi par eux, il faifait route le 18, pour venir s'emboffer dans ce mouillage appellé *Port-aux-Anglais*, que fon pilote difait connaître. Il double en effet la pointe d'Icaque & vient dans la baye; mais prêt à mouiller par fept braffes, il touche; c'était le 18 au foir. Le vaiffeau de guerre le Scipion fait eau de toute part, il s'entrouvre & dans la nuit du 19 au 20 il était entièrement brifé.

Un peu avant les Iflots-de-Baniftre, eft l'Anfe-à-Grapin qui eft à 19 degrés 12 minutes & à 71 degrés 39 minutes de longitude. L'on peut y mouiller & y defcendre. On peut auffi venir fe mettre fous le vent da le *caye élévantade* entre elle & un petit rocher qui est plus Ouest.

Les bâtimens moyens trouveraient un carénage au lieu nommé le *Petit-Carénage* sous l'Islot du Fond, mais dans le port de la ville de Samana, on peut mettre tout bâtiment quelconque, le beaupré à terre, sous le plus grand des Islots qui sont au-devant de ce port.

Tous les aculs ou enfoncemens, depuis la ville de Samana jusqu'à deux lieues du fond de la baye, & du même côté Nord, sont autant d'anses ou de mouillages où l'on n'est exposé qu'aux vents du Sud, mais le plus beau port de la baye dans ce côté de la presqu'île, est sous la Pointe-des-Martiniquois.

C'est cependant trois lieues avant cette pointe, qu'est situé l'établissement que le gouvernement Espagnol a formé à Samana. Instruit par presque tous les ouvrages qui ont pu parler de St-Domingue & même par la constance avec laquelle des gouverneurs français désiraient voir Samana en notre possession, de l'importance de cette baye, il a enfin tenté d'y avoir des habitans lors des événemens qui présagèrent la guerre de 1756. Don François Rubio, président de la partie espagnole reçut ordre de peupler Samana; en conséquence on y fit venir des habitans des Canaries auxquels on a construit des logemens, composés de baraques clissées & couvertes de feuilles de palmiste, marquant l'alignement des rues futures & d'une place publique. A ce premier secours on a ajouté celui de quelques vaches, de quelques jumens & de différentes volailles. Mais soit manque de soins, soit faute de pâturages, ces beſtiaux, deſtinés à aſſurer la ſubſiſtance des colons & à les tirer de la miſère, ont rapidement diſparu ; ils les ont remplacés par des pourceaux qui ſemblent être de l'eſpèce des cochons marons (ſauvages), redevenus domeſtiques.

Une très-petite égliſe, ſous l'invocation de Sainte-Barbe & le presbytère, ſont conſtruits en maçonnerie, ainſi qu'une maiſon que le voiſinage d'une plate-forme avec quelques canons, a fait décorer du nom de Fort. Cette maiſon eſt diviſée en quatre pièces dont deux forment le logement du gouverneur qui n'eſt ſouvent qu'un ſergent; la troiſième eſt la caſerne de quatre ſoldats & un caporal & l'autre la priſon où eſt un *ſep*.

Un nouveau climat, des défrichemens toujours nuiſibles à la ſanté ont encore diminué ce foible établiſſement compoſé, à préſent, d'environ deux cens cinquante perſonnes & dont l'aſpect contraſte avec le titre de ville de Samana. Cette peuplade eſt encore contrariée par le gouverneur à qui chaque individu doit demander une permiſſion de s'éloigner de la bourgade. Ce chef trouve auſſi dans un certain droit d'ancrage qu'il exige des bâteaux qui entrent dans la baye, le moyen de dégouter quiconque pourrait y être attiré par l'eſpoir de quelque échange. La gêne des permiſſions pour s'écarter un peu, eſt cauſe qu'on a cultivé les points les plus voiſins, ſans qu'ils fuſſent toujours les meilleurs ; il eſt vrai que cette culture n'a trait qu'à la ſubſiſtance, ſans que dans ces foibles abatis rien annonce l'idée de préparer des denrées propres au commerce. Ainſi le gouvernement ou ses agens, prennent les mesures les plus efficaces pour que ses vues ne soient jamais remplies. Il faut avouer aussi que l'indolence de ces colons, est une autre cause, & peut-être la première, de leur peu de succès. La chasse & la pêche, voilà ce que le besoin leur fait essayer, & le besoin que la paresse combat, perd bien de sa force.

J'ai dit que la Pointe-des-Martiniquois était à environ trois lieues plus Ouest que la bourgade de Samana & du même côté. Il semble qu'un vaste emplacement, un air salubre, la proximité de la pierre & du bois pour la construction, une eau abondante & limpide, purifiée par des cascades, & un mouillage étendu, auraient du mériter à ce lieu l'honneur de recevoir l'établissement du port Samana qui lui a été préféré je ne sais pourquoi.

En continuant à suivre cette côte Nord pour gagner le fond de la baye, le rivage est communément beau & sabloneux. Cet espace est arrosé par huit rivières qui complettent le nombre des 16 de ce côté de la baye, parce qu'il y en a huit autres avant la Pointe-des-Martiniquois.

On ne peut approcher de plus de deux lieues du fond de la baye si ce n'est avec un simple canot, à cause de la vase. Dans ce fond, est un énorme banc d'huitres dont des points se montrent, à mer basse, comme un archipel de rochers noirs. On prend ces huitres à pleine main & avec une extrême facilité. On prétend qu'elles sont moins délicates que celles de mangles & qu'elles ont même besoin d'être rôties pour être trouvées bonnes.

On

On voit trois embouchures à cette extrémité de la baye. La plus voisine de la presqu'île, est celle du Petit-Ester ; celle du milieu, est celle de la rivière d'Yuna, & la plus Sud, celle du Grand-Ester. Aucune des trois n'a pu causer, l'erreur, si long-tems accréditée, que la presqu'île de Samana était une île ; erreur qu'aurait du prévenir l'histoire de St-Domingue, publiée par Charlevoix, d'après les mémoires écrits au commencement de ce siècle par le jésuite le Pers son confrère. Mais tout s'oublie si vite à St-Domingue ! Il est assez vraisemblable que la vue d'un autre Grand-Ester qui est à l'extrémité *Est* de la baye de Cosbeck, entre Jackson & la pointe de Matance, & qu'on aura pris pour l'un des points de la coupure, aura porté à faire de la Péninsule une île véritable, en la détachant de St-Domingue dans l'Ouest, comme le marquent les cartes, autres toutefois que celles de l'ouvrage de Charlevoix.

Et qu'on croye que si cette communication avait subsisté entre le fond de la baye de Samana & la baye de Cosbeck, les Flibustiers pour lesquels il était toujours très-pénible & souvent très-périlleux de venir dans la baye de Samana par son ouverture, entre le Cap-Raphaël & le Cap-Samana, y auraient pénétré par la baye de Cosbeck. A cette raison convaincante, s'en joint une autre fournie par une observation certaine, c'est que l'embouchure du Petit-Ester, est souvent obstruée par des sables que la mer amoncèle & qui y renferment les canots qui ont pu y entrer. On prend le parti de creuser un canal dans le sable à basse mer & alors l'eau de l'Ester pousse ce sable & se débouche

Z

dans la baye ; effet qui n'aurait pas lieu, fi l'Efter communiquait à la baye de Cofbeck, parce que l'eau trouvant un obftacle vers l'une de fes deux iffues, fe déchargerai par l'autre au lieu de s'élever.

En quittant le Grand-Efter & paffant du fond de la baye à fon bord Sud, on trouve une côte qui devient d'autant plus irrégulière, qu'on avance plus dans l'Eft, & enfin elle eft inacceffible & par terre & par mer. D'affreux rochers où s'offrent quelques arbriffeaux rabougris, la compofent, & elle eft bordée d'une chaîne d'îlets qui font autant de rocs, dont quelques-uns ont jufqu'à 15 toifes de hauteur, & entre lefquels & la côte dont ils femblent avoir été détachés, font d'immenfes profondeurs & une foible diftance.

C'eft entre les premiers de ces îlets, à l'Oueft, qu'on trouve un acul, de forme demi-circulaire & d'un fol marécageux qui fe nomme Acul-à-Bertrand, du nom d'un français qui y était établi le fiècle dernier. A la droite de l'Acul en débarquant, eft une fuperbe grotte où l'on peut marcher debout ; plus à l'Oueft, font des mangliers & des huîtres.

Au bout de cette file d'îlots & faifant face à l'Oueft, eft la Baye-des-Perles qui eft bordée au Nord par une langue de terre. Cette petite baye qui eft à environ huit lieues dans l'Eft du fond de la grande baye, à une forte lieue d'enfoncement de l'Oueft à l'Eft, & mouillage pour tous les bâtimens, excepté fur un haut-fond qui en occupe le milieu. C'eft un port excellent, bien abrité du vent de Sud & où l'on peut fe placer à droite, à gauche, & en arrière du haut-fond.

Plus Eſt que la Baye-des-Perles, & après avoir paſſé l'embouchure de la rivière de Savane-la-Mer, eſt le lieu du même nom, dont le mouillage n'eſt propre qu'aux petits bâtimens. Cette circonſtance aurait dû lui faire préférer beaucoup d'autres points de la baye pour y mettre cette bourgade, formée avec des habitans des Canaries. La dénomination de Savane-la-Mer a ſans doute été priſe de la nature du lieu, qui eſt une ſuperbe ſavane près du rivage. Cet établiſſement qui fait preſque face à celui de la ville de Samana a auſſi ſon gouverneur & ſon curé, & les deux réunis, ne comptent que 500 perſonnes. Cette ville & ce bourg ont été commencés en 1756.

Savane-la-Mer, eſt le prolongement d'une plaine de plus de 10 lieues de l'Eſt à l'Oueſt, ſur quatre lieues du Nord au Sud, ſituée à l'occident de la Montagne-Ronde, & au ſeptentrion du prolongement de la ſeconde chaîne. Neuf rivières coupent cette plaine (qu'on appelle auſſi quelquefois la plaine de Saint-Raphaël) pour venir ſe jetter dans le bord Sud de la baye de Samana. Ces rivières ſont notamment celle de Magua, entre la Rivière-des-Couleuvres & celle de Savane-la-Mer, puis la rivière de Nicagua. Il y a en outre un nombre infini des ruiſſeaux, placés au-deſſous des contreforts par leſquels cette plaine eſt diviſée d'avec celle de Seybo, au Sud & de celle de la Véga, à l'Oueſt, & qui ſéparent des lieux propres à différens établiſſemens de culture.

Il faudrait être extrêmement pratique de la côte Sud de la baye, pour la ſuivre, depuis Savane-la-Mer, juſqu'à la pointe d'Icaqué; parce que des reſſifs

& des haut-fonds rendent cette navigation très-périlleuse.

Aprés ces details, en quelque forte topographiques de la baye de Samana, il en refte encore plufieurs de nautiques à fournir.

Il eft aifé de fentir, d'après ce que l'on a dit, combien il eft important que le navigateur ne fe laiffe point affaler vers la prefqu'île, puifque la proximité de la terre lui ravirait prefque tous les vents de la moitié du compas & qu'il ne lui ferait plus poffible de fe relever. On doit naturellement ceffer les bordées à environ deux lieues de la prefqu'île, & gouverner à l'Oueft jufqu'à ce qu'on ait reconnu les Iflots-de-Baniftre qui marquent, en quelque forte, l'extrémité des reffifs, dont la diagonale comptée depuis la pointe d'Icaque, parcoure environ fix lieues du Sud-Eft au Nord-Oueft.

Les grandes difficultés de l'entrée ne font pas les feules que la baye de Samana offre aux marins; car la fortie a auffi les fiennes. Elle ne peut avoir lieu qu'avec la brife de terre; il faut donc en profiter, auffi-tôt qu'on le peut, pour fe mettre entièrement hors de la baye, fi l'on était dans un mouillage peu avancé, ou pour en gagner un de cette efpèce. Si le vent de terre ceffe ou fi l'on eft parti d'un point trop enfoncé dans la baye, il arrive que l'on met inutilement à la voile, plufieurs jours de fuite & qu'on eft obligé de revenir mouiller au lieu d'où l'on était parti. D'autres fois les brifes du large font fi conftantes qu'elles retiennent plufieurs jours.

On preffent aifement, d'après ces obfervations fur

la baye de Samana, qu'il ferait indifpenfablement néceffaire en tems de guerre que des forces navales fuffifantes en protégeaffent l'entrée & fur-tout la fortie, puifqu'il ferait facile à des forces très-inférieures à celles qui y feraient réunies, de les y bloquer & de leur enlever ainfi toute leur utilité.

La baye de Samana pourrait fervir à l'établiffement d'un arfenal, à placer des chantiers de conftruction & une fonderie de canons, parce que la rivière d'Yuana la plus confidérable & la plus rapide de l'île, rendue navigable depuis quelque tems, pendant plus de 13 lieues, pour des bâteaux plats ou acons, afin de tranfporter les tabacs recueillis à St-Yague, la Véga & le Cotuy, peut fervir également à conduire les bois dont tous les environs font garnis. La rivière Camu & plufieurs autres qui fe jettent dans l'Yuna augmenteraient la facilité des charrois. Toutes leurs rives offrent des acajoux, des fabiniers, des cèdres, des chênes robles, des pins & d'autres arbres également beaux & utiles qui feraient employés à la conftruction de flottes entières. Des mines de fer, de cuivre & d'étain très-voifines, attendent auffi une deftination maritime qui femblerait devoir être le partage glorieux de cette fuperbe baye.

L'avantage de fa pofition au vent de l'île, n'avait point échappé aux français, puifque dés leurs premières tentatives pour s'affocier à la poffeffion des efpagnols, les Flibuftiers fe montrèrent à Samana. Une chaffe abondante & facile, y attira auffi des Boucanniers.

D'Ogeron parti de Saint-Domingue au mois de

Février 1673, pour aller à l'île Ste-Croix, rendez-vous indiqué par M. de Baas, gouverneur général des îles de l'Amérique, pour l'attaque de Curaçao, ayant fait naufrage à Porto-Rico, s'évada, lui quatrième, dans un canot, au mois de Juin suivant, & gagna la baye de Samana où des français lui donnèrent toutes sortes de secours & les moyens de regagner l'île de la Tortue. Retournant avec sa petite expédition pour aller se venger des traitemens inhumains faits aux français à Porto-Rico, il vint encore à Samana au mois de Novembre 1673, y prit un renfort & des vivres.

D'Ogeron était fait pour sentir l'importance d'avoir un établissement solide à Samana & d'y former un point de réunion pour des français qui vivaient épars depuis plus de 20 ans, indépendans les uns des autres & qui n'avaient en quelque sorte en commun qu'un curé, prêtre séculier, nommé Duval. Aussi s'occupa-t-il essentiellement de ce projet, qu'il réalisa en 1674. Il fit partir un certain nombre d'hommes pour cette colonie sous le commandement de M. Jamet, tué depuis au combat de Limonade en 1691. Les nouveaux colons regrettaient d'y être sans femmes, lorsque la relâche d'un bâtiment Malouin qui en transportait à la Tortue, leur procura l'occasion d'avoir des compagnes & la peuplade se trouva ainsi très-augmentée.

M. de Pouancay, neveu de M. d'Ogeron, auquel il succéda en 1676, regardant, sans doute, l'établissement de Samana comme trop éloigné des autres points de la colonie française, donna ordre aux habitans de quitter la presqu'île où ils étaient établis pour venir dans la plaine du Cap-Français. Cet ordre mécontenta les colons qui n'y obéirent qu'avec peine & avec lenteur. La plus grande partie de ceux qui avaient des indigoteries y restèrent ; mais après la prise de St-Yago par M. de Cussy en 1690, les français de Samana furent extrêmement inquiétés par les espagnols qui en tuèrent beaucoup. Cependant la colonie ne fut pas entièrement dispersée & elle était redevenue assez considérable, lorsqu'en 1693 elle fut anéantie par un fait que Charlevoix a doublement dénaturé & quant au fond & quant à la date, puisqu'il le place en 1676 (tom 2. in-4°, page 115).

Selon lui, les français après avoir reçu de M. Franquesnay l'ordre d'évacuer Samana, voulant montrer aux espagnols qu'il ne se retiraient point par crainte, allèrent piller, sans résistance, le bourg espagnol du Cotuy, dont les habitans avertis ensuite par un transfuge, que les français étaient à la chasse, surprirent à leur tour & la peuplade & les chasseurs séparément, & passèrent tout au fil de l'épée.

Voici le fait tel que je le trouve dans une enquête faite par l'ordre des administrateurs, au mois de Juillet 1713, par-devant M. Robineau, procureur-général du conseil supérieur du Cap-Français, où d'anciens habitans de Samana le racontent de la manière suivante.

Un français, nommé *la Fontaine*, faisant un trafic, de la chair de différens animeaux, avec les espagnols du Cotuy, s'y maria. Sa femme qui se déplaisait avec les colons de Samana, profitant du mécontentement que le commandant avait donné à son mari en le maltraitant, le porta à aller se fixer au Cotuy. Là il excita les espagnols au pillage de la peuplade française, les conduisit & fit égorger les français dans une nuit, sans distinction d'âge ni de sexe, & piller tout ce qu'ils posćdaient. Ceux qui échappèrent par hazard se retirèrent à Bayaha, aujourd'hui Fort-Dauphin & au Cap-Français.

Depuis lors il n'y eut plus que des Flibustiers & un très-petit nombre d'habitans qui osèrent se retirer à Samana, jusqu'en 1699, que la nouvelle s'étant répandue au Cap que les Anglais voulaient faire des tentatives sur ce lieu, M. de Galiffet fit partir, le 24 Juillet, M. de Cugnac, lieutenant d'une compagnie détachée de la marine, avec quatre soldats & une certaine quantité de chasseurs. Cet officier y trouva quelques français, notamment M. Foëson à qui M. de Cugnac remit le commandement, lorsqu'après avoir séjourné sept ou huit mois, il repartit pour le Cap. M. Foëson, (l'un des témoins de l'enquête de 1713) ayant une commission de M. de Galiffet, fit planter dans la presqu'île les armes de France. Mais les habitans quittèrent Samana d'après un ordre du ministre du 13 Janvier 1700.

Il n'est donc pas douteux que les français ont eu, à plusieurs reprises, une possession réelle de Samana ; qu'on y trouvait des établissemens de culture, des commandans, des curés, en un mot tout ce qui caractérise une jouissance publique & une organisation politique. Parmi ces français, on peut citer MM. Jacques-Louis Varin, Thibault, & la Dame Larèche qui sont venus depuis s'établir au Quartier-Morin

&

& à la Petite-Anse; MM. Maréchal, la Taille, Vauville, Bapaume, François Sauvaget, Antoine Toby, Nicolas-Laurent Thomas, Jean le Flamand, la Fleur, Bertrand, Charles Forestier, Denis Gouffier, Ollivier Foëson, depuis lieutenant de la compagnie de Bayaha, Jacques Lamy, né à Samana en 1666, & la Dame Françoise Louis, épouse de M. Massé, née à Samana en 1673.

A la même époque de 1713, les anciens habitans français de Samana & leur descendance désiraient ardemment qu'on protégeat leur retour vers ce lieu, & ce fut pour appuyer leurs instantes prières, que M. Mithon, alors intendant de St-Domingue, fit faire l'enquête & l'adressa au ministre au mois d'Octobre suivant avec un mémoire explicatif.

Cependant depuis le commencement du siècle, il n'y a plus eu de français vraiment établis à Samana; car l'on nepeut compter à ce titre ni des Frères-la-Côte que la chasse & la pêche fixent le long du rivage espagnol, puisqu'ils sont par leurs mœurs, aussi étrangers aux français, & peut-être plus, qu'aux espagnols, ni un habitant venu de St-Vincent il y a 30 ans, qui, sous le nom d'un parent espagnol, a formé un établissement dans la presqu'île.

Mais la possession de Samana n'a pas cessé d'être un objet désiré par ceux qui sentent son importance nautique. Je fais mention dans l'histoire de l'Isle Saint-Domingue, de l'intérêt que M. d'Estaing avoit attaché en 1765 à obtenir que l'Espagne nous cédât la baye de Samana. Un marin, un homme qui savoit combien la conservation de Saint-Domingue est utile à la France, devait être fort occupé de cette pensée. Elle a frappé aussi M. Weuves qui s'étend beaucoup sur tous les avantages que présente la position de Samana. Mais jamais le gouvernement espagnol (du moins tant qu'il conservera son caractère actuel), n'abordera l'idée de faire des cessions de terrain, & pour s'en convaincre, il suffirait de lire l'ouvrage de Valverde que les réflexions de celui de M. Weuves ont presque poussé jusqu'à la colère.

Si l'on considérait Samana & la presqu'île sous le rapport de la culture, il y aurait un bien moindre éloge à en faire qu'en les envisageant comme points maritimes. La presqu'île qui se trouve réduite à environ deux petites lieues de largeur dans l'endroit de l'isthme & dont la longueur est de 15 lieues, ne pourrait recevoir qu'un très-petit nombre d'établissemens sur-tout en sucrerie, quoique cette surface soit arrosée de plus de vingt rivières, dont seize sont dirigées vers l'intérieur de la baye. Plusieurs de ces rivières n'ont pas un cours toujours apperçu ; quelquefois elles s'engouffrent à travers des rochers ou elles disparaissent à travers un sol sabloneux pour suivre une route souterraine sans qu'on puisse la reconnaître ; elles coulent tantôt, en formant des cascades, & des sauts, tantôt en passant sur un terrein uni ; il en est dont les eaux sont enrichies de paillettes d'or. D'ailleurs, la Péninsule a des montagnes disposées par étages qui prennent une grande portion du local ; leur élévation n'est pas considérable & leur sommet offre assez souvent des surfaces planes ; mais à l'extrêmité Est, & presque dans un tiers de la longueur de la presqu'île, le pays est inhabitable & en approchant de la mer il devient pour ainsi dire inaccessible, à cause des rocs qui le couvrent & qui le coupent dans tous les sens.

On trouve dans la presqu'île de beaux bois & cela doit être compté dans les avantages du lieu pour un arsenal & pour un port de construction.

De l'autre côté de la baye il n'y a guère que la Savane-la-Mer qui puisse faire penser à l'agriculture; il semble que ce ne soit pas à cet objet utile, que la nature ait voulu consacrer Samana, mais à une réunion de moyens de force & de protection, particularité qui, entr'autres, assimile assez Samana au Môle-St-Nicolas.

C'est donc sous ce seul aspect qu'il faut appercevoir Samana, qui est encore brut & où les individus de l'espèce humaine sont en si petit nombre, que cette superbe baye a encore dans son apparence agreste & dans les animaux qui s'en partagent le domaine, tous les caractères des lieux neufs.

Sur les bords de la baye & des Esters ou de la rivière Yuna qui en occupent le fond, on trouve le Manglier qui a la jouissance de tous les rivages bas & aquatiques de la Torride où l'homme ne lui a pas opposé son industrie, & avec lui les milliards de crustacées qui se nourrissent à travers ses racines, & les innombrables essaims de moustiques & de maringouins dont il protège la frêle existence contre les vents, & comme pour les récompenser de ce que leurs dards imperceptibles savent le défendre lui-même des approches de l'homme armé de la coignée.

J'ai déjà dit que sur-tout dans le fond de la baye

font des amas d'huîtres qui y conservent, sans trouble, l'existence presque immobile que la nature leur a départie, & de nombreux poissons se partagent l'empire des eaux de toute la baye.

Les bois sont l'asile des cochons marons que les chasseurs viennent bien y poursuivre quelquefois, mais dont la reproduction a bientôt réparé les legères pertes.

Enfin dans beaucoup d'endroit de cette immense baye & sur-tout sur les îlets, se trouvent une multitude d'oiseaux de toutes les espèces, depuis la Frégate aux longues vergues, à qui la goutte & la sciatique demandent une huile calmante, jusqu'au plus petit ramier, à qui la sensualité accorde un prix. Toutes ces républiques sont amies, elles vivent toutes dans le voisinage les unes des autres & quand, par hazard, car c'est un hazard dans la baye de Samana, l'homme, qui est l'ennemi de presque tout ce qui respire, vient porter la mort dans leur réduit, l'épouvante fait envoler ces épaisses peuplades dans l'air qu'elles obscurcissent, mais leur prompt retour suffirait seul pour prouver qu'elles n'ont point appris à être défiantes.

Il est cependant, dans les environs même de la baye de Samana, des preuves muettes qu'elle a été habitée autrefois par les Indiens. On trouve dans les grottes des épées de bois dont parle Herréra & qui étaient faites avec le palmiste qu'on sait être extrêmement dur ; en fouillant la terre on y rencontre les vases d'argile cuite de ces infortunés dont l'intelligence grossière est préférée par tous ceux qui connaissent leur déplorable histoire, au génie sanguinaire de ceux qui les ont fait disparaître de leur terre natale.

Avant de cesser de parler de Samana, je crois devoir citer une particularité de ce séjour; c'est la retraite qu'il a donnée pendant près de 30 ans à un hermite. Ce solitaire, né à Nantes, avait eu le malheur de faire le métier de forban pour lequel il eut une horreur soudaine ; il conçut aussitôt le projet de fuir ses compagnons qu'il surpassait en cruauté, & se refugia dans un coin de la Péninsule où il fut long-tems ignoré. Enfin sa retraite ayant été découverte au bout de 22 ans par un de ses anciens camarades, les Espagnols frappés de sa résolution, de la constance & de l'austérité avec lesquelles il l'avoit accompli ; touchés de toutes les privations qu'il avait endurées & des maux sans nombre qui avaient dû assiéger un être seul, sans secours, sans moyens & réduit à sa propre intelligence pour subvenir à tous ses besoins, ne parlaient qu'avec vénération de l'hermite de Samana. Son éloge parvint jusqu'à Santo-Domingo, où les instances de l'archevêque & du président, le firent consentir à se rendre, il y a quelques années. Mais l'hermite Jean ne put soutenir le bruit du monde, auquel il avait été étranger pendant plus de 30 ans, & il mourut bientôt dans cette capitale, laissant de son retour à la vertu une idée à laquelle les espagnols mêlent un souvenir religieux, car la plupart d'entr'eux le considèrent comme un Saint.

Après le Cap-Rézon ou Cap-Samana, placé à 19 degrés, 15 minutes, 40 secondes de latitude Nord & à 71 degrés, 33 minutes, 30 secondes de longitude Ouest, la côte courre dans le Nord-Ouest jusqu'au Cap - Cabron qui est lui-même à 19 degrés, 21 minutes, 52 secondes de latitude & à 71 degrés, 38 mites, 40 secondes de longitude. Presque au milieu de la distance entre ces deux caps, plus près du Cap-Cabron, est un îlet où l'on peut jetter l'ancre, mais où l'on reste exposé au vent de Nord.

Du Cap-Cabron qui porte le nom d'une seigneurie du Cacique *Mayobanex*, la terre prend la direction de l'Ouest & forme le bord septentrional de la presqu'île de Samana jusqu'à la pointe Jackson. En parcourant cet intervalle où sont les rivières du Port-St-Laurent, des Citrons &c., on trouve, d'abord à une grande lieues du Cap-Cabron, le Petit-Port-Gosier qui offre un mouillage aux barques, & à une autre lieue, le Grand-Port-Gosier, propre aux vaisseaux marchands qui doivent cependant y redouter les vents depuis le Nord jusqu'à l'Ouest. A une autre forte lieue encore, est l'Islet-à-l'Hermite qui tire son nom du solitaire de Samana, dont la retraite était vers ce point de la côte où l'on trouve aussi des dangers.

Après avoir passé le Grand-Port-Gosier & à un tiers de sa distance à l'Islet-à-l'Hermite, est l'embouchure de la rivière de Jayan (dont on a fait St-Jean). Elle a bien le caractère de celles de la presqu'île qui coulent vers la baye de Samana ; c'est-à-dire, des sauts, des cascades, des rochers caverneux & des interruptions dans son cours, qui est quelquefois souterrain. Cette rivière, dont les bords sont couverts de roseaux, est très-poissonneuse.

En faisant encore une lieue dans l'Ouest, après l'Islet-à-l'Hermite, vient le Port-Citron où la rivière du même nom offre à son embouchure, un mouillage qui fervirait à des bâtimens marchands. On compte une lieue du Port-Citron jufqu'à un fecond mouillage appellé, Petit-Port, après lequel, & en parcourant encore une lieue, on en trouve un troifième, fous le nom de la Terrienne. Trois mille toifes à l'occident de la Terrienne font les Baleines, iflots placés à une lieue & demie dans l'Eft du Port-Jackfon.

Il règne depuis le port-Citron jufqu'aux Iflots-des-Baleines, une chaîne de reffifs, placée à environ une demi-lieue de la côte. Mais il y a entre ces reffifs, des paffages pour des barques qui peuvent aller, en dedans, gagner le Petit-Port & la Terrienne. Il faut néanmoins avoir une grande habitude de ces mouillages pour s'y hazarder; car, quoique celui de la Terrienne, par exemple, foit beau, fon entrée eft périlleufe. C'eft un des points de la prefqu'île où il y aurait du terrain propre à la culture.

Après les Baleines, vient le Port-Jackfon, le meilleur qui foit au Nord de la péninfule. Il eft capable de recevoir les bâtimens de toute efpèce. Comme il y a quelques haut-fonds, encore plus Nord que fes reffifs, il faut s'élever pour les éviter & attendre qu'on foit par le travers d'un rocher blanc affez remarquable pour venir fur la terre, dont on peut approcher fans rifque; puis on gouverne fur un iflot qui eft dans le port. La paffe a une grande caye aifée à diftinguer avec grand fond des deux côtés.

C'eft prefque immédiatement après le Port-Jackfon qu'eft la pointe du même nom, d'où la terre courre un peu dans le Sud-Oueft pour gagner le Grand-Efter qui eft dans l'ifthme de Samana & qui forme un port dont l'ouverture regarde le Nord-Ouest. Ce port a des bas-fonds & des ressifs de chaque côté. L'entrée en est cependant nette, l'intérieur abrité & spacieux, & le fond de quatorze brasses. C'est le Grand-Ester qui termine la Péninsule dans cette partie & qui, comme on l'a observé, l'aura fait prendre pour une isle. Peut-être ne serait-il pas impossible que des travaux intelligens servissent à procurer par le moyen de cet Ester, une communication avec l'intérieur de la baye de Samana.

Depuis le Grand-Ester, la terre courre vers le Vieux-Cap en formant une grande baye toute ouverte aux vents depuis le Nord jusqu'à l'Est. Des cartes la désignent sous le nom de Baye-de-Cosbeck, d'autres de Baye-Ecossaise.

Dans cette baye se trouve d'abord le Port-Matance où les navires marchands peuvent venir en tout tems & que l'on reconnaît à un morne qui se montre dans les terres & qui est beaucoup plus avancé que les autres. Des ressifs bordent les deux côtés de l'entrée.

Quatre lieues après Matance est le Grand-Lagon, où il est presque impossible d'aller trouver le mouillage qui est semblable à celui de la Rivière-Salée placé une lieue plus loin; parce qu'il sont bordés e ressifs l'un & l'autre. Il y a cependant, suivant Valverde, des points de la baye qui sont abordables; il en compare même la côte pour cette raison à celle qui est entre la Pointe-de-l'Épée & le Cap-Samana.

Avant de trouver le Vieux-Cap, il y a encore la Pointe-des-Savanetes dont les écores seraient

dangereux

dangereux pour les bâtimens qui se laisseraient affaler dans la baye de Cosbeck.

En doublant le Vieux-Cap-Français, qui reçut ce nom de Christophe Colomb, sans qu'on en sache la raison, & qui est par 19 degrés, 40 minutes, 30 secondes de latitude, & par 72 degrés, 22 minutes de longitude, on trouve successivement la Pierre-Percée, les Falaises, & le Trou-d'Enfer, qui sont des mouillages qui ne pourraient servir tout au plus qu'aux bâtimens que des courans violens empêcheraient de doubler le Vieux-Cap en venant de l'Ouest, & qui s'y placeraient le soir, afin de ne pas perdre, par ces courans, ce qu'ils ont pû gagner dans la journée.

Le Cap-la-Roche vient ensuite ; sa latitude est de 19 degrés, 41 minutes, 30 secondes, & sa longitude de 72 degrés, 31 minutes, 30 secondes. Plus loin est le mouillage du Grigri, puis le Port-de-la-Soufrière qu'on dit être l'un des plus beaux de cette côte & capable de recevoir des vaisseaux de guerre. Les ressifs qui le bordent en avant laissent deux passes ; c'est celle de l'Ouest qui est pour les grands bâtimens. Ce port est d'une bonne tenue & un morne qui l'avoisine est très-propre à le faire reconnaître. Il y a ensuite des mouillages au Port-des-Ananas & au Port-de-la-Grosse-Pointe, mais pour des bâteaux seulement, & il faut les bien connaître pour s'y risquer & y chercher l'abri que les ressifs y procurent lorsqu'une fois on y a pénétré.

La rivière St-Jean se présente ensuite, & plus loin celle du Macoriz. Des cartes appellent *baye* du Baume la côte qui est entre ces rivières & pour laquelle le

B b

nom de baye est fort impropre ; d'autres en la changeant en Baye-de-Beaune l'ont étendue presque depuis le Vieux-Cap jusqu'à Port-de-Plate.

A plusieurs lieues de la rivière Macoriz, mais revenant vers le Nord est la pointe du même nom. C'est pour les habitans de ce canton, trop éloignés de la paroisse du Cotuy ou de celle de la Véga, qu'a été établie la chapellenie de Macoriz, il y a une trentaine d'années. Ces chapellenies sont des chapelles ou oratoires dûs au zèle des archevêques, ou à la dévotion des habitans. C'est le fondateur ou les fondateurs qui en payent le desservant.

Après la Pointe de Macoriz, on arrive au Port-St-Yague, vulgairement connu sous le nom de Vieux-Port. Il est petit & ne mériterait guère que le nom de mouillage. Entre St-Yague & Port-de-Plate est le petit mouillage de Padre-Pin, dont l'entrée est sous le vent de deux islots. Avec une mauvaise tenue il n'offre point d'abri, quand le vent bat en côte.

Port-de-Plate fut decouvert & visité par Colomb dans son premier voyage. Il est dominé par une montagne dont la cime est si blanche, que les espagnols la crurent couverte de neige, & étant détrompés, ils la nommèrent la Montagne-d'Argent, & le port, Port-de-Plate, qui signifie Port-d'argent. Dans un autre voyage, Colomb qui y passa avec Barthélemy son frère, traça le plan de l'établissement qui y fut formé par Ovando en 1502. L'entrée du port qui n'est pas très-sûr, est précisément au Nord; le fond y est de trois brasses & diminue considérablement dès qu'on est entré, ce qu'on attribue sur-tout au limon que charient les deux rivières qui y ont leur embouchure. Il y a d'ailleurs, dans quelques endroits, un fond de roches tranchantes qui peuvent couper les cables. Les coups de Nord & de Nord-Ouest y sont à craindre. On y entre en rangeant de très-près la pointe du ressif, près du fort à l'Est, & l'on mouille au milieu du port.

Le canton de Port-de-Plate est très-abondant en mines d'or, d'argent & de cuivre ; on y trouve aussi du plâtre.

Au commencement du 16e siècle, Port-de-Plate était très-florissant ; il obtint alors des armoiries comme beaucoup d'autres lieux de la colonie espagnole. C'est un écu d'argent à la montagne de sinople, surmonté d'un F & d'un Y d'or, couronnés, & en pointe des ondes d'argent & d'azur. Les bâtimens d'Espagne y venaient en très-grand nombre & y trouvaient leur chargement en sucres, parce qu'il était à cette époque l'un des embarcadères de la Véga & de St-Yago, vers lesquels Ovando avait fait faire un superbe chemin dont on lui reprocha même ensuite la dépense. Port-de-Plate fut cependant pillé par des corsaires avant 1543, puis la décadence dont j'ai parlé ailleurs étant arrivée, & Port-de-Plate s'étant livré à la contrebande qui suppléait le défaut de commerce avec la métropole, il se trouva compris dans la proscription de 1606 & dans la démolition des points maritimes de la côte du Nord. Les habitans de Port-de-Plate, d'après l'ordre de se retirer dans l'intérieur, se réunirent à ceux de Monte-Christ, &

formèrent la ville de Mont-de-Plate. Mais la nouvelle population de Monte-Chrift ayant obtenu fous le gouvernement de Don François Rubio, un indult royal pour faire, avec toutes les nations, un commerce libre pendant 10 ans, ce commerce qui produifit de grands gains, qui fit introduire des nègres & qui amena des étrangers, donna lieu au rétabliffement de Port-de-Plate qu'on avait commencé avec des familles des Canaries. La population actuelle de fon territoire, peut-être évaluée à 2,000 ou 2,500 perfonnes. Port-de-Plate eft mal fain par l'ufage où l'on eft d'y boire l'eau d'une ravine qui donne la fièvre, fur-tout aux nouveaux arrivans. En 1788 on travaillait encore à bâtir une jolie églife.

De Port-de-Plate, la côte courre dans le Nord-Oueft jufqu'à la pointe du Cap-Rouge. Avant cette pointe eft le Port-des-Marmoufets qui peut fervir aux navires marchands, mais dont l'entrée eft difficile à caufe des reffifs. Il eft fuivi de deux mouillages très-voifins l'un de l'autre, appellés Grand-Port-Berhagne & Petit-Port-Berhagne, & qui, malgré cette dénomination, ne peuvent recevoir que des bateaux.

Le Petit-Port-Berhagne eft fuivi de la Pointe-du-Carrouge, du Cas-Rouge ou du Cap-Rouge, depuis lequel la côte courre dans l'Oueft. Peu après eft le Petit-Port-Souffleur, & enfuite le Grand-Port-Souffleur, le premier pour des barques, & le fecond fufceptible de recevoir des navires marchands. Un Iflot ou roche marque l'entrée de ce dernier. On peut paffer des deux côtés de l'Iflot, mais il eft préférable de le laiffer à l'Eft.

Les deux ports Souffleurs passés, viennent l'Anse-à-Baleine & Port Caballo ; Port-Cavaille (ou aux chevaux). Colomb y entra sur la Caravelle *la Pinte*, l'une des trois avec lesquelles il fit la découverte. Comme le capitaine François Martin Pinzon qui s'était séparé de lui plusieurs jours auparavant, le rejoignit dans ce lieu, il lui donna le nom de Port-de-Grace.

Le Port-Cavaille serait un des plus beaux & des meilleurs de cette côte, si l'entrée était suffisamment profonde ; mais elle n'a que neufs pieds d'eau & un haut-fond la partage. On y trouve un carénage. Là le navigateur jouit d'un calme parfait & un bruit sourd qu'il entend à peine dans le lointain, lui fait soupçonner qu'une tempête excite la furie des flots.

On passe encore la Pointe-de-Briseval après Port-Cavaille & la Grande-Anse du Nord, avant d'arriver à la Pointe-Isabelle, placée à 19 degrés, 59 minutes, 10 secondes de latitude, & à 73 degrés, 37 minutes, 5 secondes. C'est après cette pointe, & courant au Sud qu'on trouve le port où Colomb forma le premier établissement espagnol de l'Isle. Il le nomma *Isabelle* en mémoire de la reine catholique alors régnante. Il y était entré la nuit, forcé par une tempête ; le jour montra à Colomb toute la beauté de ce port, quoi qu'un peu exposé au vent de Nord-Ouest. Il est dominé par une montagne très-élevée, plate à son sommet & entourée de rochers. Colomb appella aussi Isabelle la rivière considérable qui se jette dans ce port où l'on mouille par 14 brasses.

L'établissement de la ville d'Isabelle, à peine commencé en 1493, fut abandonné en 1496, lorsque ses habitans furent transportés à la ville de Santo-Domingo qui avait reçu originairement le nom de Nouvelle-Isabelle. Ainsi, par des circonstances qui semblent inexplicables, la quatrième partie du monde porte un autre nom que celui de l'homme qui en fit la découverte, & le nom de la princesse qui favorisa son dessein, & à laquelle il voulut montrer sa gratitude, presqu'en abordant cette terre nouvelle, n'a pas pû être conservé sur ce premier monument d'une gloire à laquelle elle s'était en quelque sorte associée.

Dans l'Ouest de l'ancienne Isabelle, & entr'elle & la Pointe-la-Roche ou Pointe-Rusia, est un petit port appellé l'Ester-Profond ou le Marigot. Ensuite vient le Petit-Trou ou l'Ester-du-Petit-Trou.

Dès qu'on double la Pointe-la-Roche, on trouve l'Isle-de-Sable. Entre-elle & la terre il y a un passage qui mène au Port-de-Balza ou de la Petite-Saline qui n'est accessible par aucun autre point à cause des ressifs qui courent depuis l'Isle-de-Sable jusqu'au Cap-de-Monte-Christ ou Cap-la-Grange, avant lequel est encore la Pointe-des-Mangliers. Mais tous ces points depuis l'Isabélique jusqu'à la-Grange, ne sont que des mouillages ou de petits bâtimens exigeraient les pilotes les plus familiarisés avec les ressifs & avec ces localités, pour qu'on put s'y hasarder. Sans ce concours, difficile à rencontrer, les ressifs causeraient les plus affreux naufrages & les hommes & les bâtimens y trouveroient leur perte.

Le Cap-la-Grange, ou Cap-Monte-Christ, est l'extrémité de cette partie de côte, comme on l'a observé. Il est placé à 19 degrés, 54 minutes, 30 secondes de latitude Nord, & à 74 degrés, 9 minutes, 30 secondes de longitude Ouest du méridien de Paris. Le nom de Grange lui a été donné par les français à cause de sa forme, & celui de Monte-Christ lui vient de Colomb qui le nomma ainsi le 4 Janvier 1493. C'est un mont fort haut, dit Herréra, de la forme d'une tente de campagne. Ce promontoire qui semble même détaché de l'île, lorsqu'il est apperçu d'un peu loin, se distingue à une grande distance, & pour peu que le tems soit serain, on le découvre clairement, & à la vue simple, du Cap-Français dont il est à 14 lieues. Une langue de terre, plate, unit la Grange au territoire de Monte-Christ & c'est cette configuration qui aura fait prendre ce cap pour une isle.

En doublant le Cap-la-Grange, on trouve la baye de Monte-Christ qui courre à peu près dans le Sud-Ouest. Elle est formée par le Cap-la-Grange lui-même d'un côté, & par la Pointe-des-Dunes dans l'autre. Il y a entr'eux deux, environ 6500 toises, qui mesurent l'ouverture de la baye, dont l'enfoncement est de 1400 toises, & le contour d'à peu près quatre lieues. On y trouve, à environ 900 toises de la-Grange, l'Islet de Monte-Christ, distant de 350 toises de la côte; on peut passer entre-elle & lui avec 2, 4 & 5 brasses d'eau, & à 250 toises environ, dans son Sud-Ouest, est un mouillage avec 6, 7, 8 & même 10 brasses d'eau. En comptant une lieue & un quart depuis la Pointe-la-Grange, l'on voit une batterie destinée à proteger un embarcadère qui en est à 100 toises & qui se trouve au-dessous & en face de la ville de Monte-Christ.

La ville de Monte-Christ, construite à 800 toises

du bord de la mer, se présente en amphithéâtre sur la côte qui est très-élevée dans toute cette baye. Elle a 200 toises en carré, & cette surface est divisée en neuf parties, que deux rues coupent de l'Est à l'Ouest, & deux autres du Nord au Sud. Monte-Christ, qui s'honore aussi d'avoir un blason, fut fondé en 1533, par 60 laboureurs qui y furent taansportés d'Espagne avec leurs familles, d'après un marché fait par le gouvernement avec Bolegnos habitant de Saint-Domingue. Il a été anéanti en 1606 (comme je l'ai dit précédemment), lorsque ses habitans, considérés comme des contrebandiers, furent envoyés dans l'intérieur & devinrent les fondateurs de Mont-de-Plate avec les habitans de Port-de-Plate. Monte-Christ avait été comme cette dernière ville un des embarcadères de la Véga & de St-Yago; mais pendant la guerre de 1756, entre la France & l'Espagne, le gouvernement y ayant envoyé des *Canariens*, il s'y forma un établissement. J'ai dit, en parlant de Port-de-Plate, que l'Espagne fit alors de Monte-Christ, un port neutre pour dix ans. La proximité où ce port se trouvait de la colonie française, & sur-tout de la ville du Cap-Français, fut la cause d'un commerce interlope dont la partie espagnole recueillit de grands profits. Monte-Christ devenu un entrepôt pour les deux nations européennes les plus commerçantes, neutralisait tous les projets de guerre, & servit plus d'une fois à montrer que l'esprit mercantile prévaut toujours & sur l'esprit guerrier & sur tous les sentimens patriotiques. Monte-Christ devint un canal d'abondance pour les lieux espagnols qui l'avoisinaient. Il y y coula assez de richesses pour que la pièce d'or appellée portugaise (valant huit piastres gourdes), y fut devenue la plus commune ; & lorsque l'Espagne prit part à la guerre, Monte-Christ fit les frais de plusieurs armemens en course, qui furent eux-mêmes une nouvelle source de prospérité. Mais ces heureux effets ont disparu avec leur cause, & Monte-Christ est redevenu un lieu pauvre & privé de toute autre ressource que de celle des animaux qu'on élève dans son territoire & qui sont vendus aux français. Il fut question un instant, en 1779, d'y établir un nouvel entrepôt à cause de la guerre.

La population de Monte-Christ & de ses dépendances, peut être comptée à trois mille individus. La ville est dominée par une maison nommée le Gouvernement, parce que le commandant de la place l'habite ; elle est un peu plus vers le Sud. On y voit encore les ruines d'une autre maison, construite en maçonnerie, ayant un balcon & couverte avec des tuiles creuses, ce qui dit assez qu'elle appartenait à un français qui s'y était établi durant la neutralité de ce lieu. Monte-Christ a une petite garnison.

A environ 1800 toises de la batterie ou de l'embarcadère, en suivant toujours le contour de la baye est la rivière de Monte-Christ, ou, pour parler plus exactement, la rivière Yaqui, qui a deux embouchures à 300 toises l'une de l'autre, mais réunies à environ un quart de lieue plus haut pour ne former qu'un seul bras. Colomb nomma cette rivière la Rivière-d'Or en 1493, qu'il en vit l'embouchure, croyant que son sable contenait de ce métal. Mais l'ayant paſſée depuis dans ſon voyage de Port-de-Plate à Cibao & ne ſachant pas que c'était la même, il lui donna le nom de Rivière-des-Roſeaux. La poſition de la ville, relativement à la rivière, lui fait éprouver le déſagrement d'aller chercher l'eau à une grande diſtance. On ſe ſert, pour ce tranſport, d'ânes qui y ſont par conſéquent très-communs.

Les environs de Monte-Chriſt ſont ſabloneux & fort ſtériles, & ſa ſituation qui peut contribuer à ſa ſalubrité, n'eſt accompagnée de rien d'agréable. La rivière qui s'y jette a beaucoup de caymans.

Il y a 3,000 toiſes de l'embouchure la plus Oueſt d'Yaqui juſqu'à la Pointe-des-Dunes qui ferme la baye.

Preſque par le travers de la ville de Monte-Chriſt & à plus de 5,000 toiſes dans l'Oueſt, ſe trouve le *Petit-Iſlet-de-Bois*, l'un des ſept, appellés *les Sept-Frères*. De ſon bord Oueſt juſqu'à celui Eſt de l'iſlet appellé *de l'Oueſt*, (dont ce nom marque la ſituation relativement aux ſix autres) & qui eſt preſque ſur la même ligne que le Petit-Iſlet-de-Bois, il y a 4,200 toiſes. Dans le Nord-Oueſt du *Petit-Iſlet-de-Bois*, à environ 1500 toiſes, eſt le *Grand-Iſlet-de-Bois*. Ce dernier a dans le Sud, preſque en face de lui, & à environ 3,000 toiſes, *l'Iſlet-à-Toirou* qui eſt lui-même à environ 2,000 toiſes dans l'Oueſt de la Pointe-des-Dunes. A 1,200 toiſes dans le Oueſt-Nord-Oueſt, à peu près, du *Grand-Iſlet* de bois, eſt *l'Iſlet-à-Dumoulin*, qui a au Sud-Sud-Oueſt *l'Iſlet-à-Garcin*, entre lequel & lui, l'on compte 1,000 *toiſes*. *L'Iſlet-à-Dreſſel*, eſt à 2,000 toiſes dans le Sud de *l'Iſlet-à-Garcin*.

On peut mouiller dans le Sud du Petit & du Grand-iſlet-de-Bois & de l'Iſlet-à-Toirou par 4, 5

& 6 brasses d'eau, avec fond de sable, & au Sud de l'Islet-à-Dressel avec un fond d'herbe & de sable. Mais dans l'Est & dans le Nord de ce dernier islet, est un haut-fond qui va se réunir à l'islet de l'Ouest. Ce dernier islet a aussi un haut-fond qui courre vers le Sud-Sud-Ouest. Mais en général, il faut être très-pratique de tous ces parages pour venir se mettre entre des écueils qui forment une circonférence d'environ sept lieues, dont le point le plus Nord, l'est moins cependant, d'environ 1,000 toises, que le Cap-la-Grange. D'ailleurs un marin ne pouvant être jetté vers ce lieu que par des vents de Nord, de Nord-Ouest ou d'Ouest, ou y aller que pour fuir l'ennemi, celui qui serait parvenu en-dedans des Sept-Frères, préférerait, sans doute, de gagner le Fort-Dauphin ou la Baye-de-Mancenille, plutôt que de s'arrêter dans de pareils mouillages. Plusieurs naufrages, & l'asile que le corsaire Anglais Porkin, fameux par ses courses durant la guerre de 1778 sur la côte de St-Domingue, trouvoit aux Sept-Frères, portèrent M. de Bellecombe à en faire lever la carte par M. Delaage, enseigne de vaisseaux, commandant la corvette le Pivert.

En doublant la Pointe-des-Dunes, & courant presque dans le Sud, on trouve, à un peu plus de 2,000 toises, la Pointe-des-Mangliers-Gris, & à deux autres mille toises, la Pointe-d'Ycaque qui fait le bout Nord de la Baye-de-Mancenille.

Cette baye ouverte à l'Ouest, à environ 4,000 toises d'enfoncement de l'Ouest à l'Est, & 2,800 toises Nord & Sud d'ouverture, entre la Pointe-d'Ycaque

& la terre, qui, courant de l'Eſt à l'Oueſt, forme le côté Sud de la baye. Sa configuration totale augmente ſon étendue. La Pointe-d'Ycaque n'étant qu'une langue de terre, dont l'extrémité n'a pas plus de 60 ou 80 toiſes de large, la baye s'enfonce dans le Nord en remontant plus de deux mille cinq cens toiſes le long de cette langue de terre. Cet enfoncement juſqu'à une pointe qui eſt dans le bord Eſt de la baye & qui ſe nomme la Pointe-du-Boucan-à-Voleur, forme l'Eſter-des-Moucles qui eſt lagoneux & preſque ſans eau, & qui a une communication avec la mer à la Pointe-des-Mangliers-Gris. Du fond de cet Eſter au côté Sud de la baye, on compte environ deux lieues trois quarts

De la Pointe-du-Boucan-à-Voleur, la terre du fond de la baye ſe dirigeant à peu près au Sud-Eſt, cette partie de la baye, s'aggrandit encore & offre un ſuperbe mouillage, même pour les plus gros vaiſſeaux; excepté dans un petit acul, qui eſt derrière la Pointe-du-Boucan-à-Voleur; dans l'Eſter-du-Tapion qui eſt preſque dans l'Eſt de la Pointe-d'Ycaque; & dans l'Eſter-des-Vaſes plus grand que le précedent, & qui eſt préciſément dans l'angle Nord-Eſt du fond de la baye, parce que l'eau manque également dans ces trois points.

C'eſt au Sud de cet Eſter-des-Vaſes que la côte commence à courir Eſt & Oueſt, & à 5,500 toiſes de l'entrée de l'Eſter, l'on trouve l'embouchure de la Rivière-du-Maſſacre, qui eſt encore dans la baye de Mancenille, & qui eſt aujourd'hui le point de ſéparation entre les deux colonies françaiſe & eſpagnole ſur la côte Nord de l'île.

La baye de Mancenille, quoique très-belle, n'est cependant pas aussi utile qu'elle pourrait l'être, si les sondes en étaient bien connues. Elle a plusieurs points qui manquent d'eau : circonstance qu'on peut attribuer principalement aux débordemens de la Rivière-du-Massacre, qui charie, en très-grande quantité, du bois, du sable & des pierres. Peut-être même ces débordemens exigeraient-ils que la baye fut sondée chaque année, après qu'ils ont eu lieu. En général il est prudent de passer plus près de la Pointe-d'Icaque, que du côté Sud de la baye pour y entrer, parce que cette pointe sablonneuse n'a pas de ressifs. Le fond de la baye est vaseux.

La Rivière-du-Massacre, dont l'embouchure est au Nord, comme on l'a dit, a pendant une lieue, depuis 5 jusqu'à 12 pieds d'eau, & elle est assez large; mais son lit est embarassé par les bois qu'elle charie. Ces amas forment des bassins qui deviennent le séjour des caymans; la rivière est très-poissonneuse, & cet avantage n'a que trop souvent attiré & retenu des bâtimens de guerre dans la baye de Mancenille. C'est là qu'on trouve ces énormes mulets de rivière, qui font les délices des tables du Cap. A l'époque des débordemens, ces poissons sont poussés vers la baye, où des nègres très-expérimentés vont faire la pêche.

Elle est assez difficile, dans cet endroit, à cause des bois dont j'ai parlé. Il faut que les nègres soient d'habiles plongeurs pour aller dégager la senne qui s'embarasse presque à chaque instant. Mais lorsqu'elle est près d'être tirée sur le rivage, un spectacle assez singulier, c'est de voir les nègres, les poissons & les caymans mêlés ensemble. L'audace des premiers, semble produire la stupidité de ces derniers, qui se laissent assommer à coups de pieux ou de manches de hache, & dont les nègres prennent les dents, qu'ils vendent ensuite pour faire des hochets, dont la garniture sert à graduer le luxe ou l'orgueil de ceux qui les placent au cou de leurs enfans.

On s'étonnerait, sans doute, que des pêcheurs français vinssent sur une côte espagnole, si je n'avertissais pas que le Président de Santo-Domingo, accorde ordinairement des permissions de pêche dans la Baye-de-Mancenille, à des personnes que le gouverneur français lui recommande. Cependant ces permissions ne les mettent pas toujours à l'abri des vexations d'un corps-de-garde espagnol, qui est dans ce voisinage, & qui arrête même quelquefois, les pêcheurs & les canots. Mais les propriétaires intelligens savent, à ce qu'on assure, que ces actes signifient seulement en français, qu'il est tems de renouveller certains petits présens, auxquels on attribue le pouvoir de concilier toutes les bienveillances.

Je reviendrai à la Rivière-du-Massacre, lorsque je commencerai la description de la partie française.

Maintenant, jettons un coup-d'œil général sur la côte depuis le Cap-Samana jusqu'à la Baye-de-Mancenille, ce qui comprend une étendue de plus de 80 lieues, mesurées en ligne droite.

La chose la plus frappante, & celle qui est peut-être la plus propre à marquer le caractère des deux nations, c'est de voir du côté Ouest du Massacre, des établissemens où tout annonce une industrie active, & des jouissances qui s'étendent jusqu'aux objets de luxe ; tandis que de l'autre côté, tout offre la stérilité ; car quelques petites surfaces où l'on cultive à peine ce qui est nécessaire à la vie animale, ne peuvent pas détruire la triste monotonie de cet aspect. Elle règne, en quelque sorte, cette monotonie, depuis Samana jusqu'à la rive Est du Massacre, & la hauteur de la chaîne de Monte-Christ, semble l'accroître encore. Partout est la misère, & la misère la plus difficile à guérir, celle qui est accompagnée d'orgueil. Plusieurs des points de cette longue surface seraient propres à des établissemens de divers genres, mais la nature y attend l'homme, & l'homme s'il y paraît, ne veut rien faire ni pour elle, ni pour lui. C'est ainsi que les bords de la baye de Mancenille sont inutiles, quoiqu'il fut possible de les dessécher & d'y créer de belles manufactures.

Nous avons vu, qu'excepté les villes de Monte-Christ, de Port de-Plate & de Samana, auxquelles cette dénomination de ville est bien loin de convenir, la côte Nord de la partie espagnole est presque inhabitée. Cependant tous les terrains qui avoisinent la mer, sont concédés, non par petits lots, ce qui supposerait un concours de concessionnaires & des vues de culture, mais par grandes portions. C'est un peu pour la pêche qu'on sollicite ces concessions, mais beaucoup plus pour la chasse du cochon maron.

Le tems de cette chasse, est celui où une espèce de palmiste donne ses graines qui sont en grappe, & dont l'animal est extrêmement friand. Un espagnol s'il est seul, va, armé d'une lance, d'une *machette* & d'un couteau, dans les parties du bois qui contiennent les palmistes, avec quelques chiens, qui, en voyant le cochon maron, se réunissent autour de lui & l'occupent en aboyant, jusqu'à ce que le chasseur vienne le tuer avec sa lance. La bête est ouverte & vidée, on jette sa tête & ses pieds, & le chasseur se charge du corps, qu'il coupe quelquefois pour en faciliter le transport.

Si, au contraire, il y a plusieurs chasseurs ensemble, ils choisissent un lieu où ils croyent que la chasse sera abondante; ils y construisent une petite baraque ou *ajoupa*, couvert de tâches ou de feuilles de palmistes, & ils disposent plusieurs fourches avec des traverses pour saler & faire sécher les moitiés de cochon maron, ou pour les entasser lorsqu'elles sont préparées. Assez souvent les transports se font par mer, du moins s'il s'agit d'une chasse considérable.

Lorsque les chasseurs ont de la poudre, ils cherchent aussi d'autre gibier; car l'on voit des nuées de canards, de sarcelles, & de ramiers, sur-tout dans la baye de Mancenille & dans celle de Cosbeck, dont ces animaux ont, pour ainsi dire, la jouissance exclusive.

Presque toute la côte est bordée de mangliers qui forment toujours un terrain plus ou moins marécageux. Il est de ces mangliers assez gros pour fournir de très-beaux chevrons. Cette plante a encore une autre utilité, c'est son écorce, qui forme un tan excellent; mais ce sont les français qui en profitent, & que l'abandon de cette côte favorise à cet égard.

Peut-être

Peut-être le foin de couper le manglier après l'avoir écorcé, ferait-il pouffer d'utiles rejetons, tandis que la fouche, laiffée fur pied, pourrit. Cet ufage forcera fans doute, à aller chercher le tan plus intérieurement, ce qui augmentera & la difficulté, & l'efpèce de martyre que font fouffrir les mouftiques, dont on ne fe préferve qu'au moyen d'une épaiffe fumée, très-capable de trahir ceux qui viennent ainfi fur un territoire étranger. Ces mangliers font l'afile de crabes inombrables, & forment des huîtrières prefque continues. Quelques marins ont prétendu, que l'eau qui avoit féjournée aux pieds de certains mangliers était un bon fébrifuge.

Le terrain qui avoifine la côte, renferme auffi des bois très-beaux, fufceptibles d'être employés à différens ufages, foit pour brûler, foit pour bâtir. Des français fe hafardent à en aller couper, du moins pour les fours, & vont le vendre le plus communément au Cap-Français. Ces efpèces d'enlèvemens ne font pas toujours fans rifque, car le bruit des haches & la chute des arbres, peuvent avertir, par hafard, un feul efpagnol, qui fort de fon apathie pour en aller chercher d'autres au loin, dans l'efpoir de s'emparer des bûcherons, & fur-tout de leur barque & de leurs provifions.

Les reffifs, fi communs le long de cette partie feptentrionale, offrent auffi quelques reffources quant à la pêche. Ceux qui vont y prendre du tan & du bois, en font les meilleurs & prefque les feuls pratiques, parce que les efpagnols y naviguent rarement. Plufieurs de ces reffifs découvrent à baffe mer, & laiffent

Tom. I. Dd

voir des madrépores, des coraux, des plantes marines & d'autres substances, dont l'examen intéresserait vivement le naturaliste. Divers animaux habitent ces lieux aquatiques ; les uns en parcourent la surface, tandis que d'autres y vivent réclus dans les fissures. On y trouve des homars d'une prodigieuse grosseur, & des coquillages nourrissans, tels que le burgau & le lambi.

Il est de ces ressifs dont les cavités deviennent autant de réservoirs ou de viviers, à la basse marée. On peut alors y puiser le poisson, si l'on peut s'exprimer ainsi ; mais les françois le détruiraient s'ils y allaient plus fréquemment, par la manie cruelle d'en prendre même au-delà de leurs besoins. Le peu de trouble que le poisson éprouve le long de ces ressifs, y attire encore des lamantins & des requins. Le premier, que son ouïe délicate avertit du moindre danger, ne réussit cependant pas toujours à s'en garantir, mais s'il est atteint par le harpon, il plonge avec la vîtesse d'un trait, cherche quelque fente à travers les ressifs, & prive ainsi le pêcheur & de sa proye & de l'instrument dont il l'a percée. Pour le requin, sa voracité le rend hardi & opiniâtre ; on le prive difficilement de la vie, puisque percé & meurtri de plusieurs coups, complétement écorché dans une certaine longueur de son corps, & abandonné sur le rivage comme mort, on l'a vu quelquefois, lorsque la mer vient l'y mettre à flot, retourner avec facilité dans son élement natal.

Nous voici parvenus au moment où il faut examiner les établissemens placés entre la chaîne des montagnes de Monte-Chrift au Nord, & la 1ere. & la 2e. chaîne de Cibao au Sud.

En parlant du territoire de St-Domingue, j'ai conduit le lecteur jufqu'au fommet de la chaîne de Sévico, qui borne vers l'Orient la furface que je vais parcourir avec lui.

Cotuy.

Avec le revers nord de la chaîne de Sévico, commence le territoire du Cotuy, borné à l'Eft par la baye de Samana, au Nord par la chaîne de Monte-Chrift, à l'Oueft, par le territoire de la Véga, & au Sud, par la chaîne même de Sévico.

Du point du fommet de Sévico, où paffe le chemin, & qui eft à environ vingt-cinq lieues de la ville de Santo-Domingo, on defcend vers le Cotuy, par une route auffi peu facile, que celle par laquelle on eft arrivé au haut de la montagne. Au bas, eft la rivière d'Yaqui, la 3eme. de ce nom dans la partie Efpagnole. Elle a toujours de l'eau, & ne fe trouve en réalité qu'à environ une lieue & demie de la Rivière-Blanche, qui eft à l'extrémité de la defcente du Sévico au Sud, mais la forme finueufe du chemin, augmente peut-être cet intervalle d'une moitié. De la rivière Yaqui l'on monte affez rapidement un plateau couvert de bois, pour le redefcendre enfuite, & arriver à un ravin encaiffé. De ce point l'on entre dans une favane d'une demi-lieue de l'Eft à l'Oueft, & d'une grande lieue du Nord au Sud, très-inégale & prefque compofée de petites éminences. Un ravin placé à environ 5 quarts de lieue du Maguac, dont on va parler, la termine & la sépare de la Grande-Savane, qui est à plus de deux mille cinq cens toises de la riviere d'Yaqui, & qui peut avoir une étendue d'une lieue & demie du Nord au Sud, toute bordée de bois. Après l'avoir traversée, on entre dans ce bois qui, au bout de trois cens toises, mène aux Maguac. Cette riviere n'assèche jamais; on la passe à près d'une lieue de son embouchure dans l'Yuna, & après elle on reprend le bois, jusqu'à ce que parvenu à un petit ravin, l'on voye commencer une savane d'environ une demi-lieue de large que suit encore une lisière de bois. Enfin à une lieue de la riviere du Maguac est la ville du Cotuy.

Cette ville est située sur la rive droite & à une demi-lieue de la riviere d'Yuna qui cesse d'être guéable vers ce point. On y compte à peine cent soixante maisons, petites & éparses, ce qui lui donne un aspect très-irrégulier. Elle est au milieu d'une très-petite savane qui n'a pas un quart de lieue d'étendue & que des bois environnent. La ville du Cotuy est à environ trente lieues de San-Domingo, & à environ douze lieues & du fond de la baye de Samana & de la ville de la Véga.

L'établissement du Cotuy étoit autrefois plus avancé vers le Nord. Il s'est appellé originairement les Mines & Mejorada (la privilégiée), lorsque Rodrigue Mescia la fonda en 1505, d'après les ordres du commandeur Ovando. Le nom de Mines lui avait été donné parce qu'il y en a dans son territoire, & qu'on en travaillait à cette époque plusieurs très-riches en or.

Mais dès 1520 les ouvriers commençaient à leur manquer comme à celles de Bonnaventure. Dans la montagne de Maymon, d'où part la riviere du même nom, est une mine de cuivre très-abondante & si riche, qu'on assure qu'elle peut donner huit pour cent d'or, en affinant le métal. En 1747, Don Grégoire-Alvarez Traviéso, s'étant associé avec six autres personnes, commença à la faire travailler, & Valverde nous apprend que son père, l'un des associés, dirigea cette entreprise pendant trois années, & en passa même une sur le lieu. Dans cette mine se trouve un excellent *Lapis-lasuli*, dont M. de Charitte apporta même des morceaux en France en 1714, & une espèce de craye ou de plâtre veiné que des peintres ont jugé préférable au bol pour dorer. Deux mines d'aiman joignent celle-là. Non loin de la montagne de Maymon est une autre montagne appellée de l'Émeraude, parce qu'elle recèle cette pierre précieuse. J'ai parlé de la riviere de ce dernier nom. Dans la chaîne de Sévico & dans son voisinage, il y a aussi du fer pur, de la meilleure qualité, qu'on pourroit transporter, avec facilité, au moyen de la rivière d'Yuna.

Le Cotuy qui avait l'avantage d'être situé très-près des fameuses mines d'or de Cibao, ne se trouva pas moins, comme toute la Partie Espagnole, dans un état d'abandon & de misère au commencement du siècle actuel, & il comptoit alors à peine cinq cens habitans. Depuis il s'était relevé & avait profité des circonstances que la colonie espagnole avait mises à profit dans l'intervalle de 1744 à 1763, mais il les a perdues comme elle. Cependant, malgré sa décadence, le Cotuy a au moins six mille individus dans son territoire, d'où l'on a même souſtrait, en partie, de quoi former la ſuccurſale ou chappellenie de Macoriz, qui tire ſon nom de la rivière qui ſe jette à la mer à la baye du Baume. Il s'y trouve un nombre très-conſidérable de pauvres habitans qui ne ſortent guères de chez eux, & qu'on ne comprend pas toujours dans les recenſemens; & au moins autant de perſonnes provenues des propriétaires européens primitifs.

Selon Valverde, on peut appeller ces derniers, *actionnaires*, parce qu'ils tiennent, comme ils le diſent, une action ou lot de terre, à la charge d'une redevance, évaluée depuis vingt juſqu'à vingt cinq & trente réaux (de trois à quatre gourdes). Il y a une prodigieuſe confuſion dans les mêmes terrains, à cauſe du grand nombre d'actionnaires, qui, ſans s'inquiéter de la différence de la valeur des actions dont ils ont hérité ou qu'ils ont acquiſes, ne ſuivent d'autres règles pour le nombre de troupeaux qu'il leur eſt permis d'avoir, ou pour le nombre des jours qu'il leur eſt permis de chaſſer dans les montagnes, que leur volonté.

C'eſt à l'éducation des animaux, & ſur-tout à celle des pourceaux, que les habitans du Cotuy ſont preſque excluſivement livrés, & ces animaux cauſent auſſi des ſoins pénibles. Il eſt aſſez difficile de les élever dans un pays où il n'y a point de porchers, & où ils peuvent vaguer dans des grands eſpaces. On tâche, lorſqu'ils ſont tout petits, d'accoutumer deux ou trois femelles à aller enſemble, & à ſe tenir auprès de la maison. Pour les y engager, on leur donne du mahis, des graines de palmiste & des bananes dans des auges. Quand les femelles sont devenues mères, on les assujettit, autant qu'on peut, à venir coucher au parc ou *corail*, en y plaçant de la nourriture, & en leur en donnant encore le matin avant qu'elles n'en sortent. Mais attirés dans le bois par l'espoir d'y rencontrer des racines, des fruits, des insectes, les cochons ne sont pas exacts à en revenir le soir, ils s'y enfoncent même assez pour devenir sauvages, & quelquefois en grand nombre. Les mères y mettent bas, & les petits trop foibles, y périssent faute de soins & de nourriture. Enfin, celui qui les élève se voit souvent trompé dans son attente, & même réduit à faire la chasse de ceux qu'il croyait avoir apprivoisés.

Ce genre d'occupation fait que les habitans du Cotuy sont peu adonnés à la culture, si ce n'est à celle du tabac, depuis que le roi d'Espagne à jugé utile de les y exciter par des encouragemens. Le sol du Cotuy est fort bon, la qualité du tabac en fait l'éloge, & l'on croit qu'il serait extrêmement propre aux cacaoyères, sur-tout, si l'on en juge par la beauté des cacaoyers qu'on y voit, & parmi lesquels il en est de sauvages.

Les bananiers, cette plante si utile, cette manne des Antilles, y trouvent aussi un terrain singulièrement favorable, & de tous les tems, ce fruit a été d'une qualité si supérieure à St-Domingue, que les espagnols désignent sous le nom de *bananes des dimanches*, celles que cette Isle produit.

On reproche aux habitans du Cotuy, des mœurs grossières & un caractère peu social. Peut-être l'habitude d'une vie, dont les soins ont presque toujours des animaux pour objet, fait elle contracter cette rudesse qui choque ceux qui ne la partagent pas. Peut-être aussi entre-t-il de la prévention dans ce jugement, porté par des francais qui se rappellent encore, un siècle après, le massacre de leurs compatriotes à Samana.

En sortant de la ville du Cotuy pour suivre le grand chemin, & en se dirigeant vers la Véga, on passe dans un bois qui conduit à la rivière d'Yuna.

On sait déjà que cette rivière, qui va se jetter à la mer dans le fond de la baye de Samana, est celle de toute l'île, qui roule un plus grand volume d'eau, & avec la plus grande vîtesse, & qu'elle a été rendue assez récemment navigable dans une étendue de plus de douze lieues pour le transport des tabacs qui sont achetés pour le compte du roi, dans le territoire du Cotuy, & dans ceux de la Véga & de St-Yago. C'est sur les bords de cette rivière que se trouve une partie des bois de construction, dont j'ai parlé en traitant de la baye de Samana, & ses eaux pourraient fertiliser d'immenses terrains.

La profondeur de l'Yuna ne permet pas de la passer à gué, au point du chemin où je suppose le lecteur arrivé. Il faut donc se servir du canot, c'est-à-dire, faire le passage en cuir : passage dont le genre mérite d'être connu.

On prend un cuir de bœuf, sur lequel on place deux bâtons croisés; on replie le cuir par ses bords
dans

dans la forme d'un papier à maſſepain, & afin de le maintenir dans cette ſituation, on le lie tout autour avec une corde, qui s'appuie ſur les points où répondent les extrémités des bâtons. Le bagage eſt mis au milieu de cette eſpèce de canot qu'on lance d'abord ſur la rivière pour voir s'il y flotte convenablement. S'agit-il de tranſporter un homme, l'eſquif eſt ramené à terre, & l'on y place le voyageur à demi-couché, en lui recommandant d'appuyer les mains ſur les bâtons. On lance une ſeconde fois le canot, & lorſqu'il eſt dans un parfait équilibre, on avertit le paſſager de ne rien craindre & ſur-tout de ne pas remuer. Toutes ces précautions priſes, un homme va en avant tirant une corde attachée au cuir, tandis que deux autres le pouſſent & le dirigent. Lorſque les conducteurs ne peuvent plus marcher dans l'eau, ils ſe mettent à la nage, gouvernant & pouſſant la nacelle juſqu'à ce qu'elle arrive à l'autre bord, c'eſt-à-dire, à environ cent pas, quand c'eſt l'Yuna qu'on traverſe ainſi. La poſition de celui qu'on fait cheminer de cette manière, n'eſt rien moins que commode, & ceux pour qui elle eſt nouvelle, n'attendent pas même qu'ils ſoient à la moitié du trajet pour ſe repentir de l'avoir entrepris; tandis que les créols eſpagnols qui en ont contracté l'habitude depuis leur naiſſance, la trouvent toute naturelle.

Quant aux guides, ce genre de navigation leur paraît auſſi extrêmement ſimple, & ils ne ſongent à aucun danger, pas même à celui de la rencontre des caymans qui ſemblent étonnés de la hardieſſe de l'homme.

Ces animaux qui ne ſont rien moins que rares,

saisissent assez fréquemment les bœufs & les chevaux qui traversent les rivières & les noyent, en les tirant par le museau jusqu'au fond de l'eau. Le premier mouvement du cayman est toujours de fuir l'homme, cependant lorsqu'une fois il a osé l'attaquer, il perd cette crainte & ne le respecte plus.

Puisque nous parlons du cayman, c'est peut-être ici le moment d'assurer que ce que l'on raconte de l'intelligence du chien quand il veut passer une rivière, sans en avoir rien à craindre, est très-vrai. Placé sur une rive le chien y aboye pendant très-long-tems, & lorsque les caymans sont attirés par ses cris, tout à coup il fuit à toute jambes & va traverser la rivière à deux cens pas plus haut.

L'Yuna franchie, on trouve la succursale d'Angeline dont les fondemens furent jettés, il y a près de vingt ans, par Don Joseph Solano, & l'on entre dans un bois où sont deux ravins. L'on gagne ensuite la savane de la Guamitta d'environ douze cent toises de large, au bout de laquelle est la rivière du même nom qui a toujours un peu d'eau & qui est un peu encaissée & bordée de bois. On va de cette rivière gagner celle de Voma, après une savane du même nom d'une bonne lieue d'étendue, que des hattes terminent. De la Voma on parcoure deux autres savanes, (entre lesquelles est un ravin boisé), pour parvenir à la rivière de la Caya qui conserve toujours de l'eau.

La Voma s'unit à la Caya; leur confluent est à environ deux mille cinq cens toises au-dessous du chemin & à une faible distance du lieu où leurs eaux réunies tombent dans le Camu où Camou.

De la Caya, on traverse trois savanes, séparées par des lisières de bois & où se trouvent des hattes & des plantations de cacaoyers. Là est une petite église appellée Joma, située dans les hattes de Michel Vaillafame. Après ces trois savanes, vient celle de l'embouchure d'Hyma (Boca d'Hyma), d'environ une demi-lieue de l'Est à l'Ouest sur un peu plus de lougueur du Nord au Sud & que suit un bois d'un petit quart de lieue dans lequel passe la rivière de la Hyma qui est encaissée. On passe cette rivière un peu au-dessous de son confluent avec le Camou auquel cependant ses eaux se mêlent sans se confondre, car elle va couper la rive opposée du Camou & garde encore le nom qui lui est propre. Après la Hyma l'on fait plus de deux lieues dans le bois, mais pendant près d'une lieue & demie depuis le passage de cette rivière, on cotoye la rive gauche de celle du Camou, puis on traverse celle-ci à cette distance & à environ deux lieues & demie de la Véga. Le bois terminé on se trouve dans une savanette à laquelle plusieurs hattes avec de jolies plantations de cacaoyers & de bananiers & quelques pièces de cannes à sucre, donnent un aspect qui plaît d'autant plus, que dans tout l'intervalle déjà parcouru depuis le Cotuy, rien n'a récréé la vue, & que dans des lieux aussi peu fréquentés, le voyageur croit, pour ainsi dire, avoir découvert ce qu'il n'a fait que rencontrer après une longue attente.

A l'extrémité de la savanette d'où l'on compte encore deux lieues, à peu près, jusqu'à la cité de la Véga est un bois très-élevé, puis une longue savane fort étroite qui conduit à la Véga sans cesser de côtoyer la droite du Camou depuis le point où on l'a traversé.

La Véga.

Le nom de Véga qui signifie *plaine*, est un de ceux qui est le plus connu, lorsqu'on parle de Saint-Domingue, parce qu'il réveille l'idée de la Véga-Réal qui est une plaine fertile & la plus spacieuse de cette Isle. Personne n'a écrit sur Saint-Domingue, sans vanter la Véga-Réal dont personne n'a cependant fixé la véritable étendue; de maniere que chaque auteur entend par cette dénomination, un espace qui n'est pas toujours ce qu'un autre auteur a entendu.

Suivant Charlevoix (livre premier, page 91, édition in-quarto), la Véga-Réal est une plaine de quatre-vingt lieues de long & de dix lieues dans sa plus grande largeur. Un témoin oculaire, lui a même assuré, ajoute-t-'il, qu'il y coule plus de trente mille riviéres, parmi lesquelles il y en a douze, aussi larges que l'Ebre & le Guadalquivir; qu'elle en reçoit plus de vingt cinq mille d'une grande chaîne de montagnes qu'elle a *à l'Occident* & que la plûpart roulent de l'or avec leur sable.

Si avant de hasarder ces détails, Charlevoix avoit fait le moindre calcul, il aurait trouvé trois cens soixante-quinze rivières, par chaque lieue de deux mille huit cent cinquante-trois toises, ce qui suppose qu'elles sont à moins de huit toises l'une de l'autre ou de seize toises, si l'on pense qu'elles se rendaient dans la plaine en nombre égal des deux côtés opposés. Or qu'aurait-il pû rester de terrain entre deux rivières, après avoir retranché celui de leur lit, quelqu'étroit qu'on voulût le supposer, & comment aurait-on pû vanter la fertilité d'une pareille plaine, qui aurait sans doute été submergée dans la saison des pluyes, par la réunion de toutes ces rivières en un seul bassin.

En second lieu, Charlevoix, parlant d'une étendue de quatre vingt lieues de long, ne dit pas entre quels termes il la prend. S'il calculait la Véga-Réal depuis Samana, d'où le terrain plane va sans interruption & sans montagne notable, jusqu'à l'extrémité de la plaine du Cap ; il y a beaucoup à ajouter ; mais si au contraire, il la bornoit au territoire de l'ancienne cité de la Conception de la Véga-Réal, il y a, comme le dit Valverde, plus de la moitié à retrancher.

Dans la verité, il parait que par le mot de Véga-Réal, Colomb entendait seulement la partie plane depuis Samana jusqu'à Monte-Christ ; mais à mesure qu'on y a formé de nouveaux établissemens, le sens de ce mot s'est restraint & rapproché du lieu qui portait plus spécialement le nom de Véga. Aujourd'hui il se borne au territoire de ce lieu, qui a pour limites à l'Est, le Cotuy ; au Nord, la chaîne de Monte-Christ ; à l'Ouest, St-Yago, & au Sud, les montagnes de Cibao.

Ce fut en 1494, que Christophe Colomb voulant aller vérifier ce qu'Alfonse d'Ojéda, brave capitaine, avait rapporté l'année précédente, des mines de Cibao où Colomb l'avait envoyé, eut l'occasion, passant d'Isabelle sur la chaîne de Monte-Christ, de découvrir la plaine, qu'il nomma la Véga-Réal : plaine dont la beauté le frappa encore plus du haut des montagnes de Cibao, & qui excita la plus vive admiration chez tous les efpagnols qui l'accompagnaient. Dès 1495, Colomb fit conftruire un fort à la Véga pour affurer la tranquillité de ce lieu, où, aidé de Barthelemy Colomb, il défit, difent les hiftoriens, une armée de cent mille Indiens, & cet établiffement fut le fondement de la ville de la Conception-de-la-Véga. Elle fut mife à l'endroit même où *Guarionex*, Cacique du royaume de *Magua*, avait eu fa réfidence. Ce fut auffi dans le territoire de la Véga & à trois ou quatre lieues de St-Yague, que la fortereffe de la Magdeleine fut établie en 1504 par Ovando, pour contenir les Indiens, qui appellaient cette fortereffe *Macoris-de-Abaxo* : expreffion compofée du mot Indien *macoris* & de celui efpagnol *abaxo*, qui fignifie *en-bas; au-deffous*. Il eft vraifemblable que cette épithète avait pour objet de faire diftinguer ce Macoris de celui que nous avons vu fur la côte de la partie Sud, dans l'Eft de San-Domingo.

La Conception-de-la-Véga, fut le lieu où Don Barthelemy Colomb, convint en 1497, avec l'Alcaïde major Roldan, chef d'une révolte, qu'ils auraient une entrevue dans le voifinage; entrevue qui pacifia fi peu les troubles, que l'année fuivante, les rebelles vinrent pour attaquer le fort de la Conception, ce qu'ils ne purent effectuer.

Huit ans après, la Véga était déjà une ville importante. On y fondait quelquefois dans l'année, jufqu'à deux cent quarante mille écus d'or, produits par les mines de Cibao, dans un tems où la métallurgie était peu avancée, & par conséquent où la perte était excessive ; lorsque les particuliers cachaient beaucoup d'or, sans compter encore l'or en grain. En 1508, la Véga eut pour armoiries, un écusson d'azur, chargé d'un château d'argent, surmonté d'un autre écu d'azur ; avec une couronne de Notre Dame & deux étoiles d'or

J'ai déjà dit, qu'en 1511, le pape Jules II., établit à la Conception-de-la-Véga, un évêché qui devait être suffragant de l'archevêché de *Xaragua*. Mais cet archevêché n'ayant pas eu lieu, l'évêque de la Véga fut crée pour être suffragant de l'archevêque de Séville, dont le neveu Pierre de Deza, d'abord désigné pour l'archevêché de *Xaragua*, fut le premier pourvu. Cet évêché comprenait la Véga, St-Yago, Port-de-Plate, Port-Royal, Larez-de-Guahaba, Salvatierra-de-la-Savane & Ste-Croix ; tandis que celui de San-Domingo contenait cette capitale, Salvaléon, Azua, St-Jean-de-la-Maguana, Véra-Paz & Yaquimo.

Mais les causes de dépopulation déjà citées plusieurs fois n'épargnèrent point la Véga ; en 1525, Charles Quint publia une ordonnance pour exciter à aller habiter St-Domingue & notamment cette ville, promettant un passage gratuit, & la faculté d'avoir jusqu'à six nègres par blanc, au lieu d'un seul qui était permis alors.

Cette décadence fut cause qu'en 1627, l'évêché de la Conception fut réuni à celui de Santo-Domingo, & depuis lors cette ville ne retourna plus à sa splendeur primitive. Elle était bâtie au pied d'une montagne, au-dessus de laquelle avait été mise la croix dont j'ai parlé dans la defcription particulière de Santo-Domingo. Les reftes de cette croix, dont prefque chaque efpagnol voulait avoir un morceau, avaient été apportées dans l'églife de la Véga ; églife dans laquelle fut dite la première grand-meffe chantée à St-Domingue & où officia Barthelemy Las-Cazas, depuis évêque de Chiapa, que fon affection pour les Indiens a rendu fi juftement célèbre. En 1564, un tremblement de terre renverfa prefque toute la ville. Dès lors on forma le projet d'aller en fonder une autre fous le nom de la Véga, à deux lieues dans le Sud-Sud-Eft de la première, & c'eft à cette époque, que par l'ordre de Charles-Quint, la croix fut tranfportée à San-Domingo. Vers 1724, on voyait encore, dit Charlevoix, des mafures de l'ancienne Véga, des ruines d'un monaftère de religieux de St-François, de deux fontaines & de quelques fortifications. Cette ville était fur la rive gauche de la rivière Camou, à la différence de la Véga actuelle, qui eft à fa rive droite.

Le V & le B, ayant un fon affez reffemblant dans la langue efpagnole, où l'on employe même quelquefois l'un & l'autre indifféremment, comme on l'a vu pour *Bani* ou *Vani*, on dit auffi *Bega* pour *Véga*, ce qui a donné lieu à beaucoup de français d'appeller *Bégue*, la ville de la Véga. L'on n'y comptait que quatre-vingt-dix mauvaifes maifons en 1724 ; & à peine cinq cens perfonnes dans tout fon territoire au commencement du fiècle actuel. Depuis, cette ville s'eft aggrandie & embellie. Elle eft fituée à un quart de lieue du Camou, au milieu d'une jolie

favane

savane presque ronde, que le Camou environne à l'Ouest & au Nord, mais dont cette rivière s'éloigne à mesure qu'elle gagne l'Est. C'est une ville ouverte, avec une grande place publique au centre. Les rues sont très-bien alignées, mais l'herbe que l'apathie espagnole y laisse croître, les rend semblables à de petits pâturages, & les citadins font paître des bestiaux à la porte de leurs maisons. Celles-ci sont construites en bois & toutes séparées les unes des autres; elles sont au nombre d'environ trois cens. La Véga est à quarante-deux lieues de San-Domingo, à environ vingt-quatre lieues de l'embouchure de l'Yuna dans la baye de Samana, douze du Cotuy & dix de St-Yago.

La ville de la Véga se trouve à peu près dans le Nord & presque en face du groupe du Cibao, de ce noyau des montagnes de la colonie espagnole. Le mot Cibao, suivant Herréra, Charlevoix & d'autres, est dérivé de *Ciba*, qui veut dire roc ou caillou, & ce nom convient, dit Charlevoix, à l'aspect affreux de l'entrée de ce canton. Suivant l'étimologie Celte, cette dénomination serait encore plus curieuse, puisqu'en la décomposant on y trouverait *Kè-i-bé-aour*, qui signifie: *les montagnes où il y a de l'or*. Une chose très-certaine, c'est que le mot de *Cibao*, réveille le souvenir de mines très-riches, célèbres, depuis la découverte de l'Amérique, par leur abondance & par la pureté de leur or. C'est d'elles qu'avaient été tirés les premiers morceaux de ce métal présentés par Colomb à Ferdinand & à Isabelle, qui étaient loin de soupçonner alors, combien de pleurs & de sang il ferait verſer. Ces mines ſont principalement dans la partie de la montagne qui eſt tournée vers le Nord, & près d'une rivière que les uns nomment Janico & les autres Cibao. Dans les premières années il ſuffiſait de les fouiller pour en retirer d'immenſes profits. Le voiſinage du Cibao contient auſſi des mines d'or, & Valverde dit, que les montagnes qui diviſent le ſite de Conſtance, ſont reconnues pour être en totalité, des mines tellement abondantes en or, qu'en fouillant la terre, il courre en ſable & en grains, par tous les points où paſſent les eaux.

Ce n'eſt pas le ſeul métal que fourniſſent les montagnes de Cibao. J'ai déjà parlé des autres mines que leur prolongement offre dans le territoire du Cotuy, & dans celui-ci, le canton de Garabacoa, renferme une mine d'argent, qui a même été travaillée anciennement.

Quant à la culture, celle de la Véga n'eſt pas conſidérable, car elle ne l'eſt nulle part dans la colonie eſpagnole. Des bananiers, des cacaoyers & quelques ſucreries, du genre de celles dont j'ai parlé précédemment, occupent une partie des habitans, & le tabac employe les autres, ainſi que l'éducation des animaux. Ce que j'ai dit à l'article du Cotuy, de certains habitans vivant toujours à la campagne & répandus çà & là, eſt commun à la Véga, dont le territoire comprend en totalité, plus de huit mille individus. Il faut ajouter que dans les differens lieux de la Véga-Réal, il ſe trouve auſſi, en aſſez grand nombre, des vagabonds qui auraient des droits à une ſurveillance que la police eſpagnole eſt cependant loin d'exercer.

Avant de pousser plus loin la description de la Véga, il est important que j'éclaircisse un fait, dont l'obscurité, qui a déjà embarrassé plusieurs auteurs, priverait ma description d'une portion de l'intérêt dont j'ose la croire susceptible, si je ne la faisais pas disparaître.

On lit dans Oviédo, dans Herréra, & dans Charlevoix qui les a suivis, que Colomb allant, en 1494, visiter les mines de Cibao, fit travailler des pionniers que dirigeaient des gentilshommes, à trois lieues dans le Sud d'Isabelle, pour applanir une gorge de montagnes où Ojéda avait passé en 1493, & à laquelle on donna le nom de *Porte-des-Chevaliers* (puerto de los hidalgos), & que de là, il parvint au haut de la montagne, d'où il découvrit la Véga-Réal ; que Colomb traversa celle-ci, alla vers la Rivière-Verte, & gagna de là la province de Cibao, d'où il monta sur les montagnes du même nom, & que d'Isabelle à Cibao, il parcourut dix-huit lieues. Le récit du voyage d'Ojéda annonce absolument la même route, & dit, que de la Véga à Cibao, il lui restait environ dix à douze lieues à faire.

Les mêmes écrivains rapportent que, lors de sa découverte, l'île étant divisée en cinq royaumes & entre cinq caciques souverains, Cibao qui tirait son nom d'une province, ou qui le lui donnait, n'appartenait point au cacique qui régnait au Nord des montagnes de Cibao, c'est-à-dire, à la Véga-Réal & qui était *Guarionex*, souverain de *Magua* ; mais qu'il faisait partie de la province de Cibao, placée au Sud des mêmes montagnes & qui obéissait au Cacique *Caonabo*, souverain de *Maguana*, dont la capitale était au lieu où se trouve à présent St-Jean-de-la-Maguana.

En parlant de l'établissement du fort St-Thomas, ils disent encore qu'il fut mis au Sud de la chaîne de Cibao, & en effet la plaine de Saint-Thomé est contigue au Nord à celle de Saint-Jean de la Maguana. S'agit-il de la fondation de Port-de-Plate, par Ovando, ils lui donnent pour motif le voisinage de la Conception-de-la-Véga & de Saint-Yago, auxquels il devait servir de port & le désir de profiter du voisinage des mines de Cibao. En un mot, on trouve, à chaque pas, dans ces historiens, la preuve d'une communication entre la partie plane qui borde la mer au Nord & la Véga-Réal qui en est séparée par la chaîne de Monte-Christ, & encore entre la Véga-Réal & la province de Cibao qui se trouvaient l'une au Nord & l'autre au Sud de la chaîne de Cibao.

Si on lit attentivement ces narrateurs, on y trouve dans vingt endroits, que de San-Domingo on venait aux mines de Cibao, dans la province du même nom, & que de là on se rendait dans la Véga-Réal, ou qu'on passait dans la partie Ouest de la province de Cibao.

Des faits aussi positifs & aussi concordans, n'auraient jamais dû laisser place à l'incertitude ; mais cette incertitude elle-même nous fournit une preuve bien extraordinaire & en même tems bien forte de l'état de décadence de la partie espagnole, puisqu'elle naissait de ce que l'on ne connaissait plus la communication dont je parle. L'ignorance à cet égard était même poussée si loin, que le Jésuite le Pers, qui dressait à St-Domingue, au commencement de ce siècle, les mémoires sur lesquels Charlevoix a principalement écrit son histoire, n'avait aucune idée de la communication dont je parle, & on en a la preuve dans ce que dit Charlevoix (livre 9, pag 226), de l'attaque de Gohave que M. la Boulaye voulait faire & où il croit que la gorge de Saint-Raphaël appellée *la Porte*, est la même chose que la Porte-des-Chevaliers qui conduisait d'Isabelle à la Véga-Réal. Une confusion aussi choquante ne serait pas échappée à quelqu'un qui aurait connu la colonie, puisque *la Porte* de Saint-Raphaël est à environ cinquante lieues de celle des Chevaliers par la route la plus courte.

Mais enfin la communication des mines de Cibao avec la Véga-Réal a été retrouvée, il y a environ quarante ans ; elle conduit à une partie de l'ancienne province de Cibao, partie qui porte aujourd'hui le nom de *Vallée de Constance* & qui, quoiqu'au Sud de la chaîne de Cibao, est tellement voisine de la Véga-Réal, qu'elle est en ce moment enclavée dans le territoire assigné à la ville de la Véga.

Constance est presque à une égale distance de la Véga & de Saint-Yago & se trouve au sommet d'une montagne qui a de l'étendue, puisqu'on donne à la vallée environ cinq lieues de circonférence. Elle est fort belle & très-bien arrosée par plusieurs ruisseaux qui ne tarissent jamais ; les pâturages y sont propres à toutes sortes d'animaux. De cette plaine on peut descendre & gagner celle de Saint-Jean-de-la-Maguana, & quelqu'un parti de la Véga a été sur la montagne, l'a descendue vers Saint-Jean & est retourné à la Véga, en deux jours, à cheval.

Un nommé Victoriano Vélano, construisit vers

1750 une barraque dans cette vallée de Constance où il mit quelques jumens & quelques vaches ; la propagation en fut très-considérable. On assure que les chevaux y deviennent excellens & que les bœufs y acquièrent une beauté remarquable. Les côteaux aromatiques de cette vallée seraient très-propres à nourir des moutons & des chevraux qui y acquerreraient un goût exquis. La vallée de Constance est si froide, que durant huit mois de l'année on a besoin de couvertures épaisses pour y dormir & que pendant la saison la plus chaude, la viande s'y conserve plusieurs jours. On trouve dans les points les plus élevés des montagnes voisines, une espèce de givre ou de gelée blanche & l'on a besoin de feu le soir, dans la vallée. On y a semé du blé qui a parfaitement réussi.

La communication entre la Véga-Réal et la partie Ouest de la colonie espagnole, serait d'une grande utilité si les établissemens de la colonie étaient plus productifs, mais dans un cas de guerre, elle pourrait devenir importante. Il serait encore possible de rétablir la communication entre la Véga-Réal, la partie de l'Ouest & San-Domingo, par la chaîne de Constance, mais elle exigerait des travaux que rien d'actuel ne peut faire entreprendre. Je retourne à la Véga, après avoir fait cette legère incursion vers la vallée de Constance, avec le double motif de la faire connaître & de persuader encore mieux le lecteur, parce que j'en rapporte, de l'état de nullité auquel devait être arrivée la colonie espagnole, puisqu'on y ignorait quels points avaient servi autrefois à faire communiquer entr'eux les divers établissemens qu'elle avait alors.

De l'île Saint-Domingue.

En fortant de la ville de la Véga pour aller vers Saint-Yago ou Saint-Yague, on paffe à un quart de lieue la rivière du Camou.

Entre cette rivière & celle d'Yuna, est une huitième chaîne de montagnes peu étendue & peu élevée au confluent de ces deux rivières, mais qui croît d'autant plus, qu'elle fe rapproche d'avantage du Cibao. Il en part auffi des contreforts, qui, dans l'intervalle des deux rivières, vont féparer les rivières intermédiaires.

Du Camou le chemin monte, par une pente affez douce, vers un plateau. Dans cette route on paffe deux ravins encaiffés. Ce plateau peu élevé, eft cependant le point le plus haut de cette vallée, c'eft-à-dire, de toute la Véga-Réal. Ses eaux font verfées à l'Eft dans le Camou, à l'Oueft, dans l'Yaqui. C'eft la limite naturelle du territoire de la Véga & de celui de St-Yago, faifant partie d'une 9me chaîne prefque infenfible, qui fépare, comme l'on voit, les eaux du Camou & de l'Yuna, de celles de la Rivière-Verte & de l'Yaqui. C'eft une fuite de plateaux doux dans la direction du Nord, qui vont gagner la chaîne de Monte-Chrift, & qui font d'autant plus élevés, qu'ils fe rapprochent d'avantage du Cibao.

St-Yago

A la defcente du plateau, dont la face occidentale eft le commencement du territoire de St-Yago, on paffe trois ravins affez encaiffés & l'on arrive à la petite rivière de Guaco, à cinq-quarts de lieue du paffage du Camou. Il faut monter encore, puis redescendre pour passer la Rivière-Verte, à environ quinze ou seize cens toises de celle de Guaco, qui se jette dans la Rivière-Verte, & qui, comme elle & comme celle du Camou, a toujours de l'eau.

On trouve ensuite trois hattes avec quelques plantations de cacao, appellées les places de la Rivère-Verte, & à un quart de lieue, on passe encore cette rivière, à laquelle Christophe Colomb donna ce nom, lorsqu'il alla visiter les mines du Cibao, à cause de la limpidité & de la vîtesse de son eau, & dont l'on côtoye toujours la rive gauche, entre les deux points où on la traverse.

Du second passage de la Rivière-Verte, on monte insensiblement pour redescendre de même, & aller traverser à deux lieues, la Rivière-de-la-Bataille (pugnale). Elle tarit quelquefois; son lit est dans un petit vallon, dont les pentes sont douces. A environ deux petites lieues de cette rivière, la route est coupée par un grand chemin, qui, à la gauche du voyageur, se dirige vers la Hatte-à-Major; non loin de là, est un corps-de-garde aussi sur la gauche, & à ce point cesse le bois qui continue depuis la Véga. Le chemin alors côtoye la rivière d'Yaqui qui est fort encaissée dans cette partie, & à cinq cens toises à peu près du corps-de-garde, on entre à St-Yago.

Saint-Jacques ou St-Yago, qui a le surnom des chevaliers, sans doute, en l'honneur d'un ordre de chevalerie d'Espagne, est une des anciennes villes de St-Domingue, puisqu'elle existait avant 1504. Elle a dû son établissement au voisinage de la Conception-de-la-Véga & celui de Port-de-Plate, avec lequel
elle

elle avait un commerce d'animaux & de cuirs. Elle perdit donc beaucoup lorſqu'en 1606 on fit évacuer cette dernière ville.

St-Yago eut en 1508 pour armes ; un écu de gueules, à deux coquilles d'argent & l'orle de même, chargé de ſept coquilles de gueules.

Les français de la Tortue, pour ſe venger du maſſacre de pluſieurs d'entre eux, fait vers ce lieu, par ordre du commandant d'un vaiſſeau de guerre eſpagnol qui les avait enlevés à un bâtiment flamand, ſur lequel il ſe rendaient à St-Chriſtophe, allèrent, ſous pavillon anglais en 1659, à St-Yago par Port-de-Plate, & pillèrent la ville pendant vingt-quatre heures, ſans épargner les égliſes. Ils amenèrent avec eux, juſqu'à Port-de-Plate, le gouverneur, qu'ils y relâchèrent, quoiqu'il n'eut payé qu'en partie ſa rançon de ſoixante mille piaſtres gourdes.

En 1667, d'Ogeron fit attaquer St-Yago par quatre cens hommes dont il avait donné le commandement à un capitaine Flibuſtier, nommmé Deliſle ; ils s'y rendirent par Port-de-Plate. Les habitans de St-Yago s'enfuirent à l'approche de l'ennemi qui cauſa beaucoup de dégâts, emporta tout ce qu'il pût & exigea de la ville une rançon de vingt cinq mille piaſtres gourdes. Après cette vengeance des incurſions des habitans de St-Yago ſur le territoire français, cette ville fut tranquille juſqu'en 1689. Elle reprenait même de l'accroiſſement à cette époque, lorſqu'au mois de Juin, M. de Cuſſy ſe mit en marche du Cap pour aller l'attaquer avec mille fantaſſins ou cavaliers. Le ſix Juillet, il ſe livra un combat opiniâtre à une demi-lieue de la ville où les français entrèrent en vainqueurs. Ayant uſé immodérément des proviſions & ſur-tout des boiſſons qu'ils y trouvèrent, ils crurent être empoiſonnés, & dans leur fureur ils mirent le feu à la ville à l'exception des lieux conſacrés à la religion.

Il fallut recommencer en quelque ſorte à tout édifier, mais le ſouvenir des attaques des français, ne ceſſait pas d'animer les eſpagnols de St-Yago contre eux, & ſans la nouvelle de la paix de Riſwick que M. Ducaſſe fit porter au gouverneur de ce lieu en 1698, cinq cens cinquante hommes envoyés par lui & qui pénétraient déjà dans la partie françaiſe y auraient commis de grand ravages.

Saint-Yago eſt ſitué ſur la rive droite de l'Yaqui & aſſis ſur une ſavane en forme d'éminence qui domine la rivière. Celle-ci qui commence à être fort encaiſſée dans cette partie, eſt encore commandée par une hauteur au Nord-quart-Nord-Eſt, à portée de fuſil & couverte de bois aſſez clairs. Une autre hauteur moins conſidérable, qui ſe trouve de l'autre côté de la rivière, à une demi-portée de canon au Sud, eſt auſſi plus élevée que la ville.

Celle-ci eſt abſolument ouverte & n'a jamais eu d'enceinte. Il y a une aſſez grande place au centre; les rues ſont très-bien alignées & coupées à angles droits. Elle contient plus de ſix cens maiſons, ce qui annonce une forte augmentation depuis 1724, qu'elle n'en avoit que trois cens quatre-vingts, ſuivant un mémoire de M. Buttet, imprimé à la fin du second volume de Charlevoix; cette augmentation ne remonte même pas au-delà de vingt-cinq ans. Ces maisons sont de bois, excepté environ cent cinquante, qui sont de pierres, ou de briques fabriquées dans le voisinage. Il y a une briqueterie sur le bord de l'eau, à peu près dans le Sud & à un petit quart de lieue de la ville.

Le territoire de Saint-Yago a pour borne à l'Est celui de la Véga, au Nord la chaîne de Monte-Christ, à l'Ouest le territoire de Daxabon & celui de Monte-Christ, & au Sud le prolongement de la première chaîne de montagnes. La ville même de Saint-Yago est à environ cinquante-deux lieues de San-Domingo, trente-quatre du fond de la baye de Samana; vingt-deux de la ville du Cotuy, dix de celle de la Véga & environ vingt-huit de Dahabon.

L'air de la contrée de Saint-Yago passe pour l'un des plus purs de la colonie. Cette opinion est fondée sur la rareté des maladies dans un lieu où l'on voit cependans une léproserie & sur la longévité de ceux qui y habitent. Cette cause a sûrement eu une grande influence sur la population de cette partie, mais elle ne peut pas avoir été la seule, puisqu'en 1724, on n'y comptait guères que trois mille habitans; que d'après un autre document je n'en trouve que huit mille pour l'époque de 1764 & qu'à présent la population y excede 27 mille ames, quoique Valverde assure que Saint-Yago soit moins peuplé qu'avant 1780, lorsqu'on a été obligé d'établir la succursale d'Amina malgré que Saint-Yago comptât déja deux paroisses. La faveur donnée à la culture du tabac est à coup sûr, une des raisons majeures de cette grande différence.

Cette cité est regardée comme un établissement d'une grande importance par les Colons. Elle a un Alcade major, espèce de sénéchal, nommé par le Roi & dont la place est très-considérée parmi les Espagnols.

Le territoire de Saint-Yago est très-fertile en mines. D'abord la Rivière-Verte charie des grains d'or mêlés à son sable, & suivant le rapport de M. Buttet, cité par Charlevoix, il y avait sur les bords de cette rivière une mine d'or dont le principal rameau où avait travaillé la personne de qui M. Buttet tenoit ces détails, avait trois pouces de circonférence d'un or très-pur, sans mélange d'aucune autre matière. Suivant le même rapport, ce fut parce que Don Francisco de Lunœ, Alcade de la Véga, avait voulu faire saisir les mines qu'on travaillait le long de la Rivière-Verte & qu'on s'y était opposé, que le président de San-Domingo reçut de la cour d'Espagne l'ordre de faire fermer toutes les mines de la colonie, ce qui fut exécuté. On recueillait aussi autrefois beaucoup d'or superficiel dans les hauteurs de cette Rivière-Verte, au lieu appelé *les Mésitas* & qui venait de mines très-abondantes qui n'ont pas été reconnues. Dans l'origine la ville de Saint-Yago était en majeure partie peuplée d'orfèvres, ce qui suffirait pour montrer la fertilité des mines.

L'Yaqui roule aussi de l'or avec son sable & selon

M. Buttet encore, on en trouva en 1708 un morceau de neuf onces. Presque toutes les rivières qui se jettent dans l'Yaqui par l'une ou l'autre de ses rives, telle que le Macabon, charient de l'or qui vient de ces montagnes sans que jusqu'à présent celles-ci soient bien connues. Quelques particuliers ont cependant trouvé le moyen de s'y procurer de grands profits mais d'une manière presque furtive.

A douze lieues au Sud de Saint-Yago, au Ruisseau-de-l'Évêque & dans celui *des-Pierres*, il y a beaucoup de mines d'argent qui furent essayées à la fin du siècle dernier, par l'ordre de Don Roch Galindo, Alcade Major de Saint-Yago. A l'Ouest dans les cantons appellés *Tanci*, l'abondance de pareilles mines les faisaient considérer comme un nouveau Potosi. Enfin à Yasica, à douze lieues de Saint-Yago au bord de la rivière, il y a, dit-on, un côteau d'argent.

On trouve aussi du mercure au haut de la rivière d'Yaqui & du cuivre dans le territoire de St-Yago.

Puisque nous en citons les choses remarquables, disons que Valverde rapporte avoir trouvé, il y a quelques années, dans la hatte de *Vrabo*, qui tire son nom d'un ruisseau voisin & qui est dans le désert de St-Yago, une écale de crustacée sur laquelle est une croix très-parfaitement marquée, de couleur de vermillon, placée sur un pied d'estal avec deux espèces de cierges; formes qui sont proportionnées à l'accroissement de l'écale. Valverde ajoute qu'il en possède une, sur laquelle la croix a trois pouces, non compris le pied d'estal. On trouve encore dans le territoire de St-Yago, comme dans celui de Monte-Chrift, & en abondance, un arbre qui porte une graine ou coque dont on tire une très-belle teinture noire & qui a confervé le nom de *gualapana* que lui donnaient les Indiens.

En fortant de St-Yago pour aller vers l'Oueft, on paffe fur le beau plateau, au fommet duquel cette ville eft conftruite ; puis on fait un demi-quart de lieue dans le bois, pour traverfer enfuite l'ifthme d'une petite péninfule que forme le contour de la rivière & où font quelques habitations ; cet ifthme peut avoir environ cinq cens toifes, & à fon extrémité, l'on trouve la rivière d'Yaqui à une lieue de St-Yago dont le chemin eft venu, en gagnant fur la gauche.

On traverfe la rivière d'Yaqui dans cet endroit où elle a environ cinquante toifes de large & quatre ou cinq pieds d'eau à fon milieu. Elle eft affez rapide & difficile à paffer. Comme cette rivière fe trouve dans un encaiffement très-enfoncé, on monte avec peine fon autre bord qui eft très-élevé ; de cet inftant, le chemin que je vais parcourir, ne quitte plus la rive gauche de l'Yaqui, & les terres fituées du même côté, s'appellent Continent-de-Lifon. On y cultive un peu de bled dont la farine fert même à toutes les églifes de la colonie efpagnole pour faire le pain fans levain.

On rencontre auffitôt après l'Yaqui, une jolie favane, bornée au Nord & à l'Eft par cette rivière & ayant un quart de lieue en largeur de l'Eft à l'Oueft fur un peu plus de longueur, & où l'on trouve une hatte assez considérable. Au bout de cette savane, on rentre dans le bois, où l'on fait trois fortes lieues pour gagner la Savane-sans-Profit (Sin-Provecho) de deux lieues d'Orient en Occident, & de près d'une lieue de large. Elle est bordée de bois, ou pour s'exprimer plus correctement, elle est un des intervalles naturels qui se trouvent dans la forêt qui couvre toute cette partie : intervalles auxquels il faut ajouter ceux produits par les défrichés. Sin-Provecho passé, on est dans le bois où l'on marche près d'une lieue allant à l'Ouest; puis faisant un petit coude au Nord, on trouve la rivière de Hamina qui a donné son nom à la succursale, fondée il a vingt ans. Dans son voisinage est la hatte de la Boeca-d'Hamina. Cette rivière à environ vingt pieds d'encaissement & trois ou quatre pieds d'eau ; sa chûte est douce & elle n'a que sept ou huit toises de largeur dans l'endroit où on la passe. Après la rivière, le chemin monte dans la Savane-d'Hamina où les chevaux trouvent une abondante patûre ; ce fut un des lieux où M. de Cussy campa en venant attaquer St-Yago. Cette savane mène à un bois qui a environ sept-quarts de lieues & à peu près vers son milieu serpente la Rivière-de-Maho qui a toujours de l'eau. Deux petits ravins la suivent à l'extrémité de ce bois de haute futaye qui est assez fourré, & terminé par une fort grande savane de deux lieues d'étendue Est & Ouest, bordée elle-même par la Rivière-de-Gourabo que précède un sentier, qui, sur la gauche, mène à une hatte dans le Sud-Est.

La Rivière-de Gourabo paſſée, on eſt dans la ſavane appellée du Pilote que ſuit la Savane-Rompino. A trois grands quarts de lieues de Gourabo, le chemin paſſe entre deux petites éminences aſſez voiſines l'une de l'autre, mais celle de la droite eſt un peu plus élevée & plus eſcarpée. Une bonne demi-lieue plus loin eſt la Rivière-des-Roſeaux (canna), qui eſt à une lieue & demie du Gourabo ; ces deux rivières n'on pas d'eau.

Un quart de lieue après avoir quitté la Rivière-des-Roſeaux & dans la Savane-de-l'Hôpital, on voit ſur la droite, la hatte de ce dernier nom. C'eſt la même choſe dans la Savane-de-Renchadère qui vient après, & à la droite de laquelle eſt auſſi une Hatte-Renchadère ; enſuite un quart de lieue fait dans le bois, mène à la Rivière-de-Guyabin qui eſt à une petite lieue de la Hatte-Renchadère. Cette Rivière-de-Guayabin qui eſt la même que le Rebouc, eſt celle qui fut long-tems la limite reconnue entre les françois & les eſpagnols, comme on le voit par l'abregé hiſtorique qui eſt en tête de ce volume. Elle reçoit la Rivière-des-Roſeaux & ſucceſſivement celles de Maguaca & de Chaquei, & va, groſſie de leurs eaux, ſe jetter elle-même dans l'Yaqui.

Le mot de *Rebouc*, eſt une corruption françaiſe du mot eſpagnol *Revuelto*, qui ſe prononce *Rebouelto*, & qui ſignifie révolté. Comme les eſpagnols regardaient l'établiſſement des françois à St-Domingue, comme une uſurpation & leur défence naturelle, comme une révolte, ils avaient donné le nom de
lieu

lieu des révoltés, au point des limites que ceux-ci avaient adoptées & dont des ordonnances des Administrateurs français du 24 Février 1711 & du trois Décembre 1715, parlent comme de la frontière des deux nations (*).

De la Rivière-du-Rebouc, on rentre dans le bois & l'on y chemine un quart de lieue. A ce terme l'on est parvenu à la spacieuse savane du Canot, un peu avant laquelle, un petit sentier, placé à la gauche du chemin, conduit à la Hatte-de-la-Antone, située à un quart de lieue de distance. L'on traverse la savane du canot (de la Canoa) qui a une lieue & demie de large, mais dont l'œil n'apperçoit pas les limites du Nord au Sud.

Aux deux tiers de la savane, le chemin passe entre deux mamelons tout près l'un de l'autre. De ce point de la belle & grande plaine où coule l'Yaqui, l'on découvre la Grange au Nord-Ouest-quart-de-Nord & la longue chaîne des montagnes de Monte-Christ qui échappe à la vue, en se prolongeant vers la presqu'île de Samana; l'œil est étonné de ce vaste spectacle qui inspire encore de nouvelles réflexions & cause de nouveaux sujets d'étonnement au voyageur, pourvu qu'il ne soit pas espagnol. Un peu après les mamelons, on rencontre la croisée d'un beau chemin qui conduit à Monte-Christ, distant d'environ treize lieues.

(*) Voyez Loix de St-Domingue, Tom. I, pag. 624, & Tom. II, pag. 262 & 476.

Tom. I. Hh

De la Savane-du-Canot où l'on apperçoit des brouſſailles, le chemin va le long d'un bois qui eſt ſur la gauche, pendant un grand quart de lieue juſqu'à un ravin. Après celui-ci, eſt une ſavane fort peu étendue de l'Eſt à l'Oueſt, que termine un autre petit ravin; on retrouve du bois, puis l'on gagne la petite ſavane Scalente qui en eſt environnée & au milieu de laquelle eſt une hatte qui porte ſon nom. Il faut de nouveau reprendre un bois pour, après y avoir fait environ deux cens toiſes, parvenir à la Rivière-Maguaca qui ne tarit jamais.

Maguaca paſſé, c'eſt un bois qui s'offre, puis une petite ſavane; après celle-ci, vient la Savane-de-Talenquera. Cette dernière eſt un peu montueuſe & l'on y paſſe deux petits ravins qui ſéparent des monticules doux que le chemin gravit. Le bois reparait après cette ſavane, & l'on gagne la Rivière-de-Chaquei qui n'aſsèche point, & qui n'eſt qu'à environ ſeize ou dix ſept cens toiſes de la Rivière-de-Maguaca.

Au Chaquei ſuccède le bois qui n'a guere qu'un demi-quart de lieue, juſqu'à la Savane-Longue, où eſt une petite égliſe & des hattes ſur la droite & ſur la gauche. Elle eſt preſque en pointe à ſon commencement, mais elle s'élargit dans le ſens du Nord. A l'extrémité de la ſavane, eſt une très-belle hatte vers le Sud à environ une lieue du chemin. La Rivière-du-Macabon où il n'y a point d'eau dans les tems ordinaires, ſépare la Savane-Longue de celle d'Acouba qui a trois lieues du Nord au Sud. Après cette dernière, on traverſe la hatte de Don Louis de Tende,

De l'île Saint-Domingue.

placée sur la rive droite de la rivière d'Acouba qui la termine. Cette rivière a toujours de l'eau & n'est qu'à une lieue de celle de Macabon. Après elle vient la Savane-de-St-Jacques, qui au bout d'une demie lieue, conduit au passage de la Rivière-de-la-Gohave où l'on ne trouve de l'eau que dans le tems des pluyes, & d'où l'on entre dans la Savane où est la bourgade de Daxabon, vers laquelle le chemin conduit lorsqu'on a fait environ mille toises après la Gohave.

DAXABON.

Daxabon, Dajabon, Dahabon, dont les français ont même fait Laxabon, est un établissement formé depuis moins de quarante ans, & placé à quatre cens toises de la rive droite de la rivière du Massacre, que d'autres nomment Rivière-Daxabon, & dont le nom indien est *Guatapana*. Elle est la limite commune des Français & des Espagnols dans ce point, depuis le traité de 1776. Cette rivière va se jeter dans la baye de Mancenille, comme on l'a vu ailleurs. Daxabon qui est au Sud du chemin, s'est fort accru, mais c'est aux dépens de la colonie, parce que ce sont de petits habitans qui abandonnent leurs hattes, pour venir s'y établir, & profiter des légers avantages qu'on offre à ceux qui se déterminent à ce parti. Daxabon est à plus de quatre-vingt lieues de San-Domingo, environ vingt-huit de Saint-Yago, dix de Monte-Christ, une demie d'Ouanaminthe, six lieues du Fort-Dauphin, dix-huit du Cap-Français & environ dix-huit aussi de Hinche. Daxabon faisait autrefois partie du territoire de Saint-Yago, dont il a été détaché pour former une parroisse, où l'on compte au moins quatre mille personnes.

C'est à sa position, comme frontière de la partie française, que Daxabon doit toute son importance, que je ferai mieux sentir tout à l'heure. Ce lieu est la résidence ordinaire du commandant en chef de toutes les parties de Port-de-Plate, Monte-Christ, Daxabon & Saint-Yago, & ceux qui ont le commandement particulier de ces divers lieux sont sous ses ordres. Il y a là de la cavalerie garde-côte. Daxabon peut contenir une centaine de maisons de peu de valeur. Le sol n'est pas très-bon, autour de cette bourgade.

Maintenant portons nos regards sur l'ensemble de tout ce qui les a frappés, dans ce que l'on nommait originairement la Véga-Réal; c'est-à-dire, dans ce qui est compris depuis le fond de la baye de Samana jusqu'à Daxabon, entre la chaîne de Monte-Christ & celle du Cibao.

Cette immense surface plane, la plus considérable de toutes celles de la colonie, sans exception, offre quatre établissemens, savoir: le Cotuy; la Véga; Saint-Yago & Daxabon. Sa longueur est parcourue en entier pour ainsi dire, par trois grandes rivières, l'Yuna, le Camou & le Grand-Yaqui, auxquelles toutes les rivières qui descendent de la partie des montagnes de Cibao qui regarde le Nord, & de la partie de la chaîne des montagnes de Monte-Christ, qui fait face au Sud, viennent apporter leur tribut.

Mais la nature, comme pour accorder encore de plus grands avantages à cette magnifique plaine, en a divifé la pente en deux portions, qui partent à-peu-près de fon milieu. C'est ainfi que le Camou vient fe jetter dans l'Yuna, après avoir reçu la Hima, & la Caya, groffies des eaux de la Voma & de la Guamita, & que la longueur de leurs cours réunis forme les deux-cinquièmes de celle de la plaine, en allant de l'occident vers l'orient ; tandis que l'Yaqui parcoure les trois autres cinquièmes, en allant de l'Eft vers le Nord-Oueft-quart-d'Oueft, c'eft-à-dire, dans le fens prefque oppofé. J'ai répété plufieurs fois, que l'Yuna était déjà rendu navigable pendant plus de douze lieues, & l'on prétend même qu'un canot ou pirogue, eft entré par cette rivière dans le Camou & l'a remonté jufqu'auprès de la Véga. Il ferait poffible de rendre auffi l'Yaqui navigable, pendant plus du double de cette efpace. De manière que la Véga-Réal, arrofée déjà par un grand nombre de rivières, qui elles-mêmes feraient fufceptibles d'être rendues propres à porter des bateaux plats, & dont l'art de l'Hydraulicien faurait encore profiter, pour une foule d'ufages, en diftribuant leurs eaux fur différens points ; eft tout-à-la-fois, la plaine la plus grande, la plus fertile, & celle où les débouchés & les tranfports de tous les genres, feraient les plus faciles, fi la main de l'induftrie, pouvait s'emparer des moyens que la nature y a mis par-tout avec profufion.

Mais à quoi fert maintenant cette célèbre Véga-Réal ? La defcription que je viens de donner du chemin qui l'a parcoure, fuffirait feule, pour prouver que la majeure partie de fon étendue, eft en bois, en pâturages & par conféquent que des efpaces confidérables & très- multipliés, y font abandonnés à la ftérilité. Le refte n'eft employé qu'à élever des animaux déftinés à fubftanter les Français, & à approvifionner leurs manufactures de mulets & de bœufs, foit pour mouvoir les machines, foit pour les tranfports ; quant à l'éducation des moutons, elle eft prefque nulle dans la partie efpagnole ; & d'ailleurs ce ne ferait pas dans une plaine très- arrofée comme celle-ci, qu'elle promettrait un grand fuccès. Les Efpagnols occupés du foin des animaux, font les plus nombreux & il en eft même beaucoup, qui n'en ont que quelques-uns pour propriété unique, & qui enfeveliffent toute l'année leur mifère au milieu des forêts, à moins qu'elle ne les force à en fortir pour aller vendre quelques beftiaux, & pour convertir en objets propres à fatisfaire les plus impérieux befoins, le chétif produit qu'ils ont retiré d'une auffi faible reffource.

Le refte de la population, s'occupe en partie de la culture du tabac. J'ai déjà affez parlé de cette plante dont un gout bien répandu, a fait déformais une chofe néceffaire, & qui, s'il en fallait croire ce que fes amateurs paffionnés en publient, devrait être confidérée comme un remède applicable à bien des maux & même à deux grandes maladies de l'amè, le chagrin & l'ennui. D'autres colons donnent leurs foins aux cacaoyers, que les Efpagnols eux-mêmes reprochent tant à leurs compatriotes de trop négliger

En effet, ces deux denrées pourraient être encore plus utiles aux habitans de l'ancienne Véga-Réal; mais il faudrait, par exemple, que le gouvernement ne fût que concurrent dans l'acquisition du tabac; qu'il s'engageât à en prendre jusqu'à une certaine quantité à un prix propre, & à lui faire obtenir la préférence & à exciter le cultivateur dans les tems ordinaires. Il faudrait qu'il ouvrît, par la suppression de toutes les compagnies monopoleuses qui ne sont que des sangsues à privilèges exclusifs, un commerce qui, à son tour, répandrait des encouragemens dont le produit augmenterait la richesse nationale, & par conséquent les revenus publics. Il faudrait en un mot, que l'Espagne qui paraît avoir appris que la conversion des denrées en or, est plus utile aux nations & aux individus, que celle de l'or en denrées, ne défendit pas réellement par des prohibitions sans nombre, ce quelle semble avoir l'intention de permettre.

Quant au cacaoyer, la plaine dont nous parlons paraît lui être plus spécialement destinée que les autres lieux de la colonie espagnole, puisqu'elle est préservée des ouragans, fléau dont les cacaoyers ont tant souffert dans la partie du Sud. Le cacao de St-Domingue seroit encore plus lucratif pour son propriétaire que celui de Caraque, parce que, sur-tout dans la Véga, l'humidité du sol, la fraîcheur entretenue par les bois, dispense les cacaoyères de l'arrosage dont le secours est nécessaire à Caraque. Cette économie de travaux est un bénéfice réel dans un pays où la culture employe des esclaves, & lorsqu'une fois une cacaoyère est plantée & en valeur, son entretien n'exige plus la moitié des nègres qu'il fallait d'abord, particulièrement lorsqu'on a la ressource des transports par eau. D'ailleurs avant que les cacaoyers ne rapportent, on peut cultiver du tabac sur le terrain, & lorsqu'il est, comme dans cette terre promise, & très-productif & d'une excellente qualité, il indemnise encore le cultivateur de son attente. Quelle que fut l'extension de la culture de ces deux objets, il resterait encore de vastes champs à celles d'un autre nature si l'on voulait les tenter, même s'il était jamais question d'établir des sucreries réelles au lieu de ces *petites boutiques à syrop* qui déshonorent un aussi beau sol.

On a vu ailleurs que les habitans du Cotuy semblent s'être plus spécialement consacrés à la multiplication des cochons ; elle assure leur subsistance & fait l'objet d'une exportation dont les Français profitent encore plus que la ville de Santo-Domingo où l'on en envoye beaucoup aussi. Comme le sain-doux est employé dans la plûpart des cuisines des colons français, cette spéculation est vraiment utile à ceux des Espagnols à qui la paresse ne commande par le repos plus que tout.

Pour ne rien omettre de ce qui concerne la Véga, je dois dire qu'il y a encore deux autres manières de considérer son étendue. La première consiste à la subdiviser en trois portions : l'une qui s'étend depuis le fond de la baye de Samána jusqu'à l'extrémité du territoire de la Véga dans l'Ouest, & qui comprend

conséquemment

conséquemment la partie plane du Cotuy, se nomme plaine de la Véga : une seconde qui s'étend de l'Est à l'Ouest dans le territoire de St-Yago, est la plaine de St-Yago, & la troisième qui contient la surface unie du territoire de Dahabon, est la plaine de Dahabon. Dans cette longueur d'environ soixante-deux lieues, la première portion est la plus large, la seconde la moins unie & la moins large, & la troisième tient en quelque sorte le milieu entre les deux autres.

Dans la seconde manière, on appelle *Plaine-de-la Véga*, la partie qui vient depuis le fond de la baye de Samana jusqu'au Camou, & *Désert de St-Yago* celle qui s'étend depuis le Camou jusqu'au Massacre, & qui a environ trente lieues La connaissance de ces différentes dénominations levera toutes les équivoques & doit servir à faire entendre d'autres ouvrages sur St-Domingue où il règne de la confusion, précisément parce que ces dénominations n'y ont pas été expliquées, peut-être même parce que leurs auteurs n'ont pas sû quelle en était la véritable valeur.

Dans la route de quatre-vingt lieues, depuis San-Domingo jusqu'à la Rivière-du-Massacre, que j'ai fait parcourir au lecteur, on passe trente-cinq rivières & vingt-neuf ravines ou ravins ; dont la plus grande partie dépend de la plaine de la Véga-Réal. Les plus considérables d'entre ces rivières, sont L'Yuna, la Hyma, la Rivière-Verte, le Camou, L'Yaqui & Hamina qui naissent toutes au Cibao. L'Yuna prend sa source, tout-à-fait au sommet du Cibao, & se dirige d'abord au Nord-Est, jusqu'à son confluent avec le Camou, d'où elle tourne à l'Est, & arrivée au-dessous du Cotuy, elle va à peu prés au Sud-Est jusqu'à son embouchure. La rivière d'Yuna est la plus large, mais l'Yaqui est la plus étendue ; cette dernière reçoit la Rivière-Verte, grossie des eaux du Guaco, & de la rivière de la Bataille ; puis successivement les rivières d'Hamina, Maho, Gourabo, des Roseaux, Guyabin ou Rebouc, Maguaca, Chaquei, Macabon & Acouba qui viennent aussi des montagnes du Cibao, excepté la Rivière-Verte.

De toutes les rivières de la Véga-Réal, il n'y a que celles de la Bataille, de Gourabo, des Roseaux & de Macabon, qui ne conservent point d'eau dans les tems secs, & l'on peut y ajouter la Gohave, qui a son embouchure dans la rivière du Massacre ; les eaux de toute cette plaine sont excellentes ; toutes ces rivières sont plus ou moins encaissées, depuis quatre jusqu'à dix & même douze pieds ; l'Hamina l'est de plus vingt-cinq pieds, du moins au point où le chemin la coupe. L'Yaqui a des écores de plus de quarante pieds d'élévation ; il est assez escarpé, au-dessus & au-dessous de Saint-Yago, mais vis-à-vis cette ville, les pentes sont plus douces. Lorsque les pluyes remplissent le lit de cette rivière, on ne peut la passer qu'à la nage, ou en canot ou en cuir. Quiconque verrait l'Yaqui devant Monte-Christ, ne pourrait pas croire qu'il soit capable, de recevoir un aussi grand volume d'eau, puisqu'il n'y a guères que dix toises de large, mais à la vérité, avec un grand encaissement. On pourrait remonter cette rivière, plus de quinze lieues en canot, sans les embarras produits par les arbres qui s'y arrêtent, & qui, indépendamment de l'interruption du passage, causent un refoulement des eaux sur les deux rives. Enfin toutes les rivières de la Véga sont ou dans un bois ou bordées de bois.

Autrefois la Véga & St-Yago avaient leur débouché par Port-de-Plate, & depuis, Monte-Christ leur a offert un second moyen. La communication avec Port-de-Plate n'est pas extrêmement belle, tandis que celle qui existe actuellement avec Monte-Christ est commode. La navigation par l'Yuna est une ressource très-précieuse pour la Véga & l'établissement de Daxabon en est une de plus.

Daxabon est pour les espagnols un point d'observation relativement aux français, & quand on connait bien le caractère des premiers, on conçoit aisément qu'ils ont dû désirer cette espèce de sentinelle avancée à la porte d'un voisin riche & dont ils ont tout le tems d'épier les mouvemens. Il faut cependant avouer qu'ils ont dû considérer aussi, qu'au moyen de la baye de Monte-Christ & de celle de Mancenille, il y a deux points (qui sont même à bien dire les seuls) par lesquels l'ennemi pourrait tenter quelque chose sur la partie Nord de la colonie espagnole, & que dans le cas d'une rupture avec la France, le poste de Monte-Christ pourrait avoir une utilité réelle. Mais dans toutes les hypothèses, le vrai poste militaire est à St-Yago. Daxabon est néanmoins un poste avancé ; il est d'ailleurs très-propre à surveiller la contrebande que le gouvernement espagnol craint d'autant plus qu'il ne fait rien pour en diminuer l'utilité; & dans les cas où ses agens à St-Domingue trouvent utiles, par des considérations de plus d'un genre, d'augmenter encore les difficultés de l'extraction des animaux pour la partie française, Daxabon est placé de manière à bien seconder leurs vues.

Au point où je suis arrivé, il ne me reste plus à décrire, en quelque sorte, que la partie Ouest de la colonie espagnole, celle qui a dans toute sa longueur la partie française pour frontière limitrophe.

Daxabon peut être considéré comme le premier point de cette partie Ouest, en commençant par le côté Nord. Il a pour limites à l'Est, le territoire de St-Yago; au Nord, l'extrémité du cours du grand Yaqui & la baye de Mancenille; à l'Ouest, la rivière & l'islet du Massacre, bordés par une partie du canton de Maribaron, dépendante de la paroisse du Fort-Dauphin, ensuite le Ruisseau-de-Capotille, depuis son embouchure dans le Massacre jusqu'à sa source, & conséquemment la paroisse française d'Ouanaminthe qui borde ce ruisseau à l'Ouest; enfin au Sud, les montagnes de la première chaîne sur lesquelles passe la ligne des limites. Daxabon comprend donc aujourd'hui, notamment le Trou-de-Jean-de-Nantes & Capotille, dont je parle souvent dans l'abregé mis au commencement de ce volume & qui faisaient partie de la colonie française.

La ligne des limites entre les deux nations suit la première chaîne du Cibao en courant, à partir du bout Sud-Oueſt du territoire de Daxabon, environ treize lieues à l'Oueſt dans la partie françaiſe, & dans une direction aſſez droite. De ce point qui correſpond au bourg français du Dondon, cette ligne prend la direction du Sud-Oueſt en gagnant encore ſur le territoire de la colonie françaiſe environ ſept autres lieues. De manière que le point le plus occidental de la partie eſpagnole, ſe trouve plus à l'Oueſt que la baye de l'Acul, d'où l'on peut cependant compter environ vingt lieues juſqu'à l'embouchure du Maſſacre, qui eſt la limite de deux nations ſur la côte Nord; & qu'entre ce même point & la baye du Grand-Pierre auquel il correſpond, la partie françaiſe n'a guère plus de huit ou neuf lieues de profondeur. C'eſt ſur le côté Sud de la première chaîne que ſe trouve conſéquemment ce qui me reſte à faire connaître juſqu'à la limite de la plaine de Neybe & de celle de St.-Jean, puiſque je ſuis venu juſqu'à ce terme, en faiſant la deſcription du bout Sud-Oueſt de la colonie eſpagnole, & lorſque j'ai parlé du territoire de Neybe & de celui d'Azua.

En jettant les yeux ſur la carte, on voit que tout ce que j'ai à indiquer eſt compris dans un triangle curviligne dont le côté Nord, eſt la première chaîne de montagnes; le côté Oueſt, la ligne de ſéparation de deux colonies, & le côté Sud, la troiſième chaîne de montagnes; de manière que le ſommet du triangle eſt au groupe du Cibao.

La partie occidentale & inférieure de cet eſpace, eſt compoſée de plaines, dans leſquelles de nouvelles chaînes du Cibao & de nouveaux contreforts viennent, dans tous les sens, parcourir des longueurs plus ou moins considérables, & former, comme dans le reste de la colonie, des intervalles plus ou moins grands, avec des pentes plus ou moins adoucies; intervalles qui n'offrent quelquefois que de simples vallées, où sont les lits des rivières qui arrosent cette portion de l'île. Parcourons successivement cette surface, & voyons quels sont les établissemens qui s'y trouvent placés.

Saint-Raphael.

Immédiatement après être arrivé sur la première chaîne & au Sud de la limite, se trouve le canton de St-Raphaël qui a le surnom d'étroit (Angostura). Ce lieu, a pris cette épithète de sa situation, parce que St-Raphaël est une gorge qui fait communiquer la partie espagnole avec la partie française. Il est même utile de remarquer à cette occasion que l'on a donné le nom de Montagne-de-la-Porte à la partie de la première chaîne qui approche de la partie française, & que les français ont appellé long tems *la Porte*, le canton de St-Raphaël, dénomination évidemment produite par la position de la gorge, considérée comme un passage ou une porte. Le mot *d'Angostura* est maintenant doublement applicable à ce canton, puisqu'au moyen du tracé des limites, il forme une espèce de langue de terre qui, comme je viens de le dire, pénètre plus que toutes les autres poffeffions espagnoles, dans le territoire français. Cette configuration du canton de St-Raphaël, lui donne pour limite au Nord après Daxabon, la pente des montagnes des paroiffes françaifes d'Ouanaminthe, de Vallière, de la Grande-Rivière, du Dondon & de la Marmelade & partie de la paroiffe françaife des Gonaïves.

Saint-Raphaël eft très-arrofé par différentes rivières & un très-grand nombre de ravins qui coulent, depuis le Dondon jufqu'à la rivière d'Ibara, entre les divers contreforts que la première chaîne a dans fa partie Sud & qui féparent les rivières de Bouyaha ou Bayhala, de Gohave, du Bohorque, de Couladera, de Lag, & de Samana. Plus loin, dans le Sud, eft une dixième chaîne de montagnes dont les contreforts féparent la rivière de Banique de celle d'Ibara.

Cette dixième chaîne ne naît point au groupe du Cibao, mais elle appartient immédiatement à la première chaîne, & elle verfe, comme les contreforts de celle-ci, toutes fes eaux dans les différens bras de l'Artibonite. La vallée de Saint-Raphaël eft donc affez refferrée, & elle eft couverte de bois jufqu'aux limites du Dondon. Cependant fi l'on confidère St-Raphaël, comme on le faifait autrefois, c'eft-à-dire, comme une portion de la plaine immenfe de Gohave, ce que nous difons de fon refferrement n'eft plus applicable. Le terrain de ce canton eft bon en général, & les favanes y font belles & bien fournies d'herbes.

Il y a environ trente ans, que sous la présidence de Don Manuel d'Azelor, on a formé un bourg à Saint-Raphaël ; il est placé sur la rive droite de la rivière de Bouyaha, dans la vallée de Saint-Raphaël ou de la Porte, à environ un quart de lieue de la gorge qui est étroite & dont les pentes sont rapides, ce qui la rend facile à défendre & à fermer, étant maître des hauteurs de la droite & de la gauche. Le bourg de Saint Raphaël est peu considérable, & la paroisse qu'il forme est une annexe & une dépendance de celle de Hinche.

L'air de Saint-Raphaël & de ses environs est très-salubre & frais ; mais le bourg qui se trouve dans la gorge, éprouve une grande chaleur. Il est le séjour d'une petite garnison qu'on doit plutôt considérer comme une garde des frontières, & comme une difficulté opposée à la contrebande avec la partie française.

Une chose remarquable, c'est que la savane de Gohave, qui est, à peu près, au niveau de celle qui la suivent jusqu'au Petit-Yaqui, se trouve aussi de niveau avec le bourg du Dondon. Or l'elévation du sol de celui-ci, peut être évaluée à cinq cens toises au-dessus de la mer. Il doit donc y avoir une différence notable, entre la température de la plaine du Cap & celle des plaines espagnoles dont nous parlons, aussi est-elle très-sensible pour ceux qui voyagent de l'une dans les autres.

A deux lieues & demie, dans le Sud-Ouest du bourg de Saint-Raphaël, est celui de l'Atalaye, (de la sentinelle ou de la découverte), bourg le plus
Ouest

Ouest de toute la colonie espagnole, commencé aussi il y a environ trente ans. Il forme sous l'invocation de St.-Michel, une paroisse qui est encore une annexe de Hinche. L'Atalaye a pour fondateur Don Joseph Gusman, en faveur duquel on en a fait une baronnie. Sans m'arrêter à considérer tout ce que cette manière de récompenser les vertus a de bisarre, au moins dans la partie espagnole de Saint-Domingue, je trouve du plaisir à dire avec tous les colons français, que celles de Don Joseph Gusman, parmi lesquelles on distingue sa bienfaisance & sa généreuse hospitalité, sont faites pour obtenir l'hommage de tous les hommes de bien, & une place dans le souvenir de tous les êtres reconnoissans.

Le chemin, depuis Saint-Raphaël jusqu'à la frontière, est mauvais. Il fut question de le rendre propre aux transports de tous les genres en 1762, lorsqu'on craignait, dans les deux colonies de Saint-Domingue, l'ennemi commun des deux nations; mais les travaux furent abandonnés à la nouvelle de la paix de 1763. On y trouve à trois-quarts de lieue sur la droite un corps-de-garde, près duquel sont des hattes des deux côtés de la route. Du corps-de-garde on passe un ravin fort roide mais sans eau, d'où l'on va gagner la rivière de la Bouyaha, pour arriver à un autre corps-de-garde placé à trois-quarts de lieue du premier, & au point de la limite avec le Dondon. Mais revenons à Saint-Raphaël, pour aller vers ce qui nous reste à examiner.

Après ce bourg on passe la Bouyaha, & arrivé au

ravin appellé Ruisseau-du-Roseau-Sec (Rio - de-Cagna-Seca), un peu avant son embouchure dans la rivière de Bouyaha, on sort de la Porte formée par la montagne de Jean-Rodrigue qui se prolonge au Sud-Ouest, & par celle du Cabrit qui vient du Nord-Ouest; c'est entr'elles deux qu'est la vallée où coule la rivière de la Bouyaha ou de la Porte. Du ravin l'on voit à droite, les hattes de la Caboye qui sont à environ une demi-lieue du chemin, & de celui-ci part un sentier qui se bifurque un peu plus loin & dont la branche droite va aux hattes de la Caboye, tandis que celle de la gauche va au *Pignon*, canton dont je parlerai tout à l'heure.

Après ce ravin, l'on entre dans la plaine de Gohave. A une forte demi-lieue plus loin, on passe le ravin de l'Eau-Morte ou stagnante (Mata-Agua), & à pareille distance, on arrive à la hatte de Bonna-Viste à la gauche du chemin. A une demi-lieue au-delà, est un chemin sur la droite, qui conduit aux hattes de la plaine de Gohave. A environ deux lieues & demie de la hatte de Bonna-Viste, on gagne le bas de la pente du Cerre-des-Pins (Pignon), à la droite duquel, on passe le Cerre ou Côteau-du-Pignon qu'on a dans l'Ouest-Sud-Ouest. Ce côteau isolé laisse entre lui & les montagnes de la gauche, un espace d'environ un-quart de lieue de large où passe le chemin, coupé en cet endroit par un autre chemin qui va à Daxabon. Un peu après cette croisée est celle d'un sentier qui, par la gauche, mène à la hatte St-Joseph dans la savane du Cayman. En avançant encore un peu, eſt une troiſième croiſée, c'eſt celle d'un chemin qui, tournant le Cerre-des-Pins par la droite, conduit par des hattes juſqu'au Cap-François: tout ce canton ſe nomme *les Pins*. Après celà, & à un-tiers de lieue, l'on paſſe la rivière de Gohave, fort encaiſſée & bordée de bois, & à une petite diſtance de laquelle, eſt la Hatte-du-Cayman ſur la droite du chemin.

Cinq-quarts de lieue après la Gohave vient la rivière de la Bohorque. L'intervalle entre ces deux rivières eſt appellée la Savane-du-Pidal, traverſée par trois ravins qu'il faut paſſer & dont le troiſième ſe nomme Jayna-Cayman. C'eſt ſur le bord gauche de la Bohorque & du chemin, que ſont les hattes du même nom : là finit la plaine de Gohave.

En faiſant cinq-quarts de lieue après le paſſage de la Bohorque & traverſant deux rivières, on arrive à la rivière du Petit-Paſſage (Coladera). Un quart de lieue après celle-ci & ſur la droite, eſt un chemin qui conduit à Hinche. De la Couladère à la Lag, on trouve deux ravins & l'on compte environ une lieue & demie. De la Lag, il y a enſuite une petite lieue & deux ravins juſqu'à la rivière de Samana. Cette dernière franchie, on trouve un ravin avant d'arriver à la première des hattes du Papayer, qui eſt à une petite demi-lieue. Cinq cens toiſes après ces hattes, on laiſſe à droite un autre chemin qui va à Hinche, dont il eſt tems que nous parlions.

K k 2

HINCHE.

Hinche qui a été connu, dans l'origine, sous le nom de Gohave ou de Nouveau-Gohave, nom donné aussi au canton, comme on la vu, est un des établissemens espagnols les plus anciens, car il était déjà assez considérable en 1504, c'est-à-dire, douze ans après la découverte. Il fut réduit à un état excessivement médiocre au commencement du siècle actuel, comme tout le reste de la colonie espagnole.

Le vingt Octobre 1691, M. Ducasse ordonna à M. de la Boulaye, lieutenant de roi au Port-de-Paix, de se rendre au Cap, d'y rassembler les habitans & d'aller brûler St-Yago ou Gohave, parce que les ennemis menaçaient Léogane & le Petit-Goave. M. de la Boulaye, parvint par le Joli-Trou jusqu'au haut de la gorge de la Porte à St-Raphaël, mais sa troupe refusa de faire cette expédition dont elle craignit que les suites n'attirassent de nouvelles vengeances sur la colonie française, dévastée par les espagnols au mois de Janvier précédent.

La ville de Hinche qui est considérable & où l'on voit une jolie église, bâtie vers le milieu de ce siècle, est à environ douze lieues, dans le Sud-Sud-Est, à peu près, de St-Raphaël, au confluent de la Rivière-de-Guyamuco & de celle de Samana, & sur la rive gauche du Guayamuco. En 1724, elle contenait cent-vingt maisons. A cette époque le district de Hinche était le plus étendu de la colonie espagnole, mais depuis, on a divisé ce ressort, du moins quant aux paroisses & aux objets de police locale, d'abord par l'établissement de St-Raphaël, lors duquel on comptait cinq cens maisons dans la ville de Hinche, & dans sa dépendance quatre mille cinq cens individus dont cinq cens hommes étaient en état de porter les armes.

La population s'étant fort accrue, on a formé depuis, le bourg de St-Michel-de-l'Atalaye, indépendemment d'une succursale ou oratoire qui est dans l'autre partie de Hinche, avec le titre d'Oratoire-de-la-Roche ; & quoique la colonie se soit diminuée depuis vingt ans, on compte encore dans le territoire de Hinche, en réunissant à sa paroisse celles de St-Raphaël & de l'Atalaye, & l'Oratoire-de-la-Roche qui n'en sont, à proprement parler, que des annexes, plus de douze mille ames.

Le canton de Hinche est borné à l'Ouest par la limite qui le sépare, des parties de la paroisse française des Gonaïves, de la paroisse de la Petite-Rivière & de partie de celle du Mirebalais. La ville est presque Est & Ouest avec la ville de St-Marc dont elle est à environ vingt-deux lieues; à peu près, à douze lieues du bourg de la Petite-Rivière de l'Artibonite, treize de celui des Verretes, & sept du bourg du Mirebalais.

De Hinche au Cap-Français, l'on peut compter vingt-cinq lieues ; soixante-quatre jusqu'à San-Domingo par la route de Neybe, Azua, Bani &c., & environ vingt jusqu'au Port-au-Prince par le Mirebalais. Hinche est la résidence du commandant de toute la partie Ouest de la colonie espagnole. Il a plusieurs compagnies de milices dont une de cavalerie, & dans son corps-de-ville un lieutenant général de police.

Il y a un fort beau chemin direct de St-Raphaël à Hinche. Il est sur la rive droite de la Bouyaha, conséquemment placé à la droite du grand chemin, que je fais parcourir au lecteur, & que des chemins, partant de Hinche, viennent couper, soit pour se diriger vers celui qui va à Daxabon, en se rendant près de la rivière du Petit-Passage (Coladera), soit pour gagner Banique, en allant directement de Hinche vers la rivière de Samana où j'ai laissé la description du grand chemin royal.

C'est le moment de faire mention d'une partie de terrain d'où a disparu un établissement que son excessive médiocrité avait même fait passer sous silence, long-tems auparavant, par la plûpart de ceux qui parlaient de la colonie espagnole ; il était dans l'Est de la plaine de Gohave ou de Hinche. C'est l'ancien Larez-de-Guaba ou Guahaba qui, avec sa splendeur primitive, a déposé d'abord son nom pour rester avec humilité le simple Guaba, & qui n'est plus aujourd'hui qu'un canton de Hinche & de ses annexes, suivant la proximité où se trouvent ceux qui l'habitent.

Larez de Guaba fut fondé dès 1503, par Rodrigue Mescia qui unit au mot Indien Guaba, celui de Larez, parce qu'Ovando venait d'obtenir la commanderie de Larez. Guaba qui dépendit d'abord de St-Yago était assez considérable pour qu'en 1508, il obtint un écu de sinople à la couleuvre d'or & à l'orle d'argent, & pour qu'en 1511, on le destinât à être le siège de l'un des deux évêchés qu'il était alors question d'établir dans la colonie; mais on lui préféra San-Domingo, &, depuis ce tems, Larez-de-Guaba partageant la décadence de la colonie, a même été du nombre des établissemens qui se sont anéantis. Cette ville était située au pied & au Sud de la première chaîne de montagnes & non loin des mines de Cibao.

Du point où est la croisée du chemin de Hinche, après les hattes du Papayer, qui sont à la droite du chemin, il faut faire plus d'une lieue & demie, & passer six ravins avant de parvenir à la hatte du Pâté, (pastel) à une petite lieue de laquelle, & traversant trois autres ravins, on arrive à la grande ravine nommée les Eaux-Profondes (Aquas-hediondas), & cinq-quarts de lieue après l'on atteint une ravine très-encaissée; un demi-quart de lieue après son bord Sud, est encore la croisée d'un chemin qui conduit a Hinche. On fait ensuite une lieue en passant deux ravines aussi fort encaissées, puis la savane & la hatte du Petit-Fossé (lagunetta), situées à environ six mille toises d'Aquas-hediondas.

Après la hatte, le chemin est absolument du même genre que celui qui l'a précédé, puisqu'à un quart de lieue, il faut encore passer une grande ravine très-encaissée, puis un autre ravin une lieue plus loin; à deux mille cinq cens toises de ce dernier, est la rivière d'Ibara, dont on trouve deux bras à un demi-quart de lieue l'un de l'autre, parce qu'ils forment une petite ifle au point que le chemin traverfe.

Après avoir paffé l'Ibara, on fe dirige vers la rivière de Banique ou de l'Onceano ; à une demi-lieue fur la droite eft la hatte de l'Onceano, & à un grand quart de lieue plus loin, l'on traverfe la rivière de Banique qui n'eft qu'à trois-quarts de lieue de celle d'Ibara.

Le nom d'Onceano que portent la hatte & la rivière, eft auffi celui de la vallée de Banique ; de cette expreffion qui s'eft corrompue, on a fait la vallée de l'Ocean, fans doute, dit Valverde, parce que cette vallée eft étendue. C'eft auffi dans cette vallée que font les cuiffes ou contreforts de la dixième chaîne.

Une grande demi-lieue après avoir paffé la rivière de Banique, on trouve un chemin qui conduit aux eaux minérales de Banique, & à Daxabon ; & enfuite on defcend pour paffer à un quart de lieue l'Hatibonico, dont les Français ont fait Artibonite, & entre les eaux de laquelle & celles de la rivière de Banique, eft la onzième chaîne de montagnes qui, comme la dixième, eft un embranchement de la première chaîne, qui fe prolonge en gagnant dans lOueft-quart-Sud-Oueft.

En paffant l'Artibonite dans ce point, quoiqu'elle foit fort encaiffée, & que dans le tems des pluyes, elle contienne un grand volume d'eau, on eft loin d'y reconnaître cette efpèce de fleuve, qui traverfe l'une des plaines fertiles de la partie française ; fleuve dont les eaux font depuis plus de quatre-vingt ans, le fujet

de

de calculs & de projets, qui n'ont, pour ainſi dire, encore rien produit, tandis qu'à différentes époques, la nature qui ſe joue quelquefois des deſſeins des hommes, a fait ſervir les eaux de l'Artibonite à dévaſter une plaine, où elles devraient ſeconder les efforts de l'induſtrie. Mais l'Artibonite s'augmente conſidérablement avant de quitter le territoire eſpagnol; d'abord, au moyen des rivières que j'ai nommées depuis que j'ai commencé la deſcription du territoire de Saint-Raphaël, & qui vont toutes ſe jetter dans le Guamayuco, qui vient ſe rendre dans l'Artibonite; & encore par pluſieurs autres qui me reſtent à nommer, & qui viennent auſſi ſe rendre dans l'Artibonite, mais par ſa rive gauche. Cette rivière eſt celle de toute l'Iſle qui a le cours le plus long à cauſe de ſes ſinuoſités.

Valverde, après avoir rapporté ce que Raynal dit des avantages qu'on retirerait de l'arroſage de la plaine de l'Artibonie, ajoute, d'un ton chagrin, que les Eſpagnols pourraient épargner les calculs mathématiques, en diviſant, avec une grande facilité, les eaux de cette rivière dans leurs propres poſſeſſions, avant qu'elles ne parviennent aux limites. Mais Valverde n'a pas conſidéré, qu'il n'y a gueres plus de cinq lieues, du point où l'Artibonite eſt groſſie par les rivières juſqu'aux limites, & qu'étant fort encaiſſée, ce volume d'eau ne peut être utile qu'à des points plus bas, & ſitués conſéquemment dans la partie françaiſe. D'ailleurs la nature du terrain mettrait plus d'un obſtacle à l'emploi utile des eaux de l'Artibonite,

(que la dixième & la onzième chaîne de montagnes bordent, jusqu'à la hauteur du bourg de Banique), & à celui des eaux de chacune des rivières tributaires. En outre si les Espagnols formaient de grands établissemens de culture, ceux de la partie Ouest de leur colonie, ne seraient sans doute pas les premiers, sur-tout dans le lieu où passe l'Artibonite, parce qu'ils ne seraient pas les plus avantageux, n'y eût-il que l'éloignement des transports. Ainsi l'on peut calculer en dépit de l'observation de l'écrivain que j'ai cité.

Banique.

Après le passage de l'Artibonite, on remonte pour aller au bourg de Banique situé dans une savane. Ce bourg qui donne son nom à une grande plaine, ou qui l'a plûtot reçu d'elle, est situé sur la rive gauche de l'Artibonite & sur le bord de son encaissement. Banique fut fondé en 1504, par Diégue Vélasquez qui commandait la partie du Sud de l'île, qui chassa tous les Indiens de Bahoruco, & qui, après avoir été le conquérant de l'île de Cube, prépara la conquête du Mexique, dans laquelle il voulut ensuite traverser Cortez, parce que celui-ci ne consentait pas à lui en sacrifier la gloire. La savane qui entoure Banique est très-jolie, mais très-petite, entourée de bois de haute futaye & au pied de l'une des jambes de la onzième chaîne, de manière que sa position est très-dominée. On y tient un petit détachement de troupes.

La plaine de Banique ou de l'Océan est subdivisée en plusieurs portions dans sa longueur Est & Ouest. Comme son étendue ne permettait pas à chaque habitant de venir au bourg pour les devoirs spirituels, on a établi deux hermitages ou oratoires dans l'Est, qui s'appellent du Cavalier (Farfan) & de Pierre-le-Petit (Pedro-Corto). On dit même en parlant de leur territoire, la Plaine-de-Farfan, la Plaine-de-Pedro-Corto. A l'Ouest est l'annexe des Acajoux, formée il y a près de trente ans, où il y a un desservant & par la même raison il y a la Plaine-des-Acajoux. Cette dernière s'étend jusqu'à la limite française où elle trouve partie du Mirebalais dont le bourg est à douze lieues & presque Est & Ouest avec celui de Banique. Il y a huit petites lieues entre Banique & Hinche. La paroisse de Banique, en y comprenant toutes les annexes que j'ai citées, a aumoins sept mille individus.

Du bourg de Banique, on traverse trois petites savanes, & à une grande demi-lieue, on passe la rivière de la Toncio à environ cinq cens toises de son embouchure dans l'Artibonite. Après la Toncio viennent encore trois savanettes, & elle n'est cependant qu'à une demi-lieue de la Savane-de-la-Croix. Dans cette savane sont les hattes du même nom à la gauche du chemin & sur la rive droite d'un ravin qu'on traverse. L'on entre dans un bois, & après y avoir fait quinze cens toises, on trouve sur la droite la croisée d'un chemin qui mène au Port-au-Prince. On sort du bois à environ six cens toises de là, pour traverser un lieu appellé le Passage ou la Gorge-de-Banique, composé d'une petite chaîne de monticules. On y rencontre à une demi-lieue du bois, une grande ravine. De celle-ci jusqu'à une autre très-encaissée il y a une lieue ; puis on en rencontre quatre autres aussi un peu encaissées, dans un second intervalle qui n'est également que d'une lieue.

A cinq cens toises de la dernière ravine, sont les Hattes-de-Hobbes à droite du chemin, & trois-quarts de lieue après la dernière, on arrive à la Rivière-de-la-Hobbes ; elle est fort encaissée & bordée de bois, & va dans l'Artibonite comme la Toncio.

Entre cette Rivière-de-la-Hobbes & celle de l'Artibonite, est une douzième chaîne de montagnes qui va finir au bourg de Banique, en se subdivisant encore en plusieurs petites chaînes qui forment autant de ravins & qui séparent aussi la Toncio d'avec l'Artibonite.

Quinze cens toises après la Hobbes, sont les Hattes-de-la-Matte qui précèdent de cinq cens toises le point de la croisée d'un chemin qui, par la droite, conduit au Port-au-Prince. De la fourche du chemin, on gagne un ravin à un demi-quart de lieue, puis un autre grand ravin à une demi-lieue. Celui-ci à son tour est à cinq-quarts de lieue d'un autre appellé Ravin-du-Bagonay qui lui même précède d'une forte demi-lieue le Ruisseau-de-Nibaguana.

On compte à peu près quinze cens toises de ce ruisseau à la Rivière-de-Seybe, qu'on passe dans un bois. A un grand quart de lieue plus loin le bois cesse, &, là commence la Savane-de-St-Roch, où, à une demi-lieue, on laisse sur la gauche le Cerre-de-Pontacagne, depuis lequel, jusqu'au Ruisseau-d'Or, il y a une demi-lieue. Ce ruisseau est précédé de quelques hattes jufqu'auxquelles la Savane-de-St-Roch eft un peu montueufe & pierreufe.

Le Ruiffeau ou la Rivière-d'Or eft encaiffée & bordée de bois & à trois-quarts de lieue de la Rivière-d'Hyguera. Entr'eux eft un petit bouquet de bois, & fur la gauche le Petit-Cerre-du-Limaçon (Caracol). A la Rivière-d'Hyguera finit la Plaine-de-Banique ou Oncéan. La Rivière-d'Hyguera, & Rio-d'Oro qui n'ont pas d'eau dans les tems fecs, fe rendent dans la Neybe ainfi que la Seybe en coulant dans la direction de l'Oueft-Sud-Oueft.

D'Hyguera on fait une petite lieue pour aller paffer la Rivière-de-Neybe. Cet intervalle, vers le milieu duquel, à peu près, l'on trouve un petit ravin, & où on laiffe quelques hattes fur la droite, dépend de la Plaine-de-St-Thomé ou St-Thomas.

Ce nom eft fans doute venu de celui d'un petit raffemblement qu'aura produit la conftruction du fort St-Thomé, que Chriftophe Colomb avoit fait placer non loin de la fource de l'Artibonite dans la province de Cibao, au Sud des mines de ce nom, pour en proteger le travail contre les Indiens. Il y a long-tems qu'on ne trouve plus de veftiges de cet établiffement, dont je fais cependant figurer à peu près la pofition fur la carte ; mais il n'y a pas lieu de douter puifque l'enfoncement de la plaine de St-Thomé conduit vers les montagnes où étaient les mines, & puifque Caonabo l'un des Caciques, avec lequel il y eut de longs combats, habitait vers la Plaine-de-St-Thomé dans l'Oueft & nuifait au travail des mines, que le fort St-Thomé (ainsi nommé par Colomb, parce qu'on avait refusé de croire aux richesses du Cibao) aura été l'origine de la dénomination de la plaine.

La Neybe est une des grandes rivières de l'Isle, comme on l'a déjà fait remarquer ailleurs. Entr'elle & la Hobbes, est la treizième chaîne de montagnes divisée aussi en contreforts, qui finissent à la plaine de St.-Jean, & qui séparent la rivière de Higuera, la rivière d'Or, la rivière de Seybe & plusieurs autres ravins ou ruisseaux, dont les deux plus considérables sont ceux de Bagonay & de Nibaguana.

St.-Jean de la Maguana.

Après avoir passé la Neybe, on monte pour gagner St.-Jean-de-la-Maguana, que beaucoup de cartes placent sur la rive droite de la rivière de Neybe, quoiqu'il soit réellement sur la rive gauche. Le surnom de Maguana, rappelle l'idée de l'un des cinq royaumes, qui composaient l'Isle lors de sa découverte, dont la capitale était où se trouve maintenant St.-Jean, & qui a disparu avec l'infortunée Anacoana. Ce canton fut pillé par des corsaires anglais vers 1543.

Saint-Jean-de-la-Maguana, fondé par Diègue Vélasquez en 1503, avait obtenu en 1508, un écu d'argent à l'aigle de sable tenant un livre, à l'orle d'or, chargé de cinq étoiles sanglantes, mais dès 1606 ce lieu était abandonné. Le bourg actuel de

St-Jean n'a été commencé que fort avant dans le dix-huitième fiecle, & en 1764, il était encore confidéré comme nouveau. On y comptait alors peu de maifons; il eft maintenant affez confidèrable. Il eft à environ trois cens toifes de la Neybe, qui, changeant à ce point fa direction pour aller de l'Oueft au Sud, fe trouve au Nord & à l'Oueft du bourg. La caufe de fon établiffement a été la multiplication des hattes, & l'éloignement où les hattiers fe trouvaient de leurs paroiffes. On comptait dès 1764, trois mille fix cens ames dans le diftrict donné à la nouvelle paroiffe, dont trois cens étaient en état de porter les armes. Actuellement cette population eft de près de cinq mille ames.

En fortant du bourg, & reprenant le chemin vers le Sud, on va à la rivière de la Hinova à deux petites lieues, laiffant quelques hattes à la droite. Cette rivière paffée, on va trouver celle de Yavana à quinze cens toifes, ayant à droite les hattes de Puena. La Yavana, qu'on paffe à une demi-lieue de fon embouchure dans la Neybe, a toujours de l'eau comme la Hinova. D'Yavana, on gagne à fept-quarts de lieue, une petite ifle formée par la rivière de Migo, & au milieu de laquelle eft un fentier, qui conduit par la droite à la hatte d'Elgorite, diftante d'un quart de lieue. Après avoir quitté l'Iflet, on paffe trois petites favanes & deux ravins, avant d'arriver à la favane appellée *Savanette*, qui eft à une grande lieue; graviffant enfuite cinq plateaux & paffant cinq petites ravines qui les féparent, on trouve à quinze cens toifes la Hatte-de-Louvenco qui n'est qu'à un demi-quart de lieue du passage du Petit-Yaqui ; passage d'où j'ai commencé la description du territoire d'Azua.

C'est entre la Neybe & l'Yaqui qu'est la quatorzième chaîne de montagnes venant du groupe de Cibao, soit directement, soit par des chaînes secondaires. Elle se dirige au Sud-Ouest-quart-d'Ouest, & se divise elle-même en contreforts qui vont séparer les eaux des rivières d'Hinova, d'Yavana & de Migo qui se jettent dans la Neybe. La plaine de St-Jean est bornée à l'Ouest par la paroisse française de la Croix-des-Bouquets & par les Étangs. C'est dans son territoire, qu'Oviédo, le plus ancien historien de St-Domingue, & qui écrivait en 1535, avait une habitation.

Nous avons besoin maintenant de revenir sur ce que nous avons nommé la partie occidentale de la colonie espagnole, pour la soumettre à des observations générales.

La première, que nous avons déjà fait pressentir en parlant de St-Raphaël, c'est que des points de la portion plane de cette partie qui compose au moins deux cens lieues quarrées de surface, se trouvent de niveau avec le site du bourg du Dondon, élevé de cinq cens toises au-dessus de la mer, ce qui donne un caractère particulier à cette partie de l'île, puisque son sol surmonte l'élévation de plusieurs montagnes de la partie française.

Tout ce que nous avons parcouru & décrit depuis St-Raphaël jusqu'au Petit-Yaqui, & qui se
subdivise

subdivise en diverses plaines formant les deux cens lieues quarrées, ne sert absolument à présent qu'à l'éducation d'animaux destinés, en majeure partie, à l'approvisionnement de la colonie française, après toutefois, que les diverses populations de ces plaines & qui composent environ vingt-cinq mille ames, ont prélevé leur subsistance. Cependant il a existé autrefois des sucreries dans le canton de St-Jean, & le sucre qui en provenait, était estimé à l'égal de celui d'Azua. La plaine de St-Jean a encore en commun avec celle d'Azua, l'avantage de conserver une belle race de chevaux. Mais il faudrait aussi pour exciter les soins dont les chevaux ont besoin, que leur sortie de la partie espagnole fût libre au lieu qu'on n'en voit que peu dans la colonie française, & sur-tout de ceux propres à la selle qui n'y viennent guère qu'en contrebande. Le moindre encouragement éveillerait le colon espagnol qui aime les chevaux avec passion.

La vaste étendue des pâturages, de grandes & vastes forêts, des rivières, des ruisseaux, des ravines, des ravins & des sources sans nombre, la proximité des montagnes, tout concoure à donner une température douce à toute la région occidentale de la colonie espagnole, où l'air est sans cesse mobilisé par les molécules humides mises en évaporation. Oviédo parle avec éloge des innombrables troupeaux, & des plantations de toutes les espèces de denrées commerçables qu'on voyait au commencement du seizième siècle dans cette partie, & dont les transports

Tom. I. M m

se faisaient par les ports de la côte du Sud. Ce serait même de cette manière qu'ils pourraient avoir lieu, si la culture y renaissait, puisque les limites françaises & la première chaîne de montagnes ne laissent plus d'autre issue. Mais même alors la facilité de rendre la Neybe navigable pour des bateaux plats & des acons, & même l'Yaqui, diminueraient beaucoup la longueur & conséquemment l'inconvénient de ces charrois. Que de sucreries l'on pourrait mettre dans deux cens lieues carrées ainsi arrosées, & combien d'autres manufactures trouveraient place dans les intervalles qui ne conviendraient point à la culture de la canne à sucre !

Mais dans l'étendue même de cette immense plaine, la température varie, comme ailleurs, par les sites & les degrés d'élévation. C'est ainsi que la vallée de Banique est plus chaude que celle de St-Jean, circonstance qui fait que les animaux sont plus grands & plus robustes dans celle de Banique. Dans la vallée de St-Jean il fait assez froid, pour que presque toute l'année on ait grand besoin d'être bien vêtu & d'être couvert la nuit, ce qui est encore plus sensible dans la vallée de Constance, qui comme on l'a dit, a l'une de ses issues vers la vallée de St-Jean. En général, dans cette plaine, comme dans presque toutes celles de la colonie espagnole, le climat est à peu près celui du printemps pendant la nuit & le matin, jusques un peu après le lever du soleil, ensuite à mesure que cet astre s'élève, la chaleur augmente, pour diminuer aussi graduellement, lorsqu'il descend.

Je répète que le canton de St-Raphaël eft falubre & fertile, ce qui eft commun à celui de Hinche. Quant à Banique, fon fol eft moins bon, il eft coupé, chargé de bois & fort montueux, auffi les animaux ne peuvent-ils y être extrêmement multipliés, à caufe de la médiocrité des favanes. Dans le canton de St-Jean on élève beaucoup de beftiaux, mais il eft affez fréquemment fujet à de longues féchereffes qui raviffent aux propriétaires une grande partie de leurs bénéfices. Ils ont un plus grand ennemi dans leur indolence, qu'on ne trouve un peu combattue que chez les Ileignes.

Une chofe très-fâcheufe & dont les effets doivent être très-fenfibles un jour, parce qu'ils vont toujours croiffant, c'eft que les fuperbes plaines de St-Jean & de St-Thomé font infectées du *linéonal* (appellé grand-coufin par les colons français) qui en couvre déjà prefque un quart, & que la propagation en eft étonnante : c'eft que celles de Hinche, de Guaba & de St-Raphaël font prefque envahies par le mirthe, le bafilic fauvage, & d'autres plantes qui enlèvent à leur tour, autant de terrain à la fubfiftance des animaux ; & cette détérioration des pâturages n'eft que trop générale dans l'île.

La partie qui nous occupe en ce moment, a dans divers endroits des mines d'efpèces différentes. Dans la partie de Guaba il y en a de très-fertiles, & entr'autres le Côteau-doré que Valverde dit qu'on pourrait bien appeller le Côteau-d'Or. Plufieurs perfonnes, ajoute-t-il, s'y font enrichies clandeftinement par leur seul travail & celui d'un nègre, sans vouloir se donner plus de collaborateurs, de crainte d'être découverts, & cette fortune était acquise sans avoir ni le talent ni les connaissances nécessaires, ce qui prouve quelle est l'abondance du métal.

Guaba, partage avec Banique & St-Jean, l'avantage de renfermer des diamans dans son territoire, & d'avoir comme eux du jaspe de toutes les couleurs, du porphire & de l'albâtre. A Banique, il y a aussi des ruisseaux où se trouvent ces crustacées dont l'écale offre la forme d'une croix avec des chandeliers. Ce canton a eu autrefois un dattier dont le succès aurait dû faire multiplier cet arbre, tout-a-la-fois utile & agréable.

Eaux Minérales De Banique.

Banique a encore un grand avantage dans les eaux minérales que la nature y a placées, & dont l'utilité exige que nous en parlions avec quelque détail. Pour les faire bien connaître, je crois ne pouvoir mieux faire que de puiser ce que j'en dirai, dans l'ouvrage intitulé : *Journal de St. Domingue*, aux deux numéros du mois de février & du mois de mars 1766.

« A deux lieues du bourg de Banique, dans les montagnes & sur le penchant d'une colline, au milieu d'un bois, se trouvent quatre sources d'eaux thermales voisines l'une de l'autre, & qui courent dans des cavernes & des grottes des environs. La première est appellée le Grand-Bain ; la seconde le Petit-Bain ; la troisième le Bain-des-Bois ; &

la quatrième le Bain-de-Cantine. Le thermomètre de Réaumur dans les plus grandes chaleurs, ne s'élève pas en cet endroit au-dessus de 22 ou 23 degrés à midi, & dans la nuit il redescend à 14. Lorsque le thermomètre est plongé dans les quatre sources, elles le font monter, dans l'ordre où je viens de les nommer, de 17, 13, 10 & demi, & 11 dégrés, au-dessus de la température de l'air. L'analyse chimique a prouvé que ces eaux, n'ont ni sels acides, ni sélénites, ni vitriol, ni fer. On trouve dans leur fond, quantité de fleurs de soufre, qui se subliment aux parois des sources, mais c'est un souffre entièrement divisé, & qui n'est précipité par le mélange d'aucun acide. Quoique très-limpides ces eaux ont une odeur & un goût fort désagréables & on les sent même d'assez loin. Les quatre sources donnent toutes dans la proportion de onze à douze grains, à peu près, sur une pinte d'eau, un véritable sel gemme, qui décrépite au feu & dont les cristaux ont la forme cubique & un goût salin. Les eaux minérales de Banique sont composées d'un esprit minéral, élastique, volatil, aërien, & renferment un esprit volatil-alkali-urineux qui s'évapore facilement, & qui donne à la dissolution de sublimé corrosif, une couleur jaune, ainsi qu'une huile bitumineuse grasse & abondante, & une matière bitumineuse aussi, mais plus déliée & intimement unie aux eaux, laquelle étant mélangée avec une base terreuse se précipite. Enfin l'huile de pétrole qui domine, fait une de ses plus grandes vertus comme celle de toutes les eaux thermales qui traversent une terre calcaire ou crayeuse, & qui ne contiennent qu'un sel neutre ,,.

Ces eaux sont extrêmement savoneuses, pénétrantes, fondantes. On les défend dans les maladies aigues & inflammatoires, ainsi qu'aux pulmoniques, aux femmes enceintes, aux nourrices, dont elles tariraient le lait & aux hydropiques. Elles agissent avec plus d'activité selon la chaleur plus forte d'une source relativement à une autre. Elles conviennent aux maladies de langueur, aux longues fièvres intermittentes, aux obstructions, aux relâchemens, aux maladies qui ne minent que trop la beauté, sur-tout dans les villes, ou qui la fanent & la décolorent, au scorbut, à la pituite, aux affections de l'estomach, dans les vapeurs, la goutte, les rhumatismes froids, les maladies des reins, l'asthme, & la paralysie. Elles purgent doucement, & prises en bain elles sont efficaces pour les maladies de la peau. Mais soit en boisson, soit en bain, il faut consulter l'état du malade & sur-tout le combiner avec les degrés de chaleur des eaux. En un mot, là, comme à toutes les eaux, il faut suivre l'effet qu'on en éprouve, & il serait difficile de trouver des préceptes plus sages & des règles plus détaillées que celles qui sont dans le mémoire que je cite. Je terminerai l'article médecinal des eaux, en disant, que l'auteur indique comme la saison favorable pour les prendre, l'intervalle du mois d'Octobre à celui de Mai, parce qu'alors le ciel est serein & que les orages & les grands vents y sont rares, que l'air n'y est ni chaud ni humide, mais qu'il y est aussi pur que dans les meilleurs pays de l'Europe. Les alimens, la viande, le gibier, le poiſſon de rivière, le lait y ſont en abondance & d'un goût exquis. Le reſte de l'année eſt très-orageux & l'on voit aſſez ſouvent une grêle auſſi groſſe que dans les contrées méridionales de l'Europe ; les matinées ſont aſſez fraîches dans ce lieu pour qu'on doive ſe pourvoir de vêtemens d'hiver.

Il y a plus de quarante ans que la réputation des eaux de Banique, commença à y attirer des français. Chaque année, le nombre des malades qui y recouraient devenait plus conſidérable, & en 1766 on y avait des logemens pour plus de ſoixante perſonnes, on y envoyait auſſi les ſoldats des différentes garniſons françaiſes. Déjà même les eaux de Banique avaient auſſi leurs prétendus malades que la bonne compagnie y conduiſait, mais à la fin, les voyageurs français ont commencé à être inquiétés, tracaſſés, tantôt ſous le prétexte de la contrebande, tantôt ſous un autre, & il fallut renoncer à un voyage qui ne donnait plus que des déſagremens. Lorſque le comte de Solano vint dans la partie françaiſe en 1776, à l'occaſion des limites, M. le comte d'Ennery, jaloux de procurer de nouveau ce moyen de ſanté, inſiſta auprès du préſident pour qu'il fit diſparaître les obſtacles, & cette petite négociation donna lieu à l'inſertion d'un article dans la gazette du Cap du 18 Septembre 1776 où je le copie :

„ Son excellence le comte de Solano non content
„ d'avoir rempli les ſouhaits de la colonie, conjoin-
„ tement avec M. le comte d'Ennery, a bien voulu,

,, par suite de sa bonté, étendre ses soins sur l'objet
,, le plus utile à l'humanité, en conséquence pour-
,, voir aux secours qu'on peut recevoir aux eaux de
,, Banique. Informé que des abus de toute espèce
,, empêchaient depuis long-tems MM. les habitans
,, de la colonie française d'y aller, par le peu d'atten-
,, tion de ceux chargés de ses ordres, il s'est rendu
,, sur les lieux, & pendant le peu de séjour qu'il a
,, fait dans cette partie, il a chargé une personne de
,, distinction qui a toutes les qualités requises pour
,, faire respecter & faire exécuter, avec la plus grande
,, exactitude, les ordres qu'il a donnés envers & con-
,, tre tous les espagnols qui se hazarderaient de man-
,, quer ou de se prévaloir de leur qualité contre quel-
,, que français que ce soit. Il a de plus donné des
,, ordres pour qu'il y soit construit cette année
,, quatre belles maisons. Il a fait abattre des bois
,, vis-à-vis les bains, qui, non seulement bornaient
,, la vue, mais qui procureront par ce moyen une
,, très-belle promenade & des savanes entourées, où
,, il y aura des herbes de toute espèce pour les chevaux,
,, ainsi que de jolis jardins. Il a ordonné en outre que
,, tous les français qui voudront aller à la source,
,, pour cause de maladie ou pour se promener, pas-
,, sent librement avec leurs charges sans crainte d'être
,, inquiétés dans les chemins ni leurs domestiques.
,, Ils auront en outre, le droit de la chasse & de la
,, pêche, & tous les agrémens & secours que pourra
,, permettre l'endroit. "

Cette annonce que je rapporte, parce qu'elle prouve

ce

ce que j'ai dit du trouble causé aux français, en a bien ramené quelques-uns, mais en 1778 deux habitans furent arrêtés en y allant, quoique munis d'un passeport du gouverneur français. On trouva de l'or au premier, d'où l'on conclut qu'il venait acheter des animaux en fraude; l'autre avait des chevaux & deux nègres, on soutint qu'il venait les vendre en cachette. Ils furent conduits à San-Domingo, où leurs effets & leurs nègres furent confisqués, & où ils éprouvèrent une longue captivité; ce dernier trait a forcé à renoncer absolument à un séjour aussi inhospitalier, & où il fallait apporter de la farine pour faire le pain, du vin, d'autres grosses provisions, les ustensiles de cuisine & tous les meubles. Les sources de Banique sont restées comme tant d'autres choses précieuses de la partie espagnole. J'ai fait graver dans mon atlas le gouffre qui est au-dessus des sources de Banique; tel qu'il a été dessiné sur le lieu le 27 Juillet 1754, par M. Rabié, ingénieur en chef de la partie française du Nord de St-Domingue (qui a vécu jusqu'en 1785), en reconnaissance de l'influence heureuse de ces eaux sur sa santé. Je dois dire encore sur cette partie de l'Ouest, qu'elle n'offre pas depuis la gorge de la Porte jusqu'à St-Jean, de point susceptible de défense, si ce n'est à la chaîne de la rive droite de l'Artibonite qui présente une très-bonne position pour s'opposer à ce qui pourrait venir de la plaine de St-Jean, puisqu'il n'y a pas d'autre débouché que le grand chemin; la même chose peut avoir lieu à la chaîne de la gauche, pour la défense de la Toncio.

Il me reste, pour terminer entièrement sur la position des limites qui se trouvent entre les deux nations vers Banique, St-Jean & Neybe, à parler des étangs.

ETANGS.

Le plus considérable est l'Étang-Salé ou Henriquille ou Lac-de-Xaragua, qui est en totalité dans la colonie espagnole, & dont j'ai dit un mot par rapport à cette dénomination de Henriquille, en parlant de la vallée de Neybe. Cet étang a environ neuf lieues dans sa plus grande longueur qui est à peu près du Sud-Est au Nord-Ouest, & environ trois lieues & demie dans sa plus grande largeur : on peut lui donner vingt-deux lieues de tour. La singularité la plus remarquable de cet étang, est l'islet placé vers son milieu, qui a deux lieues de long & une lieue de large, où se trouve une source d'eau douce & qui est très-peuplé de troupeaux de cabrits, ce qui le fait nommer par les français *Islet-à-Cabrit* ; il contient aussi des lésards d'une énorme grosseur. Cet étang qui est profond, nourrit beaucoup de caymans & de tortues de terre.

Les espagnols assurent qu'on trouve dans l'Étang-de-Henriquille, des poissons de mer & même qu'on y a vu des requins, des lamantins & une espèce de saumon. Si j'en crois plusieurs témoignages concordans, & auxquels je ne puis refuser ma confiance, on n'y trouve, du moins à présent, aucun de ces animaux. L'eau de l'étang est limpide, amère, salée & d'une odeur désagréable. La Rivière-de-la-Découverte, la Rivière-Blanche ou d'Argent & la Rivière-des-Dames s'y jettent.

Au Sud de cet étang, à une grande lieue & sous l'Islet-à-Cabrit, se trouve l'Étang-doux, appellé par les espagnols Laguna-Icotea (Étang-des-Tortues) qui a près de deux lieues Sud-Est & Nord-Ouest & une largeur d'une demi-lieue, qui varie dans différens points. Cet étang n'a aucune communication avec les deux autres & son étendue dépend de la quantité des pluyes & de l'eau des ravines qui l'entretiennent ; il est abondant en bons poissons & en gibier marin. Il donne naissance à quelques petits ruisseaux, & il a une partie montagneuse entre lui & la mer, dans la direction du Sud.

A environ deux lieues dans le Nord-Ouest de l'Étang-Salé ou Grand-Étang, s'en trouve un autre qui a la même direction que celui-ci, mais seulement cinq lieues de long, sur une largeur variable, depuis une lieue & demie jusqu'à trois lieues ; les français l'appellent l'Étang-Saumâtre, à cause du goût âcre de ses eaux, & les espagnols l'Étang-d'Azuei (Laguna-de-Azuei). La ligne de démarcation le coupe, à peu près en deux parties égales, dans le sens de sa longueur. Des mornes l'environnent, excepté vers le Sud où se trouve la petite plaine du Fond-Parisien, que deux propriétaires cultivent en cannes à sucre & qui pourrait recevoir encore deux établissemens du même genre. Cet étang a des bords très-plats, & sa profondeur n'est qu'au centre; elle est cependant bien moindre que celle du Grand-Étang. L'on y voit des caymans, de petites tortues de terre & trois où quatre petits poissons assez mauvais. On y trouve aussi des têtards & une espèce d'anguille. Très-peu de sources y portent leurs eaux & l'on ne lui connaît aucune issue. C'est une portion de la petite plaine des Verretes, qu'on ne doit pas confondre avec la paroisse des Verretes au haut de l'Artibonite, qui passe entre l'Étang-Salé & l'Étang-Saumâtre & où l'on trouve des sources qui ont une odeur forte de foye de soufre.

Le bout Nord-Ouest de l'Étang-Saumâtre est à environ six lieues de la mer de la côte Ouest de l'île, & le bout Sud-Est de l'Étang-Salé est un peu plus loin de la côte Sud. Au Sud-Ouest de ce dernier, est une montagne qui descend vers le rivage.

L'analogie des eaux de ces deux étangs, avec celles de la mer, la proximité de celle-ci dans deux points différens & ce que l'on publie des poissons qu'on dit y avoir trouvés, & même d'un mouvement qu'on croit analogue à celui des marées, tout a porté à penser que ces étangs communiquaient avec la mer. Quant aux poissons & aux marées, les faits ne sont rien moins qu'avérés, & par rapport au goût de l'eau, il pourrait être plus simple de l'expliquer par le voisinage d'une montagne de sel fossile dont j'ai cité la prompte reproduction à l'article de Neybe. Ce sel a une grande blancheur, mais il est un peu âcre & corrode la viande & le poisson que les espagnols falent par fon moyen. Il paraît bleu en maffe & pulvérifé, il prend la couleur blanche dont j'ai parlé. Je ne prétend cependant pas qu'on doive regarder la queftion comme réfolue, par ce que je viens de rapporter, & je crois que des motifs qui ne dépendent pas d'une vaine curiofité, devraient déterminer à faire des obfervations & des recherches propres à conftater fi effectivement l'Étang-Salé & l'Étang-Saumâtre communiquent ou non avec la mer.

L'étang falé & l'étang doux font bordés de crevaffe dont quelques-unes ont même jufqu'à fix pieds de profondeur. On les confidère comme des traces de tremblemens de terre, & notamment de celui du trois juin 1770. Les montagnes qui font dans le voifinage, de ces deux étangs font propres à la culture, & les Efpagnols y entretiennent des hattes.

Me voilà parvenu au point d'avoir fait connaître, avec autant de détail que je l'ai pu, les divers points de la colonie efpagnole; & il me femble, que ce qui s'offre le plus naturellement après cela pour être décrit, c'eft la manière dont ces points communiquent entr'eux.

―――

Chemins

Les deux communications principales de la partie efpagnole, non feulement parce qu'elles font communes au plus grand nombre de lieux de cette partie; mais encore parce que c'eft avec leur moyen que les deux colonies entretiennent leurs relations, font celles que j'ai fuivies dans la defcription, & qui vont de Saint-Raphaël à Santo-Domingo par Banique, St-Jean, Azua & Bani ; & de Daxabon, à la capitale auffi, par Saint-Yago, la Véga & le Cotuy. Mais c'eft par ces routes elles-mêmes, les plus fréquentées, les plus grandes & les plus importantes pour les Efpagnols, qu'on peut juger de la nature des autres.

Le premier chemin, celui de Saint-Raphaël à San-Domingo, a environ foixante & quinze lieues, qu'un voyageur ne peut parcourir qu'en dix jours à cheval. Ce n'eft pas feulement du fol que naît cette lenteur, mais de la nécéffité de combiner fa marche, de manière qu'on puiffe trouver des haltes, & des lieux pour fe repofer, ce qui ne difpenfe pas du foin de porter tout ce qui eft néceffaire pour fe nourrir & fe coucher ; puifque, le plus fouvent, il faut traverfer de grands efpaces fans aucun fecours à efpérer, & même demeurer en plein air fi l'on n'a pas pris une tente. Il eft donc indifpenfable que le voyageur règle fa vîteffe fur celle des animaux qui tranfportent fes provifions & fon lit, ne fuffent-ils compofés que des objets les moins recherchés. Dans la route de Saint-Raphaël à Santo-Domingo, il faut paffer trente-trois rivières, & plus de cent ravines ou ravins.

Dans la première journée, on ne fait que cinq lieues de Saint-Raphaël jufqu'à la hatte St-Jofeph ou des Pins, en fe dirigeant au Sud-Eft. Le chemin eft dans la belle plaine de Gohave, où l'on trouve de petits bouquets de bois clairs & des brouffailles.

La seconde journée comprend dix lieues, de la hatte St-Joseph jusqu'à la Langunetta, allant à l'Est-Sud-Est. Dans cette étendue l'espace qui va de la Bohorque aux hattes du Papayer, a des monticules plus doux & un meilleur chemin que celui de ces hattes à la Langunetta, parce que dans cette dernière portion, les rivières & les ravines sont très-encaissées, & séparées par des chaînes de petites élévations chargées de bouquets de bois & qui sont des contreforts de la dixième & de la onzième chaînes.

La troisième journée où l'on va au Sud-Est, est de neuf lieues depuis la Langunetta jusqu'aux hattes de Hobbes. Le chemin est assez mauvais & le pays montueux, parce que les intervalles entre les rivières & les ravins, sont autant de petits chaînons de mornets & de plateaux, qui rendent la route difficile & tortueuse. Avant l'Artibonite le pays est assez stérile avec des savanes & des bouquets de bois.

On va des hattes de Hobbes à la ville de St-Jean dans la quatrième journée, en faisant huit lieues & en se dirigeant à l'Est-Sud-Est, dans un beau chemin.

La cinquième journée ne fait parcourir que quatre lieues, depuis Saint-Jean jusqu'à la hatte d'Elgorite, qu'on va joindre un peu au bord du chemin. La route est très-belle, & va au Sud-Est-quart-d'Est.

La sixième journée est de huit lieues, depuis la hatte d'Elgorite jusqu'à celle de Tavora. Le chemin devient moins bon en s'éloignant de St-Jean sans être mauvais, si ce n'est à la montagne du Passage; il courre au Sud-Est.

La septième journée est aussi de huit lieues, depuis la hatte de Tavora, jusqu'à la savane de Sipicépy. Cet intervalle a des points arides & pierreux, des savanes sèches, des bouquets de bois & beaucoup de torches. Le chemin se dirige vers le Sud-Est-quart-d'Est.

La huitième journée qui a la même direction que la précédente, & où l'on parcourt un beau chemin, excepté sur la grève d'Ocoa, est de neuf lieues; il conduit de la savane de Sipicépy à Bany.

On fait encore neuf lieues, le neuvième jour, depuis Bany jusqu'à Nigua, allant à l'Est-quart-Nord-Est dans un chemin beau & uni.

Enfin le dixième jour on se rend de Nigua, en faisant quatre lieues & demi, à San-Domingo, par un chemin fort beau, mais où le passage de Jayna prend beaucoup de tems.

On se prête plus facilement à concevoir l'idée de la lenteur de ce voyage, quand on sait que lorsqu'il a été question de faire passer du Cap à San-Domingo, le régiment français d'Enghien, qui y arriva au mois de novembre 1780, pour tenir garnison, cet intervalle de soixante-quinze lieues & demie entre Saint-Raphaël & San-Domingo, était divisé en dix-huit journées, afin que les soldats pussent coucher dans des hattes, & être dispensés de camper, ce qui dans la saison des pluies aurait eu de grands inconvéniens; on avait disposé ainsi l'itinéraire pour chaqque jour:

1°. De Saint-Raphaël, premier coucher, à la Bo-horque 4 1/2

2°. Aux hattes du Papayer . . . 4 1/2

3º aux Eaux profondes	4 1/2
4º à Banique	3 3/8
5º à Los-Jobos. . , . . ' . . .	5 5/8
6º à la Seybe	4 1/2
7º à Saint-Jean	3 3/8
8º à Los-Bancos près la rivière d'Yaqui. .	5 5/8
9º à la Biahama.	4 1/2
10º à Tavora.	3 7/8
11º à Azua.	3 7/8
12º à Sipicépy	3 3/8
13º à Savana Huey, après la plage d'Ocoa	3 3/8
14º à Mantanza	4 1/2
15º à Bosion de Palta	3 1/2
16º à la Grande-Savane.	3 1/2
17º au moulin de Nigua	3 15/16
18º à San-Domingo.	5 1/16
	75 1/2

L'autre route, depuis Daxabon jusqu'à San-Domingo, est de quatre-vingt-deux lieues, & on la parcoure plus vîte relativement, puisque le voyageur à cheval n'y employe que huit journées.

La première journée est de neuf fortes lieues, de Daxabon à la hatte Renchadère, à une petite lieue de la rivière de Guyabin ou du Rebouc, allant au Sud-Est-quart-d'Est. La route est fort belle dans les tems secs, elle est en plaine, rangeant au Sud la première chaîne de montagnes, & voyant continuellement au Nord la chaîne des montagnes de Monte-Christ.

Dans la seconde journée, on fait environ neuf lieues un quart, depuis la hatte Renchadère jusqu'à la savane d'Hamina, en se dirigeant en général à l'Est-quart-Sud-Est, & entre les mêmes montagnes que la veille. Le chemin est très-beau, les savanes qu'il parcoure sont remplies de bois, & l'on y trouve beaucoup de broussailles & de torches.

La troisième journée, en faisant neuf lieues & demie, conduit de la savane de Hamina à la ville de St-Yago; le chemin en est superbe, il a toujours les montagnes à la droite & à la gauche & va dans l'Est.

La quatrième journée, mène de Saint-Yago à la Véga. Elle fait parcourir dix lieues toujours dans le bois; le chemin qui est assez beau, se dirige à l'Est-quart-Sud-Est.

Parti de la Véga le cinquième jour, on arrive à la rivière de la Guamitta. Cette distance de huit lieues, offre un chemin assez beau, avec des bois de tous côtés, excepté la savane de la Voma où l'on revoit les montagnes de la droite & de la gauche, & où l'on commence même à découvrir le groupe du Cibao. En général le chemin gagne à l'Est.

La sixième journée, comprend les dix lieues qui sont entre la Guamitta & la hatte de Sévico. Le chemin n'est pas mauvais depuis la Guamitta, jusqu'à la grande savane inclusivement, & se dirige à l'Est-Sud-Est; mais de cette savane à Sévico il est mauvais & va au Sud-Est-quart-Sud. On voit de tems en tems le Cibao au Sud-Ouest-quart-d'Ouest.

La septième journée fait aller de la hatte de Sévico

jusqu'à la hatte de la Guye, (environ onze lieues.) Le chemin, depuis la première de ces hattes jusqu'à la montagne de Pardavé, n'est pas mauvais & porte au Sud-Est-quart-Sud, mais depuis le bas de Pardavé au Sud, le chemin redevient beau, & va au Sud-quart-sud-Est. On voit la cime de Cibao, dans l'Ouest-Nord-Ouest.

Dans la huitième & dernière journée, on arrive à la capitale, après avoir fait environ quatorze lieues dans le Sud, & avec bien des contours ; le chemin est très-beau depuis le passage de l'Isabelle, sans qu'on puisse dire en général qu'il soit mauvais auparavant.

Le lecteur ne me saura peut-être pas mauvais gré, de lui montrer comment les quatre-vingt-deux lieues de cette route avaient été distribuées en 16 journées dans un itinéraire adressé par le président espagnol au gouverneur français, pour la marche du régiment d'Enghien.

	lieues
1° de Daxabon à la Grande-Savane. . .	5
2° à la hatte d'Antone.	3 1/2
3° à l'Hôpital.	4 1/2
4° à la hatte de l'embouchure d'Hamina.	5
5° à Saint-Yago	10
6° aux Ajoupas du Cayman ou Caysmin.	5
7° à la Véga.	5
8° aux Ajoupas de Michel Villafama. .	6
9° au Cotuy par le chemin d'Angeline.	6 1/2
10° aux Ajoupas de la Grande-savane. .	3
11° à Oyo de Agua.	6

12º au pied de la Louife. 4 1/2
13º à la hatte de la Louife & au Ruiffeau vermeil 4 1/2
14º aux Ajoupas de Higuero & Cana Mancebo. 5
15º à la Venta. 5
16º à San-Domingo. 3 1/2

82

 Je dois faire remarquer ici que dans beaucoup de lieux, l'itinéraire n'indique que des ajoupas pour tout afile, & qu'il obferve même que le pays eft fi défert, depuis la Grande-Savane jufqu'au pied de la Louife, qu'il faudra y faire à l'avance des ajoupas pour la troupe. On peut prendre de là une idée affez jufte de ce qu'eft la colonie efpagnole.

 En revenant fur la feconde des deux grandes routes, je dirai qu'il y a de Daxabon à Monte-Chrift, une communication par la plaine de Daxabon. On a vu que ce dernier lieu en a une avec Hinche, & une autre avec Banique. Elles paffent par la montagne de la Sierra, qui eft un point de la première chaîne de montagnes.

 Saint-Yago, indépendamment de la grande route, a un chemin qui, de la plaine du Canot, cinq lieues avant Daxabon, conduit auffi à Monte-Chrift. Il en avait autrefois un autre, qui y menait par la rive droite de l'Yaqui, mais il eft détruit, & il y a long-tems qu'on ne s'y hafardait plus qu'à pied.

J'ai cité un beau chemin qui exiſtait dans l'origine, entre Saint-Yago & Port-de-Plate, & dont la dépenſe avait même été un ſujet de reproche contre le commandeur Ovando, mais c'eſt à préſent un chemin extrêmement mauvais & qui traverſe la chaîne de Monte-Chriſt par une eſpèce d'intervalle que laiſſent les montagnes entr'elles, en formant dans ce point une pente douce.

Une communication directe du Cotuy à Samana a eu le même ſort : on y va cependant, mais c'eſt l'entrepriſe de peu de perſonnes, & c'eſt à travers des hattes & avec bien des détours.

J'ai fait remarquer ſur la route de St-Raphaël à Santo-Domingo, les chemins qui conduiſaient à d'autres points que ceux de cette grande route. Il y en a un qui, de St-Raphaël, va, par l'Atalaye, dans le haut des Gonaïves & à la plaine de l'Artibonite, & un autre qui conduit de Hinche au Mirebalais. Ce dernier a été juſqu'en 1754, la route qui faiſait communiquer le Port-au-Prince avec le Cap-François. On allait de Hinche au paſſage de la Porte (à préſent St-Raphaël), où l'on trouvait même une barraque ſous le nom de Cabaret-de-la-Porte, pour venir deſcendre au Joli-Trou de la Grande-Rivière & gagner, par ce dernier lieu, la ville du Cap. C'eſt cette route, (où la trace même du chemin manque actuellement dans plus d'un endroit), dont le traité des limites conſerve l'uſage aux français à la charge de l'entretenir.

On ſe rappelle encore les chemins qui, de la hatte de Tavora & de ſes environs, vont vers le canton de

Neybe, & qui servent aussi à faire communiquer la colonie espagnole avec le Port-au-Prince.

Je crois n'avoir pas besoin de dire qu'il existe dans la partie espagnole, d'autres chemins que ceux que j'ai eu l'occasion de citer dans cette description, puisqu'il est très-facile de sentir que pour se rendre des différentes habitations, soit à la paroisse, soit à des points quelconques où l'on a à vendre ou à acheter, il faut des chemins ou du moins des sentiers, car tout autre mot peindrait mal la nature de ces communications, qui sont de simples traces faites le plus souvent à travers les forêts.

Bois.

Ces forêts, dont quelques-unes existaient avant la colonie, & d'autres ont été reproduites depuis l'abandon des cultures, renferment les arbres les plus précieux pour tous les usages. Celui qui occupe peut-être le premier rang parmi eux, à cause de sa solidité, de sa facilité à se plier aux désirs de l'ouvrier, & à cause du poli dont il est susceptible, est l'acajou-meuble. Il est peut-être aussi le plus commun & c'est sur-tout vers la partie Est de l'île que sont les plus beaux acajoux; on en trouve qui ont jusqu'à quinze & dix-huit pieds de circonférence & le double en hauteur. Mais quant aux nuances, c'est à ceux d'Azua que la préférence appartient. Il en est qui offrent des veines & des dessins si beaux, qu'on serait tenté de croire qu'ils sont dûs à l'art. Tout le monde connaît l'acajou, & le luxe lui doit trop de commodités pour qu'il ne soit pas apprécié tout ce qu'il vaut.

Azua fournit aussi, avec assez d'abondance, le bois de fustet ou de Brésil, qui a été autrefois recherché dans l'île, à cause de sa propriété de teindre en une couleur jaune.

Le chêne roble, quoique moins commun que l'acajou qu'il surpasse de beaucoup en hauteur, est propre aux tables des moulins à sucre ; dans la construction il serait très-utile pour les pièces qui exigent une grande solidité.

Le noyer, le gayac, le bois de fer, l'immortel, la sabine, le baume verd, le pin, le cèdre, l'ébene, le bois marbré & une foule d'autres, sont aussi destinés aux ouvrages de construction, à la bâtisse & aux autres emplois de l'économie rurale & domestique ; tous ont des qualités précieuses, & le bois de fer & l'immortel semblent sur-tout dignes de ces noms, par la faculté qu'ils ont de se pétrifier lorsqu'ils sont mis en terre dans un sol humide. Autrefois St-Domingue a vu sortir de ses ports des vaisseaux dont ses forêts avaient fourni tout le bois, & ce fut même à l'occasion de l'un de ces vaisseaux, dit Valverde, que survint la querelle qui eut lieu entre Séville & Cadix, pour savoir à laquelle de ces deux villes apppartiendrait exclusivement le commerce de l'Amérique.

On rencontre également l'arbre que son port, & la richesse de son fruit ont fait regarder comme l'arbre des hespérides. Il charme la vue, l'odorat &

le goût, & son bois ajoute encore une utilité de plus à son existence.

Moins agréable, mais plus majestueux que l'oranger, l'abricotier, si chéri des Indiens, croît par-tout & également sans culture. Entr'autres usages il est estimé pour les canots & le cotonier-mapou a cet avantage.

Il est des arbustes qui, comme les arbres se prêteraient à toutes les combinaisons de la marqueterie; & les siéges de bois épineux & de grategales, ont une élégance qui plaît par le contraste de leurs diverses nuances. Enfin, ne citons plus que cet arbre dont l'utilité ne saurait être assez vantée, qui donne au pauvre Africain une vaisselle qu'il peut renouveller & multiplier sans dépense, & les moyens de transporter & de conserver des substances & des objets qu'il n'aurait pû destiner à ses jouissances sans les vases que le callebassier lui prodigue.

Le sol espagnol est aussi chargé du palmier dont l'élévation & le jet excitent une juste admiration. Cet arbre que la nature semble avoir fait pour donner l'idée des colonnes de différens genres, a plusieurs variétés toutes plus ou moins précieuses, soit par leur bois qui forme des planches d'une très-longue durée, soit par leurs fruits qui nourrissent les animaux, soit encore par leurs feuilles & par leurs *tâches* qui fournissent une épaisse couverture, un osier flexible pour des paniers & des sacs & une espèce de lit. Mais je reviendrai ailleurs sur ces divers objets du règne végétal.

Denrées.

Quant aux denrées, il est naturel de dire que c'est à Saint-Domingue que la culture de la canne à sucre a commencé. C'est des Canaries que vint ce roseau doré. Herréra nous annonce même que ce fut en 1506, qu'un nommé Aguilon, habitant de la Conception de la Véga, le transporta & le planta; qu'un chirurgien de Santo-Domingo, appellé Vellosa, s'adonna à propager la canne à sucre & qu'on en dût le succès à son zèle & à son intelligence, ainsi que le premier moulin à sucre. Je ne sais pourquoi Charlevoix qui s'accorde avec Herréra pour ce qui concerne le chirurgien Vellosa, nomme Pierre Alança au lieu d'Aguilon. Ne semble-t-il point que par une fatalité propre à St-Domingue, la gloire d'une chose utile doive toujours y être ravie à son véritable auteur! A en juger par le rapport d'Oviédo, le succès de la canne à sucre fut assez rapide, puisque vers 1530, on comptait vingt riches sucreries, & qu'en 1535 on en commençait trois autres. Mais il y a plus d'un siècle que ces manufactures ont disparu, & j'ai trop répété déjà quels misérables établissemens à sucre l'on trouve actuellement dans la colonie espagnole.

J'ai rapporté aussi tout ce qu'on pouvait dire de la culture du cafier qui est foible & naissante, & de celle du cotonnier, de l'indigo & du tabac. Je me suis arrêté plusieurs fois sur l'article du cacao, dont l'usage était chéri des Indiens, qui rendaient même un témoignage bien solemnel à ses qualités précieuses, puisque dans l'île, comme dans plusieurs lieux du Continent, on s'en servait pour l'évaluation des échanges & par conséquent comme d'une espèce de monnoye. Ils estimaient aussi le rocou dont ils se frottaient, imitant ainsi l'un des ridicules ou l'une des coquetteries des pays policés. Mais les espagnols ont tout abandonné jusqu'au gingembre auxquels les seuls habitans des lieux humides sont restés fidelles à cause de sa vertu stomachique.

Valverde assure que St-Domingue possède le véritable thé & qu'il en a éprouvé, qui croît spontanément dans l'intervalle qu'on trouve entre San-Domingo & le fort St-Jérôme. Il ajoute qu'au Cap-Français on en reçoit de grandes quantités qui viennent d'un côteau voisin du bourg de Monte-Christ. Mais si l'existence du thé n'est pas fondée sur des faits plus exacts que les chargemens qu'on en fait au Cap, l'Isle n'est point la rivale de l'Asie pour cette plante que l'habitude a rendu l'objet d'une branche de commerce très-lucrative & qui a été naguères, la cause occasionelle de la liberté d'une partie du vaste Continent de l'Amérique.

Je ne m'arrêterai poit ici à énumérer tous les fruits de la pártie espagnole, parce que ce sont ceux qu'on trouve dans la partie française, & qu'ils feront, en parlant de celle-ci, le sujet de quelques observations. Je me contente de dire qu'ils y sont très-communs, qu'ils y croîssent sans soins & qu'ils ajoutent aux moyens de subsistance.

GIBIER, POISSONS, TORTUES, &c.

Au nombre de ces moyens l'on doit compter particulièrement & les beſtiaux & le gibier. Le grand ramier cendré, le ramier à collier & à plumes violettes, peuvent faire les délices d'un palais friand, & deux autres eſpèces de ramiers plus petits & d'un violet ſombre, ne ſont pas ſans mérite. C'eſt par nuées que vont ces animaux auxquels l'homme laiſſe d'immenſes intervalles, où ils peuvent ſans allarmes, ſoupirer leurs amours & ſe reproduire. Les pintades marones ſi juſtement eſtimées par leur ſaveur, ſont également nombreuſes & réunies par bandes ; quatre ou cinq eſpèces de tourterelles, des canards ſauvages, des oyes & des canards domeſtiques, parmi leſquels on compte un grand nombre de variétés, une eſpèce de héron, des ſpatules & pluſieurs autres oiſeaux multiplient & diverſifient les reſſources de la table, & ſont même cauſe que, pour ainſi dire, l'on ne s'occupe point des oiſeaux domeſtiques.

On trouve auſſi des troupes de faiſans & de flamands ſur-tout aux bords des rivières & des endroits aquatiques. C'eſt principalement à Neybe & à Azua qu'ils ſont nombreux, comme le paon royal qui ſemble avoir toujours préféré ce parage, puiſque c'eſt là qu'il fut trouvé dès les premiers inſtans de la découverte de l'île.

Le perroquets ſont auſſi très-nombreux. Ils n'ont pas la robe brillante de ceux de l'Amazone, ni la forme élégante des perroquets du Sénégal, ni la facilité de ceux de la côte d'Afrique pour imiter les accens humains ; mais, dépouillés de leur plumage tout vert, ils font un mets délicat qu'on peut préfenter de différentes manières, & l'amateur les trouve alors d'un plus grand prix qu'au moment où traverfant les airs en troupes, ils affourdiffent par leur aigre & perçante garrulité.

A tant de reffources il faut ajouter celles qu'offrent, avec prodigalité, les eaux de la mer, des rivières & des ruiffeaux. Le mulet, l'alofe, le rouget, le béfugo, la fardine, la dorade, la truite & une multitude d'autres poiffons les peuplent & payeraient un jufte tribut à l'induftrie de l'homme. On peut encore faire mention des homars, des crabes, des poiffons à coquilles & des huîtres, en fe gardant d'oublier les tortues de mer & celles de terre dont la chair délicate a la propriété d'épurer le fang & d'arrêter les effets du fcorbut, ce dangereux fléau des pays chauds.

Mais tant de chofes utiles réunies, prouvent, par leur profufion même, l'état d'abandon de la colonie efpagnole ; car par-tout où l'homme eft multiplié, tous les animaux fuyent ou font anéantis, parce qu'il exerce au loin fon caractère deftructif.

Il n'eft peut-être pas inutile que je déclare ici, d'une manière très-pofitive, qu'en renouvellant fouvent le reproche de négligence & d'abandon, je l'adreffe encore moins aux Efpagnols qui habitent la colonie, qu'au gouvernement qui ne fait rien pour les tirer de leur état de médiocrité & qui les a comme abandonnés à eux-mêmes. Il fiérait mal, fans doute, à un créol de se faire adresser les mêmes reproches que ceux faits par Valverde à M. de Paw, qui a trouvé très-commode pour ses hypothèses de poser comme vérité principale que les Américains, même issus du sang Européen, sont des êtres dégénérés, à cause de l'influence du sol qu'ils habitent. L'état de la colonie française prouve assez ce que valent les rêves de cet écrivain, & je ne me fais aucune violence pour penser qu'avec les mêmes moyens & également débarassés d'obstacles, les espagnols de St-Domingo ne le céderaient en rien aux français qui habitent la même terre. Après cette profession de foi je retourne à mon sujet

Petites Isles sur la Cote Espagnole de St-Domingue.

Maintenant il devient indispensable de faire connaître les petites Isles qui se trouvent sur la côte de Saint-Domingue, en suivant l'ordre que j'ai adopté pour décrire cette dernière.

La première qui, dans la partie du Sud, environne celle de St-Domingue, est l'Isle de la Béate. Elle est à environ six mille toises dans le Sud-Ouest du Cap-la-Béate ou de Bahoruco. Du Sud de la Béate part un haut-fond qui se dirige vers la grande Isle, courant à peu près Nord-Est & sur lequel il n'y a tout au plus que trois brasses & demie d'eau, indice bien clair, selon Valverde, que les deux Isles étaient réunies autrefois, d'autant qu'au Nord-Est de la Béate, en face d'un angle rentrant & en pénétrant dans le canal, sont quatre islets dont la longueur est du Sud-Ouest au Nord-Est & qui se dirigent vers la pointe de Bahoruco. Ils sont sur l'un des bords du haut-fond, séparés les uns des autres, & occupent entr'eux une étendue d'environ deux mille toises. A un petit quart de lieue, & au Sud du quatrième islet, en est un autre nommé la Table, entre lequel & le quatrième islet, il y a jusqu'à quatre brasses & demie d'eau. Ces différens écueils rétrécissent encore le canal qui est entre la Béate & la pointe de Bahoruco & qui a depuis six jusqu'à neuf brasses d'eau, comme je l'ai déjà dit. Dans le Sud de la Béate il y a un haut-fond qui règne jusqu'à une forte demi-lieue & qui n'a pas deux brasses d'eau. Au mois d'Août 1504, Christophe Colomb se vit forcé d'entrer dans ce canal; il s'était trouvé en face de la même île en 1498, ayant dépassé le port de Santo-Domingo.

L'Isle de la Béate dont le milieu est par dix-sept degrés cinquante & une minutes de latitude & par soixante-quatorze degrés, une minute de longitude, a deux lieues & demie de l'Est à l'Ouest sur une largeur moyenne de près de deux petites lieues. Elle a au Nord-Ouest une anse & un mouillage avec dix brasses de fond, & elle est abordable pour les petites barques dans presque tout son circuit, qui est de huit ou neuf lieues. L'abondance & la qualité des bois annoncent combien la terre y est fertile & la multiplication des troupeaux sauvages, combien ce terrain leur est propre. On pourrait y former des habitations & des hattes comme elle en a eu autrefois.

On connaît plusieurs naufrages de bâtimens sur la Béate & on les attribue à ce qu'elle est mal marquée sur les cartes, & à ce que la rapidité des courans qui portent dans l'Ouest sur cette côte, rend cette erreur très-dangereuse. M. Baussan, depuis habitant à Léogane & alors capitaine de navire, observa cette différence en 1741, & fit, en 24 heures, 24 lieues de plus que son estime par les courans. A quatre lieues dans le Nord-Ouest de l'Isle de la Béate est un groupe de rochers élevés sur l'eau, appellés les Frères (les Moines) (los Frayles) dont la position a cela de particulier qu'ils sont presque en face des islets de la baye de Monte-Christ appellés les Sept-Frères.

On trouve encore à deux lieues dans le Sud-Sud-Ouest de l'Isle de la Béate, la petite Isle d'Altavèle, ainsi nommée par Colomb en 1494. Entr'elles deux est un canal sans fond. Altavèle a pris son nom, & de sa forme très-élevée & de sa situation qui font qu'en l'appercevant de loin il a absolument l'air d'un très-grand vaisseau couvert de voiles. Cet islet a, dans sa plus grande longueur Est & Ouest, quinze cens toises, & autant dans sa plus grande largeur Nord & Sud ; mais cette dimension diminue beaucoup dans différens points; à cause des anses & des pointes. Altavèle, dont le terrain s'éleve rapidement en s'approchant du centre, est rempli de bois excellens.

De la pointe la plus Nord d'Altavèle, part un

haut-fond qui courre environ cinq cens toises vers le Nord-Est. A trois cens toises & au Sud de son extrémité Est, est le rocher d'Altavèle très-haut & dirigé du Nord au Sud avec une longueur d'à peu près cinq cens toises. Il y a un canal entre le haut-fond d'Altavèle & ce rocher, avec trois brasses d'eau. Ce rocher a un haut-fond de deux cens cinquante toises qui l'entoure depuis la moitié de sa côte Nord, jusqu'à la moitié de sa côte Sud, en passant par l'Est ; Altavèle est par son milieu.

Il n'y a point de fond entre le Faux-Cap, les Frayles & Altavèle ; l'on compte près de quatre petites lieues d'Altavèle aux Frayles, & un peu plus de ceux-ci au Faux Cap.

Entre les rivières de Comayasu & la Romaine, en suivant la côte Sud, est l'Ile Ste-Catherine ou simplement Catherine, ainsi appellée du nom d'une Dame à qui elle appartenait. Catherine est séparée de la terre par un canal qui courre de l'Est à l'Ouest avec des ressifs que les pêcheurs côtoyent sans danger. Elle a les mêmes productions que la Béate & peut offrir les mêmes avantages.

A l'Est de l'Isle Ste-Catherine, se trouve celle de la Saone qui, dit Valverde, mériterait plus d'attention qu'elle n'en a obtenu. Curaçao que les Hollandais ont rendu célèbre par un commerce considérable, n'est ni aussi grand ni aussi fertile. Il n'y a qu'une bien forte lieue de la pointe du Petit-Palmier, à celle qui avance de la Saone vers le Nord. Elle est entourée de bancs & de ressifs, à l'exception

tion du port qui regarde l'Oueſt. Elle a environ huit lieues de l'Eſt à l'Oueſt & deux lieues du Nord au Sud qui ſe réduiſent encore dans ſon plus étroit ; ſa circonférence eſt de près de vingt-cinq lieues. A chacune de ſes extrémités Eſt & Oueſt, eſt une montagne, & il s'en trouve une troiſième à une autre pointe placée au milieu de ſa partie Sud ; ces montagnes l'abritent, l'arroſent & la tempèrent. Les Indiens l'appellaient Adamanoy, & y avaient un cacique particulier qui était le ſouverain de cette île & indépendant de ceux de St-Domingue. Ses ſujets s'adonnèrent au commerce avec les eſpagnols, à l'agriculture, à la culture des grains, à celle des fruits. Ils fourniſſaient à la conſommation de la ville de Santo-Domingo, & des approviſionnemens aux diverſes expéditions qu'on y préparait. Des caſtillans y ayant fait manger le cacique par un chien, cet acte de cruauté fut un ſujet de guerre, & les eſpagnols après avoir détruit les Indiens, y formèrent des établiſſemens dont le ſuccès excitait & payait tout à la fois leur féroce cupidité. Cette Iſle & ſon port ſont un abri pour les marins qui naviguent dans cette partie & qui y trouvent de l'eau, du bois & des troupeaux ſauvages dont elle abonde. Il eſt preſque impoſſible de concevoir la grande quantité d'oiſeaux & ſur-tout de ramiers qu'on y trouve.

A l'Eſt de la Saone, tirant un peu plus au Sud, il y a, entre St-Domingue & Porto-Rico, deux petits iſlets appellés Mona (la Guenon), la Mone, & Monito, le petit Singe (Monique). Monique qui eſt la plus près est peu de chose, mais la Mone a deux fortes lieues de l'Est à l'Ouest & un peu plus du Nord au Sud. Elle a des ports pour des barques moyennes & tout ce qui serait nécessaire à des établissemens de culture & à l'éducation des animaux. Son utilité & sa valeur peuvent être jugées par ce seul fait qu'elle a été la recompense de Don Barthelemy Colomb, frère de Christophe, à qui le roi en fit don en 1512. Elle a été très-bien cultivée & d'un grand produit pour ses propriétaires. On vantait ses arbres fruitiers & notamment les oranges quelle produisait.

A huit ou neuf lieues dans le Nord-Est-quart-de-Nord de la Mone, entre la partie orientale de Saint-Domingue & celle occidentale de Porto-Rico, est l'islet de *Desecheo* (de l'Écart), mot espagnol dont la prononciation corrompue a fait faire par les géographes français Zachée; ce n'est qu'un monticule chargé de bois. L'étimologie de son vrai nom, vient de ce que lorsque l'on veut doubler l'une ou l'autre des deux isles de Porto-Rico ou de St-Domingue par la bande du Sud, pour aller chercher celle du Nord, il faut s'écarter de la terre & se rallier, quoique pas de trop près, à l'Islet-de-l'Écart ou Zachée afin d'éviter les bancs.

Ainsi la Béate, Ste-Catherine & la Saone sont le long de la côte Sud de St-Domingue ; la Mone, Monique & Zachée, dans la partie orientale.

A environ vingt-cinq lieues dans le Nord de la pointe Jackson de la presqu'île de Samana, se trouve un écueil appellé les Cayes d'argent. A environ trente deux lieues dans le Nord de Port-de-Plate font d'autres écueils ou iflots que nous appellons le Mouchoir Carré. Les espagnols les nommaient *Abreojos*, dans l'origine (les chardons), dont on a fait *Abrojos* par corruption (les Ouvre - l'œil). Dans l'Ouest du Mouchoir-Carré & presque sur la même ligne, il y a d'autres groupes de petites isles très-basses, appellées fort improprement *Ananas* ou Isles-Turques, puisqu'elles sont les isles de Don Diégue Luengo, ainsi nommées par celui qui les découvrit. Elles sont à plus de trente lieues dans le Nord de la pointe Isabélique. A peu près à la même distance du Cap-la-Grange, sont d'autres Isles connues sous le nom de Caïques. Mais comme ces Isles de la partie Nord de St-Domingue en sont les débouquemens, il en est question dans une autre partie de la description de cette Isle.

Je crois être arrivé au terme où le Lecteur doit désirer que je lui parle de l'administration de la colonie espagnole, & j'invoque, à mon tour, son attention pour des objets qui, quoique d'un autre ordre que ceux que je lui ai présentés jusqu'à ce moment, n'ont pas un moindre droit à son intérêt.

Fin du Premier Volume.

ERRATA

De ce Premier Volume.

PAGES xv, Lignes 1re. & ligne 8; (Iſſet), liſez : Iſlet.
   xx   8 (Liancour) ; liſez : Lilancour.
   xxi   9 (Viconite), liſez : Vicomte.
   xxx   20 (n'étant) ; liſez : n'eſt.
   xxxii   10 (33) ; liſez : 43.
   xxxix   21 , (Fond-Des-Palmites) : liſez : Fond-Des-Palmiſtes.
   21   14 , (Café) ; liſez) : Caſier.
     17 , (pluyes) ; liſez : nuées.
   35   25 , (Mayaguana) : liſez : Maguana.
   43   22 , (25) ; liſez ; Vingt-huit.
   44   4 , (d'où coule la rivière de Seybe) ; liſez : vers lesquelles coule la rivière de Seybe.
   61   10 & ligne 11 , effacez : tous.
   72   26 , (ou) ; liſez : on.
   82   11 , (entre la pointe Chimaché) ; liſez : avant la pointe Chimaché.
     17 , (vers l'Oueſt) ; liſez : vers l'Eſt.
   83   15 , (Café) ; liſez : Caſier.
   118   29 ; effacez : cependant.
   151   9 , (à rive) : arrive.
   154   dernière (y mêlent) ; liſez : y ajoute.
   166   1re. (Yuma) ; liſez : Yumba.
   167   5 , (Yuma) ; liſez : Yumba.
   181   10 , (Yuana) ; liſez : Yuna.
   192   25 , (bor dés é) ; liſez : bordés de.
   233   27 , (1689) ; liſez : 1690.
   296   6 , (cotonier-mapou a cet avantage) , liſez : a auſſi cet avantage.

Quant aux fautes purement typographiques , le Lecteur eſt inſtamment prié d'y suppléer.

Le Privilége a été obtenu suivant la Loi.

www.ingramcontent.com/pod-product-compliance
Lightning Source LLC
Chambersburg PA
CBHW070456170426
43201CB00010B/1365